Eduardo Matsu

Autor de **Comprar ou ve.**
*Como investir na Bolsa utilizando análise gra.*



# ANÁLISE técnica na prática

## Um método intuitivo para comprar e vender ações

Benvirá

**Arte, produção e capa** ERJ Composição Editorial

**Impressão e acabamento** Bartira

**CIP-BRASIL. Catalogação na fonte**
**Sindicato Nacional dos Editores de Livros, RJ.**

M384a
Matsura, Eduardo
Análise técnica na prática : um método intuitivo para comprar e vender ações / Eduardo Matsura. – São Paulo : Saraiva, 2011.

Inclui bibliografia e índice
ISBN 978-85-02-12628-2

1. Ações (Finanças). 2. Mercado de ações. 3. Investimentos - Análise. I. Título.

11-3381.
CDD: 332.645
CDU: 336.763

09.06.11 13.06.11
027080

1ª edição, 2011 | 5ª tiragem, janeiro de 2021


Av. Paulista, 901 – 3º andar
Bela Vista – São Paulo – SP – CEP: 01311-100

**SAC:** sac.sets@somoseducacao.com.br

CÓDIGO DA OBRA 9797 CL 650111 CAE 572902

# Dedicatória

O aprendizado mais importante que tive foi observando diariamente os exemplos de trabalho, determinação e coragem dos meus pais: Chitochi e Satie. A eles dedico este livro, com eterna gratidão.

# Agradecimentos



Gostaria de agradecer a Fabianne Monteiro, pela inestimável ajuda na etapa final de elaboração deste livro.

Os gráficos deste livro foram produzidos por um *software* desenvolvido em parceria com Gilberto Teixeira Dias.

# Aviso

O objetivo deste texto é informar o leitor sobre conceitos e técnicas utilizadas no investimento em ações. Entretanto, não pretende fornecer receita infalível para obter sucesso em investimentos de qualquer natureza. Os exemplos utilizados têm objetivos meramente didáticos. O autor e a editora não se responsabilizam por eventuais danos originados do uso desta publicação, nem pelas decisões tomadas e posições assumidas no mercado pelo leitor.

# Apresentação

Este livro é baseado em minha experiência diária de "comentar o mercado" e fazer recomendações de compra e venda de ações para investidores da Bolsa de Valores. Todos os exemplos do livro (exceto os gráficos dos índices I e II, posteriormente apresentados) são recomendações reais, que foram publicadas no período de 26 de outubro de 2010 a 25 de fevereiro de 2011.

Em meu **livro anterior**, *Comprar ou vender?* Como investir na Bolsa utilizando análise gráfica,[1] apresentei os principais conceitos e fundamentos da Análise Técnica, aliás, uma grande variedade de técnicas. Agora, na prática, é necessário fazer algumas escolhas e desenvolver um método para operar no mercado de ações.

Neste livro iremos mais a fundo. Para isso, o método escolhido é apresentado no **Capítulo 1, O método**. Ele é baseado em três fundamentos da Análise Técnica: *preço*, *volume* e *volatilidade*. O preço é representado pelos padrões *candlestick* (apenas os principais); o volume (financeiro) é representado por barras em um histograma entrecortado por uma média simples de 20 dias; e a volatilidade é representada pelas Bandas de Bollinger (curvas de um e dois desvios padrão).

O Capítulo 1 também apresenta de forma resumida os principais temas estratégicos e táticos para operar ações. A estratégia pode ser a favor ou contra a tendência, mas também inclui a diversificação da carteira e operações de curto prazo (*swing trade*). A tática está centrada em diversos *setups*, formados a partir de várias configurações com o preço, o volume e a volatilidade. Também é apresentado o tema dos *stops*: *stop* de compra ou venda, *stop loss* e *stop gain*.

1. MATSURA, Eduardo. *Comprar ou vender?* Como investir na Bolsa utilizando análise gráfica. 6. ed. São Paulo: Editora Saraiva, 2007.

A melhor forma de aprender é estudar e exercitar por meio de muitos exemplos. A ideia é aprender por um processo indutivo e empírico. Você observa e interage com muitos exemplos e vai tirando suas próprias conclusões. Ao comentar cada exemplo, procuro ser o mais objetivo possível. No final do comentário, cabe a você, leitor, concordar ou não com a análise e então "decidir" comprar, vender ou "ficar de fora". São 58 exemplos para você exercitar o processo de decisão e depois analisar os resultados.

O **Capítulo 2, Comprar ou Vender?**, apresenta 34 exemplos (a maioria de compra) com resultados variados, com ganhos e perdas (como acontece na realidade).

O **Capítulo 3, Índices Bovespa, Dow Jones e Setoriais,** apresenta os gráficos do Índice Bovespa (Ibovespa), Índice Dow Jones e também os principais índices setoriais da Bovespa. A ideia é buscar a ajuda desses gráficos para entender as principais tendências do mercado. Qualquer empresa está sujeita a tendências mais gerais e também específicas do setor em que atua. É conveniente procurar operar ações de uma determinada empresa em "sintonia" com esses índices.

O **Capítulo 4, *Stop* de Compra ou Venda, *Stop Loss, Stop Gain***, apresenta 16 exemplos com sugestões específicas de preço de entrada *stop* de compra ou venda e saída (*stop gain* e *stop loss*). Essa prática, se for seguida sistematicamente, retira o peso do "emocional" nas tomadas de decisão e pode ser muito eficaz, especialmente para os investidores mais indisciplinados (a maioria!).

No final do livro, estão as **Referências** e um **Índice Remissivo**. Além de alguns livros mais técnicos, faço a sugestão de livros com conteúdo mais "psicológico", relacionados com o processo de tomada de decisão. O Índice Remissivo facilita a pesquisa de exemplos pelo código da ação ou pelo padrão gráfico (quando mencionados com destaque no texto).

# Prefácio

Caro leitor,

Se você está folheando este livro é porque tem interesse em aplicar em ações e, portanto, no comportamento do mercado acionário e em estratégias de investimento. Além disso, já deve ter concluído que aplicar em CDB, Poupança ou Tesouro Direto não enche a barriga de ninguém, e que aplicar em Renda Fixa apenas manterá seu poder de compra – e isso, na melhor das hipóteses.

Os investidores que já descobriram que Papai Noel não existe e que seu banco não é um amigo, tomaram as rédeas de suas aplicações e querem aumentar a renda, ou como dizemos no mercado, aumentar a taxa de retorno de seus investimentos. Estes investidores terão que participar do mercado de Renda Variável, comprando e vendendo ações, onde o risco é mais elevado e o retorno incerto, mas, em compensação, com possibilidade de ganhos mais expressivos que os de Renda Fixa.

Muitas compras são feitas por impulso, e adquirir este livro pode ser mais uma delas. No caso, isso foi ótimo. Devemos, porém, fazer o mesmo com nossas aplicações? A resposta é: – Não!

Eu recomendo que não.

Uma vez que o órgão mais sensível do investidor é seu bolso, a tomada de decisão sobre executar uma operação de compra ou venda tem um forte ingrediente psicológico, e a Análise Técnica é uma ferramenta que permite identificar o melhor momento de abrir ou encerrar uma posição no mercado. É ela que nos ajuda a operar de forma disciplinada, acompanhando três variáveis muito importantes: o preço, o volume negociado e a volatilidade no preço das ações.

O grande diferencial deste livro, em relação a outros sobre essa ferramenta negocial, é a oportunidade de acompanhar o dia a dia do nosso analista técnico Eduardo Matsura, com os resultados obtidos das sugestões feitas no *Call Diário* da Corretora Souza Barros, que é fornecido aos clientes um pouco antes da abertura do mercado.

Tudo isso com operações que foram realizadas a partir de recomendações reais.

Espero que este livro auxilie na boa gestão de sua carteira de ações, de forma disciplinada e sempre consciente dos riscos e objetivos traçados por você, que, em última instância, é o grande responsável pelo resultado de suas aplicações.

Mesmo que você decida delegar para terceiros a gestão do seu patrimônio, recomendo que conheça essa ferramenta para avaliar o seu gestor.

Um forte abraço,

Carlos Souza Barros
Presidente da corretora Souza Barros

# Sumário

# Introdução

A Análise Técnica é, na verdade, uma ferramenta para estudar o **comportamento humano**, especificamente o movimento das massas. Na Bolsa não é o indivíduo, mas o comportamento coletivo que importa. E a questão principal é a possibilidade da previsibilidade e da recorrência dos padrões que identificam esse comportamento. Observa-se que há padrões recorrentes, mas também há muita aleatoriedade. Há o simples e o complexo. Compreender o comportamento da massa de investidores é um caso especial, mas exemplar, da influência do emocional sobre o racional na tomada de decisões importantes, que impliquem ganhos ou perdas significativos.

Este livro apresenta um **método simples** (vale lembrar que simples não significa fácil) para operar ações. Há elementos científicos, mas prevalece a intuição. O método é baseado em três fundamentos inferidos ao longo de décadas de prática diária em diversos mercados e uma variedade enorme de ativos. São as premissas básicas da Análise Técnica: o *preço*, o *volume* e a *volatilidade*. Esses elementos ocorrem de forma aparentemente aleatória ao longo do tempo, mas, combinados, revelam uma lógica (empírica) que ajuda a entender o comportamento do mercado. A correta avaliação do atual e do passado é fundamental para apostar no futuro, com maior probabilidade de sucesso. É isso mesmo, buscamos apenas uma *probabilidade* – não há certeza alguma de acertar o futuro. O objetivo é acertar mais e errar menos, seja na quantidade ou na qualidade das operações.

Um monge franciscano que viveu no século XIII, William Ockham, é um dos precursores da metodologia científica que prega a simplicidade ou, como dizia Einstein, "faça sempre o mais simples possível". Utilize apenas os elementos fundamentais, retire tudo o que é redundante, tudo que não acrescenta valor real. Reduza ao essencial, assim você facilita o processo de aprendizado e o domínio da técnica.

A relação dos três elementos fundamentais da Análise Técnica não obedece às regras de uma rigorosa lógica científica. O **aprendizado** e o **domínio da técnica** só ocorrem por meio de um processo repetitivo de tentativa e erro. Ou seja, por meio de uma prática diária e intensa. Muita transpiração. Como o mestre "arqueiro zen" que, após muito treino, faz do arco e flecha uma extensão do seu corpo. Desse modo, o processo de esticar o arco e liberar a flecha torna-se automático. O mestre não pensa, apenas age.

Para combater a característica aleatória do movimento do preço, é importante contar com a ajuda da **sorte**. É preciso fomentar a sorte. Só uma mente aberta e sem preconceitos tem a flexibilidade necessária para se expor e aproveitar um maior número de oportunidades. Esta é uma das formas de "ter mais sorte"... aumentar a exposição. A estratégia adotada neste livro pressupõe acompanhar o maior número possível de ações (com liquidez). Outra medida para favorecer a sorte é operar prazos mais curtos, de alguns dias a algumas semanas, método conhecido como *swing trading*. Assim você opera com maior frequência e tem mais oportunidades de ganhar. Você vai operar com base na análise dos gráficos diários. Não há necessidade de acompanhar a Bolsa em tempo real. Basta dedicar alguns minutos por dia, após o fechamento dos mercados.

Esta obra se inspira na **experiência real do dia a dia**. Os exemplos apresentados são as recomendações diárias que fiz para os clientes da corretora, sem o benefício de uma análise retrospectiva. Assim é possível avaliar o processo de decisão real, os erros e os acertos, sem o conhecimento prévio dos resultados. Dessa forma, o livro retrata a realidade da prática, muito diferente de exemplos teóricos ou escolhidos "a dedo".

Além disso, este livro ajuda a dar os primeiros passos no processo de compra e venda de ações. O verdadeiro aprendizado, porém, ocorre com o passar do tempo. Ocorre com a prática diária e a busca do "agir sem pensar". É decidir com uma boa dose de intuição, resultado de muito trabalho, dedicação e acúmulo de conhecimento prático.

# Capítulo 1

## O Método

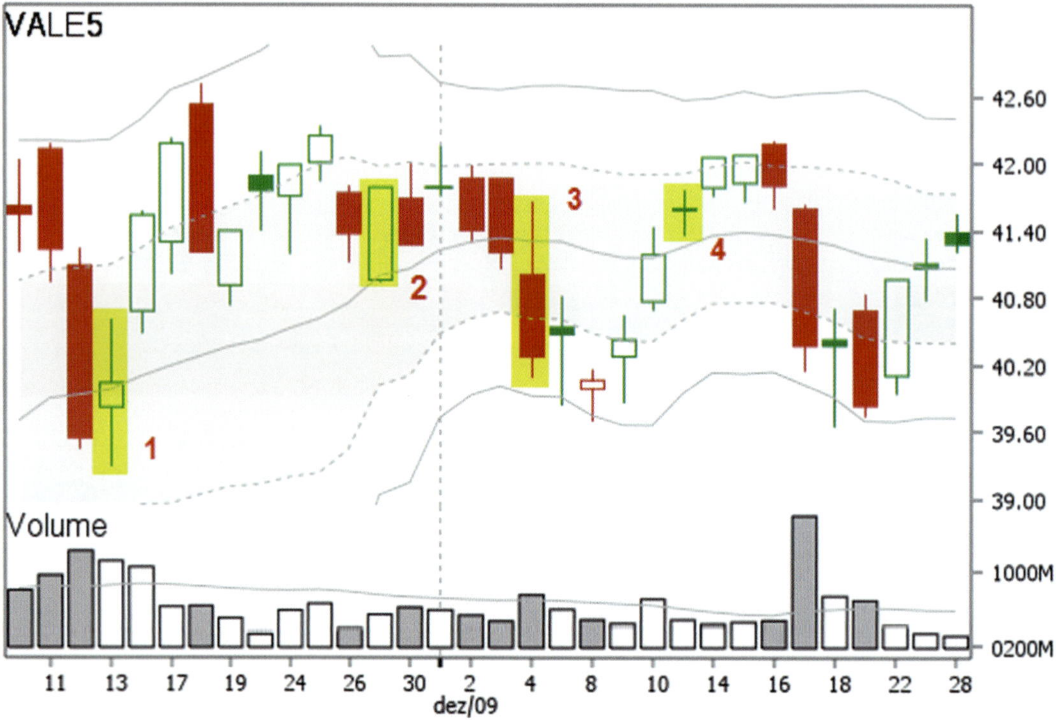
VALE5
1
2
3
4
Volume
42.60
42.00
41.40
40.80
40.20
39.60
39.00
1000M
0200M
11 13 17 19 24 26 30 2 4 8 10 14 16 18 22 28
dez/09

# Preço

**O preço desconta tudo.** Os fatores ou os motivos que movem o mercado, seja para cima, para o lado, ou para baixo, são inúmeros. Não importa. O importante é entender o "como" e não o "porquê". Precisamos de uma forma intuitiva e simples de representar o movimento do preço. Em um dia de pregão, os preços mais importantes são o de **abertura** e o de **fechamento**. Também são significativos o preço **máximo** e o preço **mínimo**. Mas a informação mais valiosa é o posicionamento relativo entre eles, pois dá a ideia do movimento do preço.

A representação *candlestick* tem origem no Japão do século XVIII. Os preços de abertura e de fechamento formam o **corpo** central da "vela". Os preços máximo e mínimo definem as **sombras** (pavios?) do corpo. O gráfico traz quatro exemplos (numerados de 1 a 4). No exemplo 1, temos um pequeno corpo "vazado", ou seja, o preço de fechamento está acima da abertura. No exemplo 2, temos um corpo "vazado" sem sombras, ou seja, o preço de abertura coincidiu com o preço mínimo, e o preço de fechamento é igual ao máximo do dia. No exemplo 3, temos um corpo "preenchido", ou seja, o preço de fechamento está abaixo da abertura. No exemplo 4, não temos um corpo, pois o preço de fechamento é igual ao preço de abertura. Isso é tudo que você precisa saber; não podia ser mais simples.

O "visual" do *candlestick* permite **avaliar a força de compradores e vendedores** a cada pregão. Quem duvida de que os compradores estão mais fortes no exemplo 2 e os vendedores, no exemplo 3? Já os exemplos 1 e 4 mostram pregões com equilíbrio de forças. Quando você junta dois ou mais *candles*, pode formar outros padrões que indicam maior força compradora ou vendedora. Ao longo de muitos exemplos contidos neste livro, você aprenderá os padrões mais importantes.

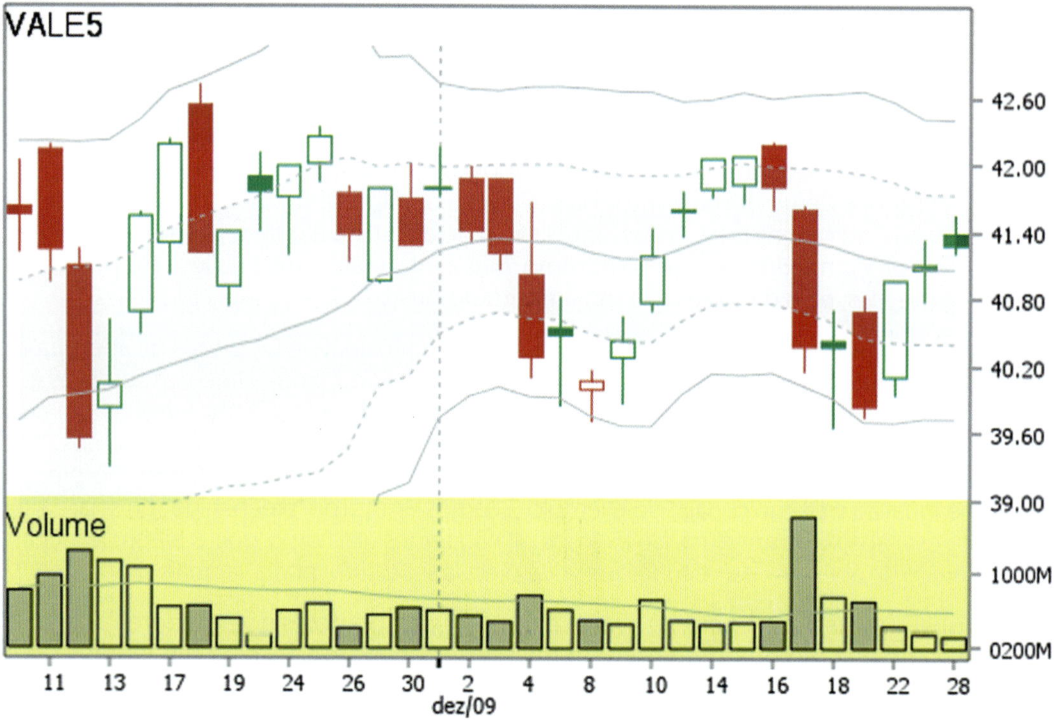
VALE5
Volume
42,60
42,00
41,40
40,80
40,20
39,60
39,00
1000M
0200M
11
13
17
19
24
26
30
2
4
8
10
14
16
18
22
28
dez/09

# Volume

O volume ajuda a compreender melhor o comportamento do preço. Fique atento a mudanças bruscas de volume, seja para menor ou maior (especialmente). Um volume muito acima da média (utilizo a média simples de 20 dias) pode ser um sinal de reversão do preço. Mas também pode definir, no caso de forte alta ou baixa do preço, um importante nível de suporte ou resistência.

Observe também uma eventual tendência crescente ou decrescente das barras do volume. Pode ser um indicador adiantado de uma reversão de tendência do preço. Muitas vezes o preço continua a subir, mas o volume já é decrescente. O volume pode estar indicando (de forma adiantada) a perda da força compradora e uma iminente reversão do preço.

Movimentos de alta ou baixa no preço são mais consistentes quando suportados por volume acima da média. Fica definida uma base mais sólida, a partir da qual aumenta a probabilidade de manutenção da tendência emergente. Desconfie de movimentos rápidos, mas com pouco volume. Em geral eles não têm sustentação e revertem rapidamente. Nunca opere ações de baixa liquidez, pois são mais suscetíveis a movimentos manipulativos.

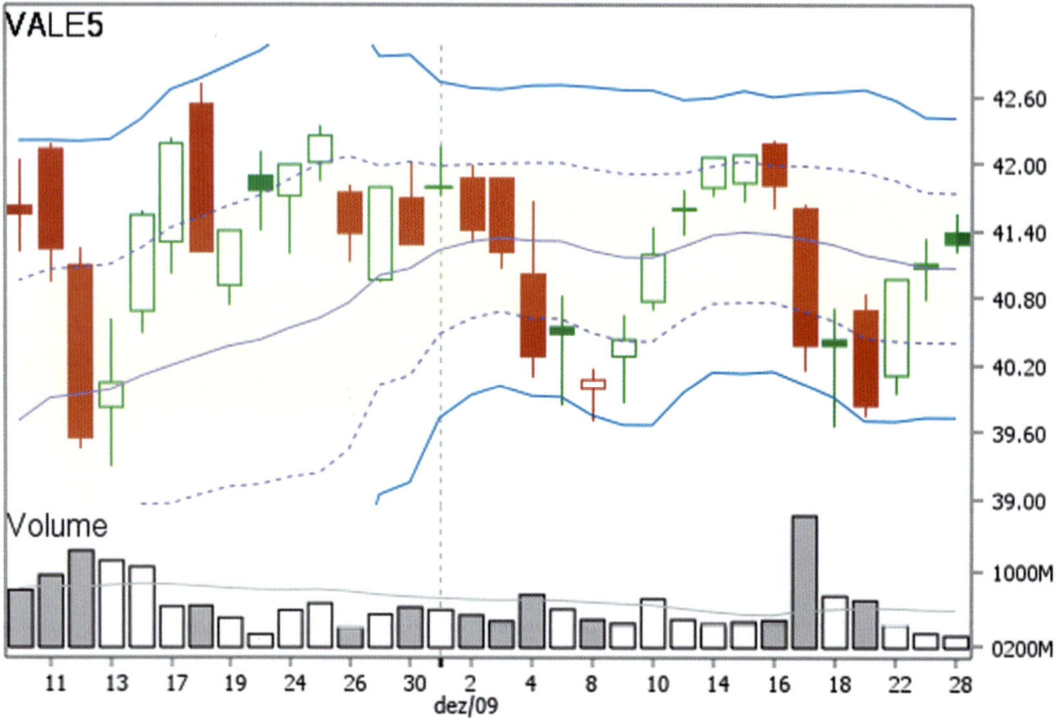

VALE5
Volume
42.60
42.00
41.40
40.80
40.20
39.60
39.00
1000M
0200M
11
13
17
19
24
26
30
2
4
8
10
14
16
18
22
28
dez/09

# Volatilidade

O movimento do preço pode ser medido em relação à sua média. Utilizo uma média simples (aritmética) de 20 dias. O preço pode mover acima ou abaixo da média. Mas qual é o limite do movimento? Até que distância o preço pode se movimentar em relação à média? Como podemos medir esse movimento?

A medida de variação (em relação à média) mais utilizada é o **desvio padrão**. É o resultado de uma fórmula baseada na curva de distribuição "normal". Nesse modelo estatístico, 68% dos eventos ocorrem dentro da medida do primeiro desvio padrão, e 95% dos eventos, no intervalo de dois desvios padrão. No gráfico, temos a média (no centro) e, acima, o primeiro (linha tracejada) e depois o segundo desvio padrão. Abaixo da média e de forma simétrica, o primeiro e o segundo desvios negativos. Na Análise Técnica, as curvas de desvio padrão são denominadas **Bandas de Bollinger**, especialmente as curvas mais extremas, com dois desvios padrão.

A distribuição dos preços não segue "exatamente" o modelo de curva "normal", mas é útil como um modelo aproximado, e, portanto, uma referência importante. A banda superior (2 desvios positivos) é associada como referência de preço **máximo**, e a banda inferior (2 desvios negativos) como referência de preço **mínimo**. Então, uma regra de operação poderia ser: comprar na banda inferior e vender na banda superior. Mas, como veremos em uma série de exemplos, não é tão simples assim...

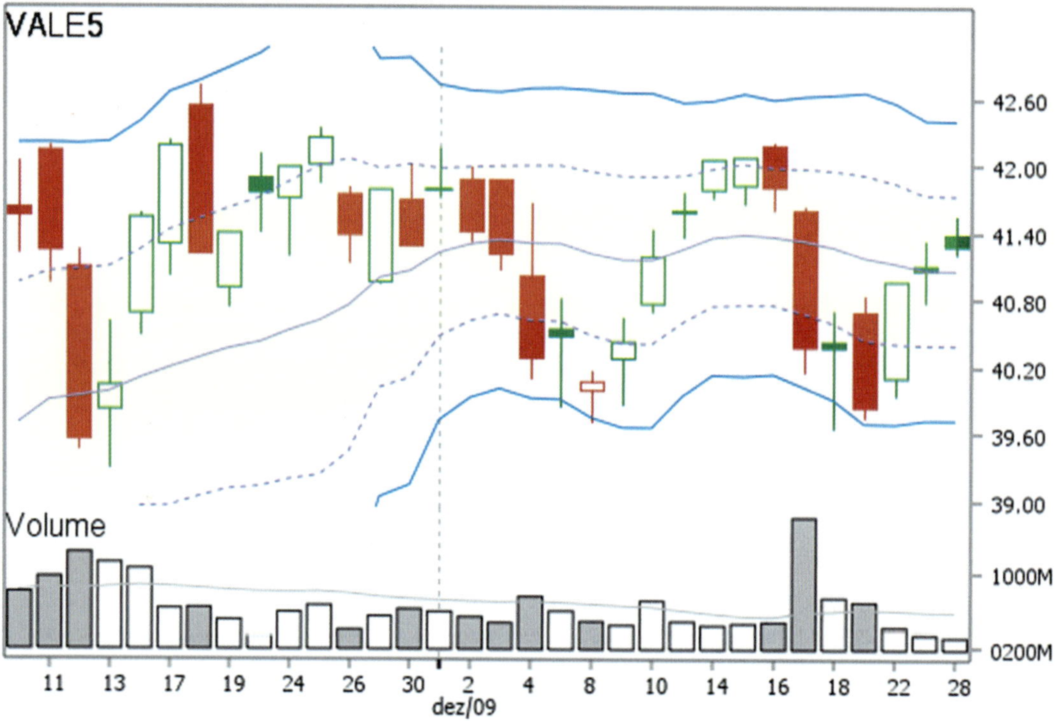
VALE5
Volume
42.60
42.00
41.40
40.80
40.20
39.60
39.00
1000M
0200M
11 13 17 19 24 26 30 2 4 8 10 14 16 18 22 28
dez/09

# Estratégia

Operar ações exige pensar, ao mesmo tempo, no longo e no curto prazos. Ou seja, pensar na estratégia e na tática. Pensar nos elementos mais permanentes, estruturais e gerais, mas também nas configurações específicas que surgem e se desfazem rapidamente (o chamado *setup* ou *timing*).

Existem duas estratégicas básicas em Análise Técnica: operar **a favor da tendência** ou operar **contra a tendência**. A primeira (a favor) é mais conservadora e menos arriscada. A ideia é comprar quando a tendência ou viés de alta já predomina. É apostar na continuidade da tendência, e usufruir o meio e, quem sabe, o final de uma longa tendência. O início da tendência, você já perdeu em favor de um risco menor.

Apostar contra a tendência é uma estratégia mais arriscada, porém pode ser altamente compensadora. A tendência é de baixa, e você aposta que vai reverter. Você não espera a reversão acontecer, você se antecipa. Quando acerta, você "pega" o início da tendência. O retorno costuma ser bem maior, mas menos frequente. Quem opera com padrões *candlestick* é mais contra do que a favor da tendência. Afinal, os **principais padrões do *candlestick* são de reversão da tendência**.

No aspecto estratégico mais amplo, é fundamental **diversificar** a sua carteira de ações. No caso da Análise Técnica, em que há necessidade de liquidez, uma boa referência são as ações da carteira teórica IBrX-100 (veja detalhes no Apêndice II). Outro fator que exige liquidez é o prazo médio de apenas alguns dias nas operações do tipo *swing trade*.

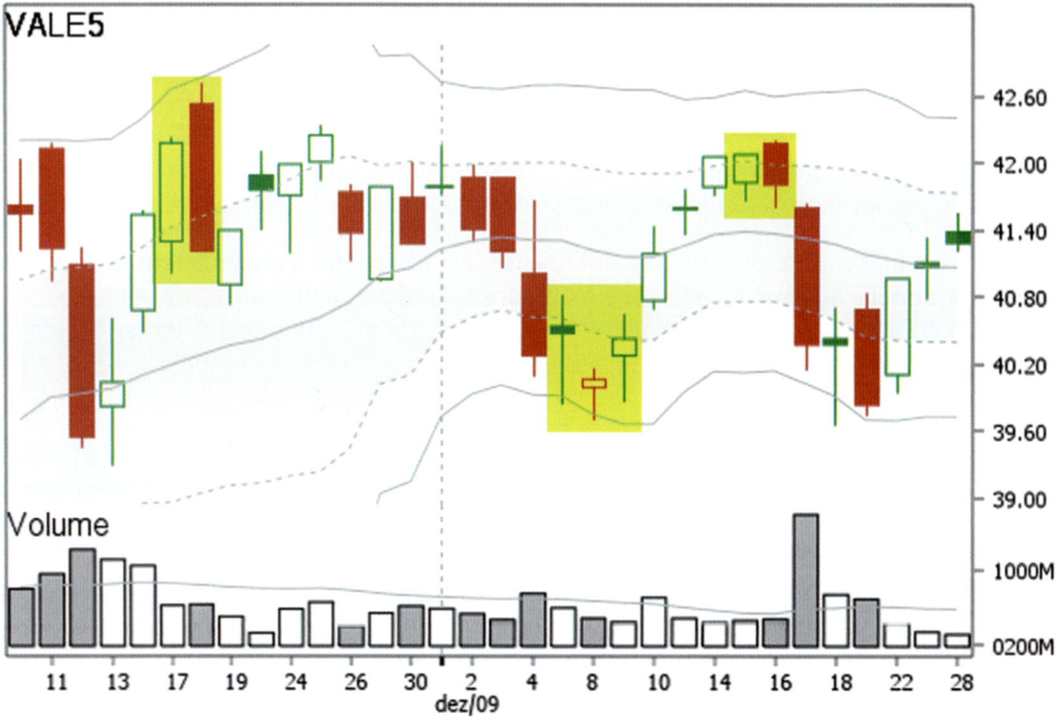
VALE5
Volume
42.60
42.00
41.40
40.80
40.20
39.60
39.00
1000M
0200M
11
13
17
19
24
26
30
2
4
8
10
14
16
18
22
28
dez/09

# Tática

Não importa se a estratégia é a favor ou contra a tendência; fundamental é o *timing* de entrada e saída de uma operação – especialmente se for uma operação de curto prazo. No método apresentado neste livro, o curto prazo varia de alguns dias a algumas semanas (*swing trading*). O *timing* mais adequado pode ser identificado por meio de uma configuração específica de preço, volume e volatilidade: o famoso ***setup***.

O *setup* caracteriza uma oportunidade de operação, mas a decisão do ponto exato de entrada e saída pode variar em função do perfil de cada investidor. Dependerá, principalmente, da expectativa de retorno e do nível de aversão ao risco. O detalhamento de cada *setup* pressupõe uma definição do ponto de entrada (*stop de compra* ou *stop de venda*) e também do ponto de saída, seja com lucro (*stop gain*) ou prejuízo (*stop loss*).

A relação entre o potencial de lucro e o prejuízo – ou entre o retorno e o risco – é muito importante. Convém escolher as operações nas quais exista uma relação de 3 para 1, ou pelo menos, 2 para 1. O potencial de retorno deve ser maior do que o potencial de risco.

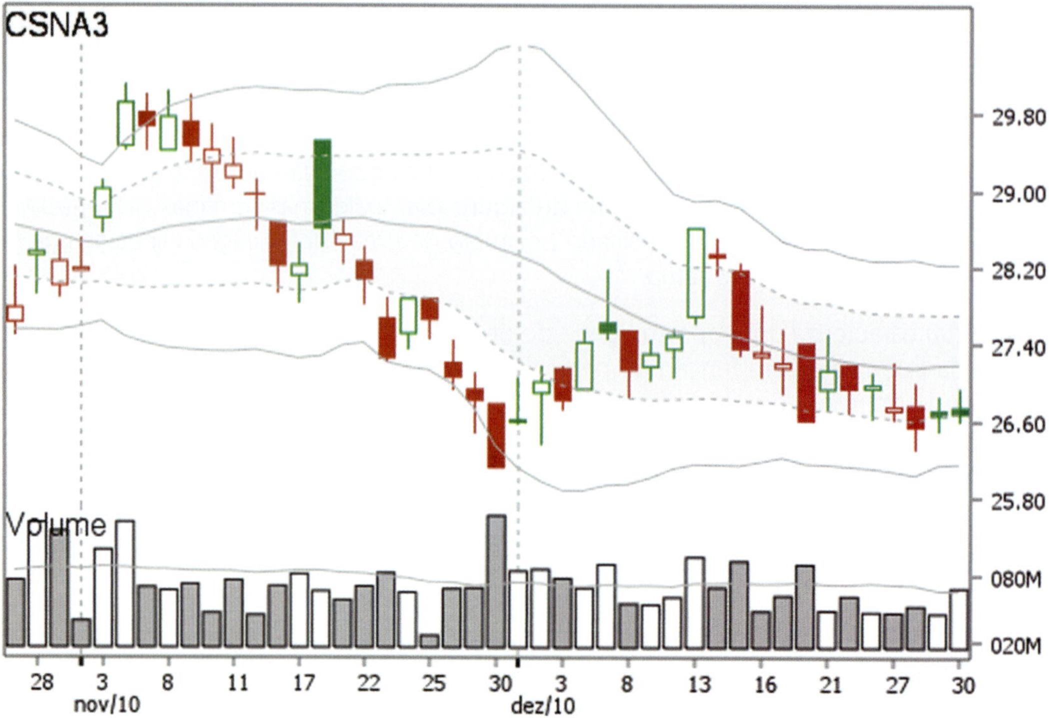
CSNA3
Volume
29.80
29.00
28.20
27.40
26.60
25.80
080M
020M
28
3
8
11
17
22
25
30
3
8
13
16
21
27
30
nov/10
dez/10

# *Setup* básico

Em primeiro lugar, tomamos conhecimento dos fundamentos do método (e da Análise Técnica): *preço, volume e volatilidade*. Agora já podemos começar a analisar os gráficos e, assim, tomar as decisões que consideramos as mais acertadas. Vamos, então, exercitar o método por meio de inúmeros exemplos – todos retirados da minha rotina diária de recomendações (*Call Diário*). Esse é o principal conteúdo do livro.

O diagrama básico apresenta o gráfico diário com as figuras *candlestick*, uma média de 20 dias, as Bandas de Bollinger (com 1 e 2 desvios padrão) e o volume (com uma média de 20 dias) no formato de um histograma. O objetivo de cada exemplo é apresentar uma situação de tomada de decisão, seja de compra ou de venda. Observe também o recente comportamento histórico do ativo, especialmente os fundos e topos anteriores (geralmente associados a figuras de reversão *candlestick*).

Você pode discordar da análise e das justificativas que recomendam uma decisão de compra ou venda. E talvez venha a perceber logo a seguir que, muitas vezes, não ocorre o resultado esperado. Em muitos momentos, você vai discordar da análise e verificar que teria tomado a decisão mais acertada, porém, nosso foco agora não é acertar; o objetivo dos exercícios é agilizar o aprendizado do método.

# Capítulo 2

## Comprar ou Vender?

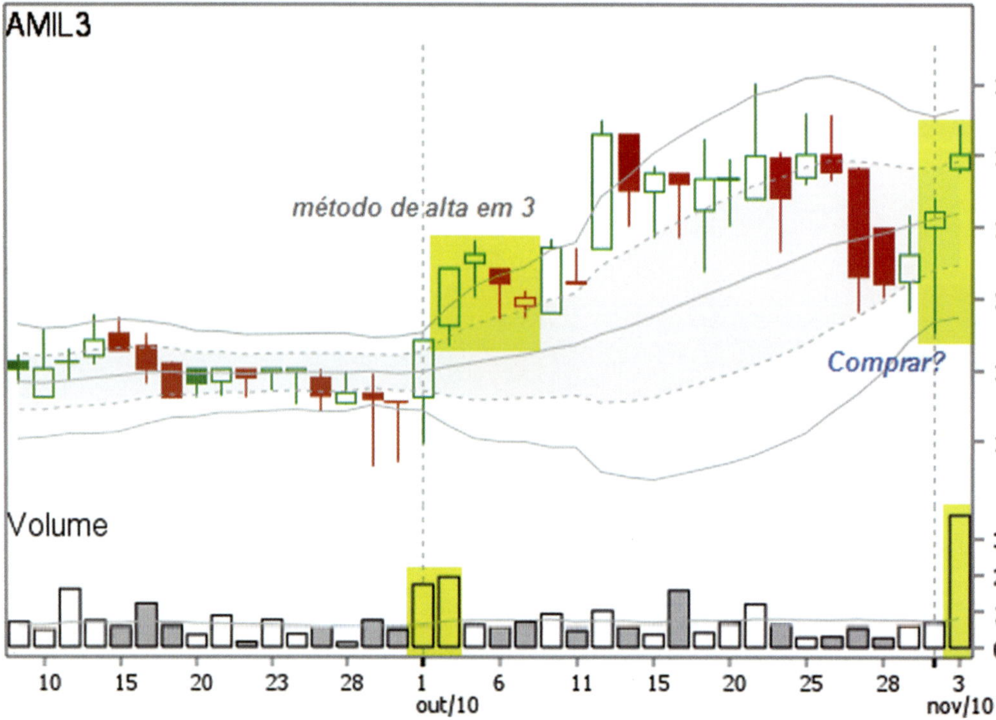
AMIL3
método de alta em 3
Comprar?
Volume
18.50
18.00
17.50
17.00
16.50
16.00
30M
20M
10M
0
10
15
20
23
28
1
out/10
6
11
15
20
25
28
3
nov/10

# Volume excepcional

AMIL3 operou com reduzida volatilidade até o final de setembro, quando um forte movimento comprador (acompanhado de volume expressivo) levou o papel a fechar acima da banda superior de Bollinger (segundo desvio padrão). É uma sinalização de início de um movimento de alta. A volatilidade tem um comportamento cíclico, e alterna movimentos de compressão e expansão, ou seja, **estreitamento e expansão das bandas**.

Logo após o início do movimento, ocorreu o padrão *candlestick* **método de alta em 3**, que sinaliza a continuidade do movimento de alta. Mas a alta não durou muito; o rompimento abaixo do primeiro desvio positivo foi um alerta de reversão da alta. O preço manteve-se acima do primeiro desvio negativo (referência de suporte) e assim, nos últimos 3 pregões, dá sinais de uma forte reação compradora.

O primeiro *candle* é um ***spinning top***, um *candle* que representa equilíbrio e indecisão. O *candle* seguinte é caracterizado por uma longa sombra inferior; após atingir a mínima do dia, os compradores reagiram com força e o fechamento ocorreu acima da abertura e também acima do fechamento do dia anterior. O último *candle* abriu com ***gap* de alta** acompanhado de **volume excepcional**. A demonstração de força compradora parece ser bastante evidente, mas terá força suficiente para romper as máximas anteriores?

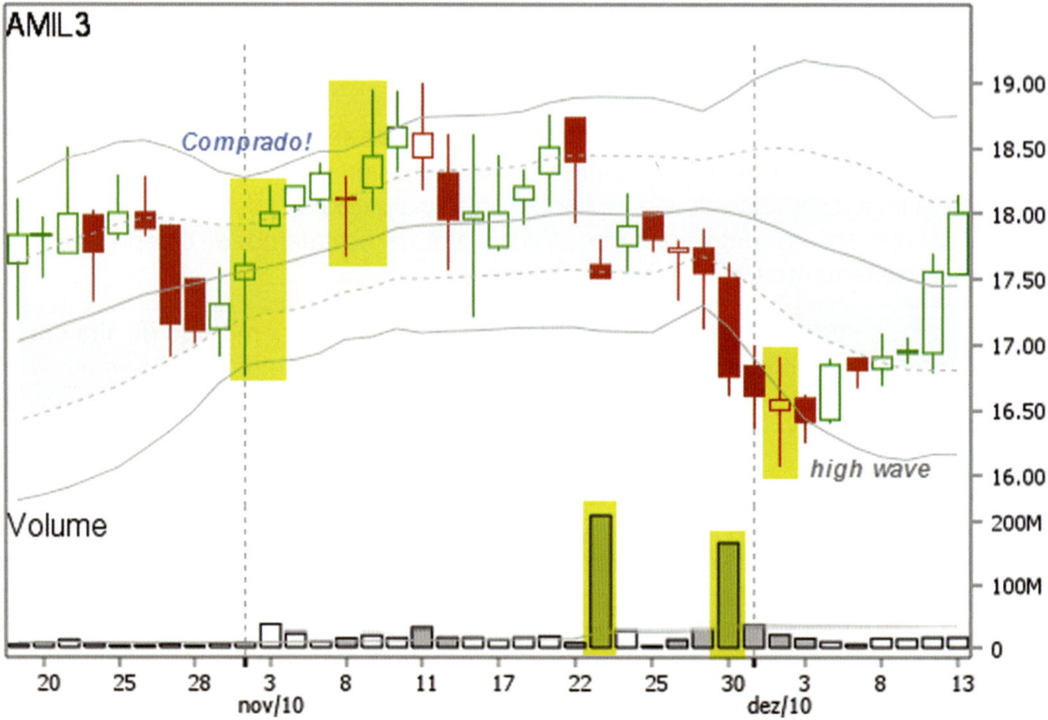
AMIL3
Comprado!
high wave
Volume
19.00
18.50
18.00
17.50
17.00
16.50
16.00
200M
100M
0
20
25
28
3
nov/10
8
11
17
22
25
30
3
dez/10
8
13

# Alta moderada

AMIL3 subiu nos dois pregões seguintes, mas de forma moderada. No terceiro dia ocorreu uma pressão vendedora. Mas os compradores reagiram, e, no fechamento, formou uma figura *candlestick doji*, que sinaliza equilíbrio. O próximo *candle* é de alta, com **longa sombra superior**, que perfurou a banda superior de Bollinger. O viés ainda é de alta, mas já preocupa uma provável pressão vendedora. O próximo *candle* é novamente de alta, mas a máxima não ultrapassou a máxima anterior. O pregão seguinte já abriu em baixa, e os compradores reagiram. Ao atingir, porém, o preço máximo do dia, houve nova reação vendedora. O volume foi bem maior em relação aos pregões anteriores. Há sinais de maior pressão vendedora que justificam a saída da posição comprada.

Após uma breve recuperação, o preço caiu e se movimentou em direção à banda inferior de Bollinger. Após dois pregões com o fechamento abaixo da banda (viés bastante negativo), os compradores reagiram. O padrão ***high wave*** ocorre em um pregão bastante volátil, mas equilibrado (muita indecisão). Porém, o fato de os compradores terem suportado a pressão vendedora (evidenciada por **dois pregões anteriores de baixa com volume excepcional**) é uma demonstração de enfraquecimento dos vendedores. As vendas podem ter chegado a um fim. Os pregões seguintes comprovam que o controle passou para os compradores, que iniciaram um novo movimento de alta.

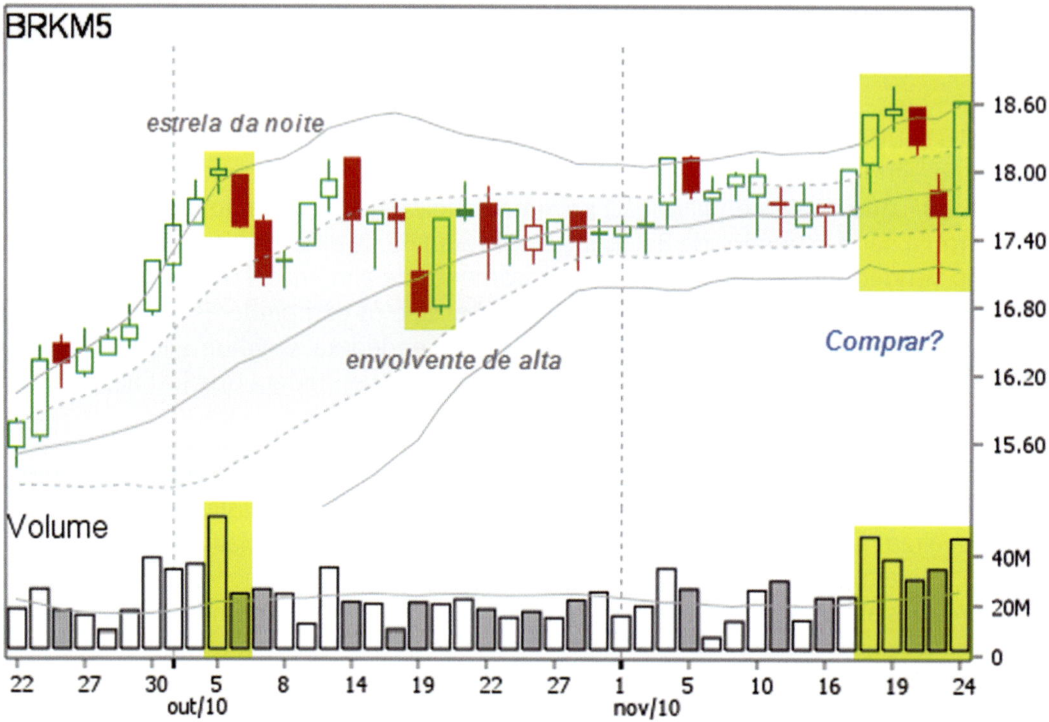

BRKM5
estrela da noite
envolvente de alta
Comprar?
18.60
18.00
17.40
16.80
16.20
15.60
Volume
40M
20M
0
22
27
30
5
8
14
19
22
27
1
5
10
16
19
24
out/10
nov/10

# Marubozu de alta

BRKM5 operou próximo à banda superior de Bollinger ("cavalgou" a banda) até os primeiros pregões de outubro. Surgiu então uma **"estrela da noite"**, uma sinalização de final da tendência de alta. O preço recuou até a média de 20 dias, mas uma forte reação compradora ("envolvente de alta") manteve o fechamento acima da média nas semanas seguintes.

Recentemente o preço voltou a subir e atingiu a banda superior, e, dessa vez, com muito volume. Após dois pregões de pressão vendedora (mas com menor volume), o último pregão voltou a mostrar forte presença compradora. O preço voltou a fechar próximo das máximas mais recentes, e acompanhado por um volume expressivo. As bandas podem abrir novamente e iniciar um novo movimento direcional de alta, como ocorreu na parte inicial do gráfico.

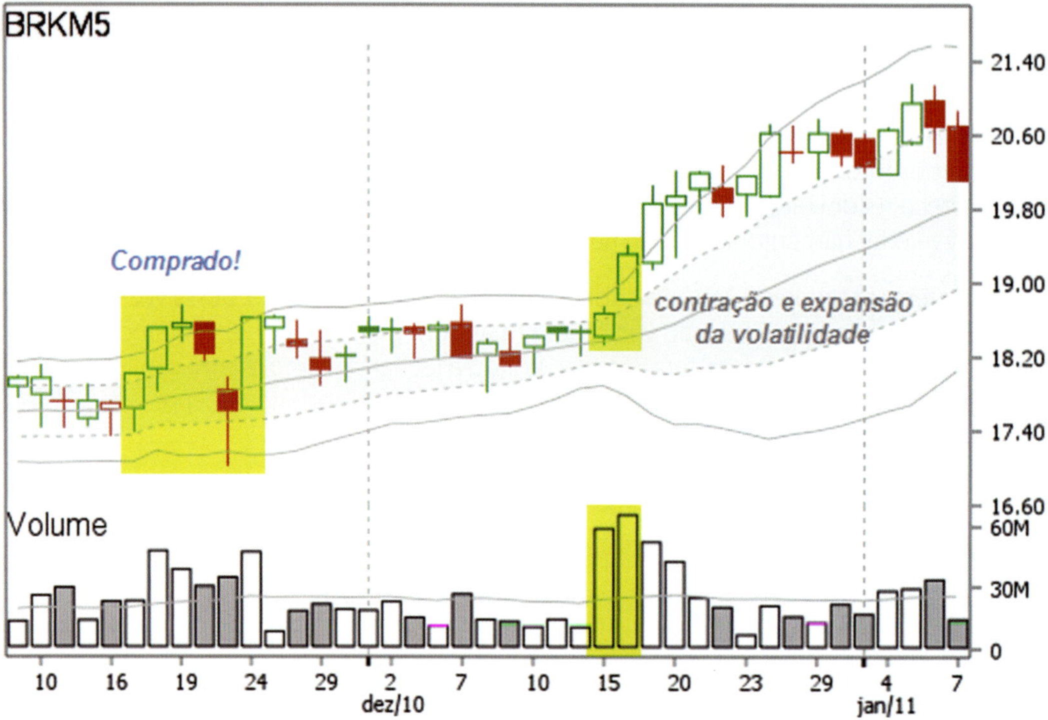
BRKM5
Comprado!
contração e expansão da volatilidade
Volume
21.40
20.60
19.80
19.00
18.20
17.40
16.60
60M
30M
0
10
16
19
24
29
2
dez/10
7
10
15
20
23
29
4
jan/11
7

# *Alta com retardo*

BRKM5 "andou de lado" nos pregões seguintes. Mas se manteve acima de sua média de 20 dias (referência de suporte). As bandas estreitaram-se devido ao movimento lateral e de reduzida volatilidade. Depois de algumas semanas, um forte volume (bem acima da média) sinalizou o início de uma reação compradora. No pregão seguinte, a forte alta, acompanhada de um volume excepcional, abriu definitivamente a banda superior. Teve início um forte movimento de alta. Os preços oscilaram entre o primeiro desvio padrão (referência de suporte) e a banda superior de Bollinger (segundo desvio padrão).

**A grande questão é seguinte:** você manteria a sua posição (provavelmente com perdas, embora reduzidas) durante as semanas que antecederam a abertura das bandas? Embora o preço (fechamento) tenha se mantido acima da média, a tentação de sair foi grande e até justificada pela "demora" do esperado movimento de alta. É verdade também que o forte *candle* de alta, um dos motivos da compra, definiu uma linha de suporte que permaneceu intacta. A linha deve ser traçada a partir do nível do preço de abertura. Se você for disciplinado e paciente, pode obter resultados que às vezes demoram mais do que o esperado, mas ocorrem.

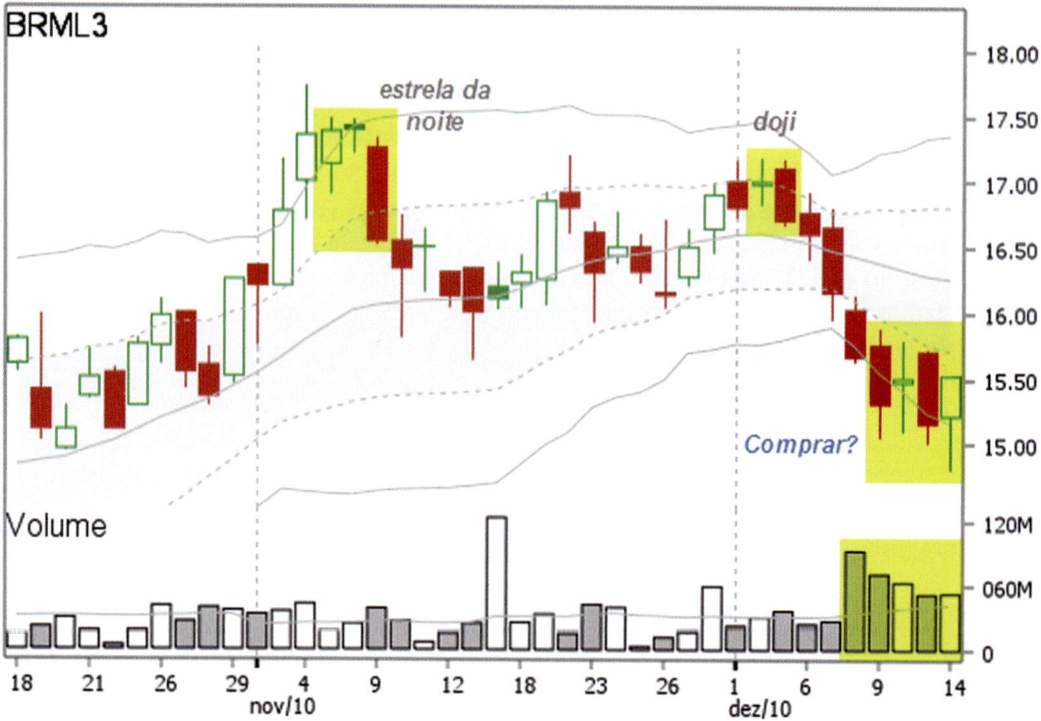
BRML3
estrela da noite
doji
Comprar?
Volume
18.00
17.50
17.00
16.50
16.00
15.50
15.00
120M
060M
0
18
21
26
29
4
9
12
18
23
26
1
6
9
14
nov/10
dez/10

# "Grávida" de alta

BRML3 atingiu um topo no início de novembro. O padrão "**estrela da noite**" alertou para uma reversão que acabou ocorrendo. Na verdade, a baixa foi apenas uma correção até a sua média – referência de suporte. Mais adiante, no início de dezembro, nova sinalização de baixa. O **doji** seguido de forte *candle* de baixa sinalizou nova pressão vendedora. Dessa vez, a baixa foi forte, pois abriu a banda inferior e o preço fez sua **"cavalgada" de baixa**.

Entretanto, nos últimos pregões, há evidências de uma reação compradora. O *candle high wave* (*spinning top* com longas sombras) é uma demonstração de equilíbrio e uma evidência de reação compradora. Esse *candle* em dupla com o anterior forma o padrão "grávida de alta", que alerta para uma reversão da baixa. Mas o pregão seguinte não confirmou o padrão, e fechou em baixa. O próximo *candle* mostra nova reação compradora, e, dessa vez, mais forte. Após atingir uma nova mínima, os compradores reagiram e fecharam na máxima do dia. A nova dupla de *candles* também pode ser considerada uma "grávida de alta". A primeira não deu certo, será que agora vai?

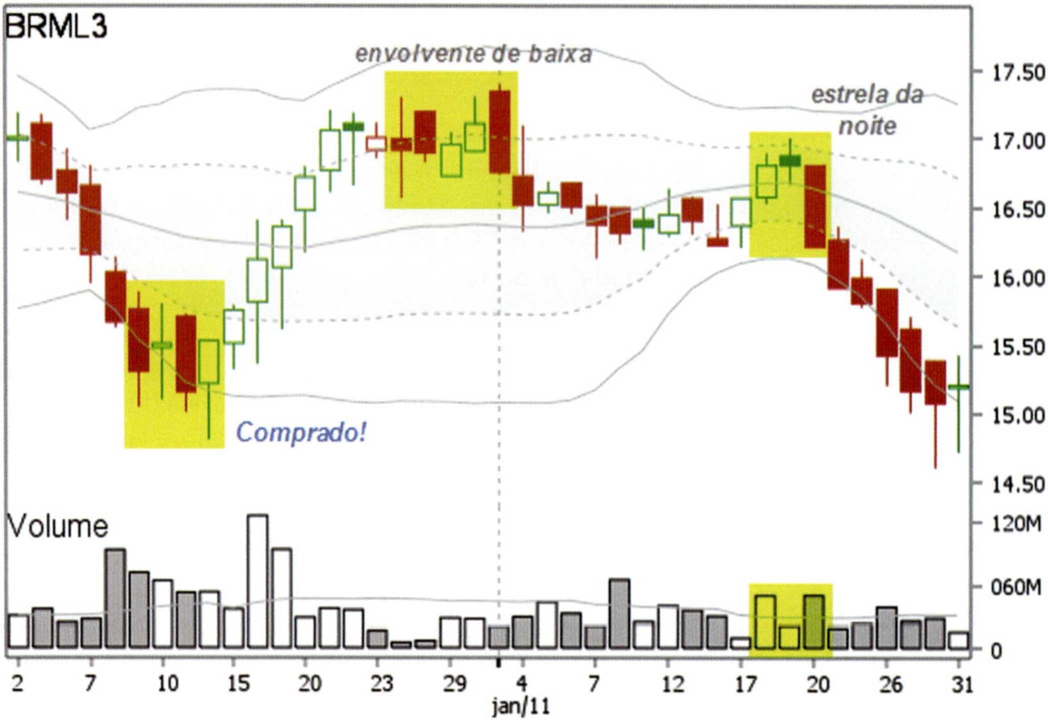
BRML3
envolvente de baixa
estrela da noite
Comprado!
Volume
17.50
17.00
16.50
16.00
15.50
15.00
14.50
120M
060M
0
2
7
10
15
20
23
29
4
jan/11
7
12
17
20
26
31

# *Rally* de alta e de baixa

BRML3 subiu os próximos cinco pregões até ultrapassar o primeiro desvio padrão. Uma pressão vendedora impediu a continuidade da alta, mas não foi forte o suficiente para uma reversão. Entretanto, no primeiro pregão de janeiro, um forte *candle* de baixa envolveu completamente o *candle* de alta anterior, o que formou o padrão **envolvente de baixa**. É uma forte sinalização vendedora.

O preço caiu e oscilou em torno da média. Em meados de janeiro, ameaçou uma reação. Apareceu uma "**estrela da noite**" para estragar a festa. O forte *candle* de baixa seguinte cruzou a média e o desvio negativo no mesmo pregão. Foi o início da "cavalgada" de baixa, na banda inferior de Bollinger. Observe a abertura das bandas, após o processo de compressão (estreitamento) no período em que o preço oscilou próximo à média.

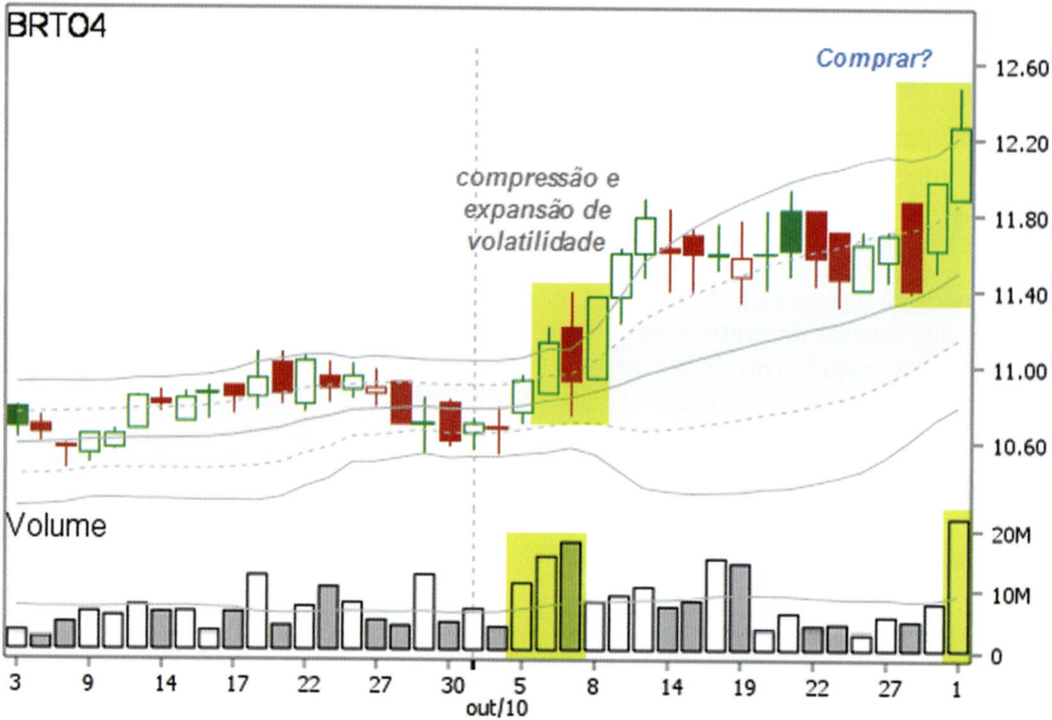
BRTO4
Comprar?
compressão e
expansão de
volatilidade
Volume
12.60
12.20
11.80
11.40
11.00
10.60
20M
10M
0
3
9
14
17
22
27
30
5
8
14
19
22
27
1
out/10

# Além da banda superior?

BRTO4 iniciou um movimento de alta depois de um padrão de **compressão e expansão** das bandas. A abertura das bandas foi acompanhada de *candles* de alta e volumes acima da média. Mas a alta não durou muito. Acabou se tornando um movimento lateral com volumes muito baixos.

A "correção no tempo" levou o preço até a sua média móvel, mas, nos dois últimos pregões, o preço voltou a subir com força, acima da curva do primeiro desvio padrão. Observe o forte volume no último *candle*, que fechou acima da banda superior de Bollinger. O padrão representa uma forte reação compradora que pode retomar a alta iniciada no movimento de abertura das bandas. É uma situação que favorece uma estratégia a favor da tendência. Após um período de consolidação, há uma forte sinalização de retomada da tendência predominante.

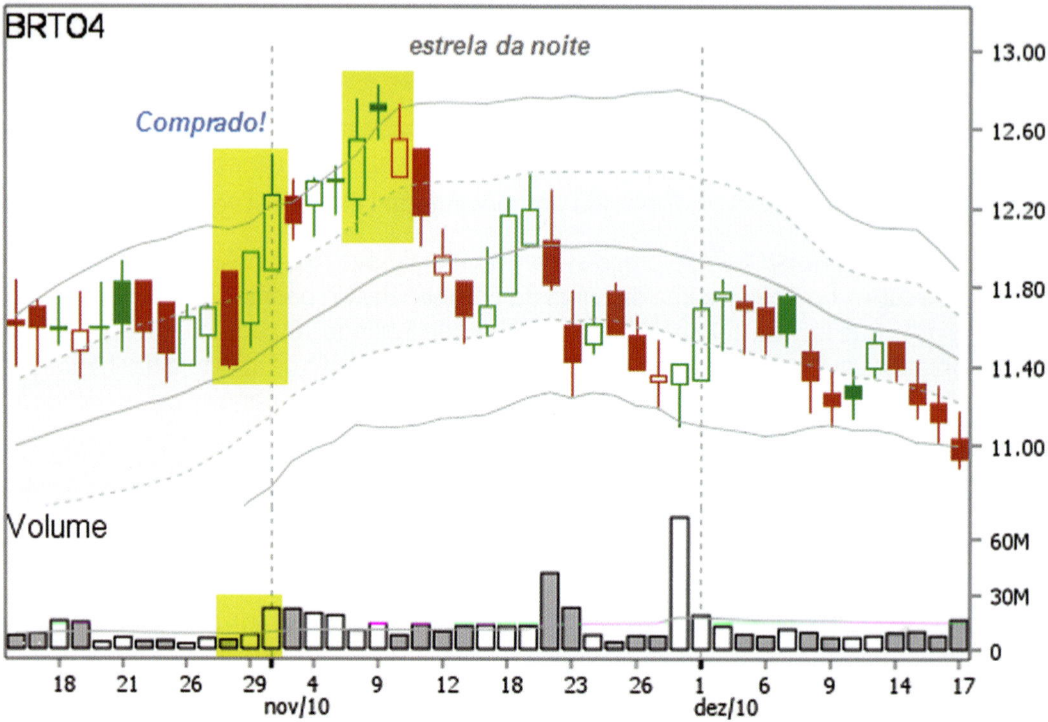
BRTO4
estrela da noite
Comprado!
Volume
13.00
12.60
12.20
11.80
11.40
11.00
60M
30M
0
18 21 26 29 4 9 12 18 23 26 1 6 9 14 17
nov/10
dez/10

# Estrela da noite

BRTO4 "realizou lucros" no pregão seguinte, mas voltou a subir até formar uma **"estrela da noite"**. Esse padrão é formado por um *candle* tipo *spinning top* ou mesmo um *doji*, ou seja, um *candle* que representa equilíbrio e indecisão. O *gap* que antecede a "estrela" sugere a continuidade da alta, mas o segundo *gap* reverte rapidamente para uma percepção de baixa. O próximo *candle*, apesar de "vazado" (fechamento acima da abertura) e representar uma reação compradora, fecha bem abaixo do fechamento anterior. Há evidência suficiente para "zerar" a posição comprada.

O pregão seguinte é de nova queda, e, dessa vez, com viés bem mais negativo. Podemos observar no restante do gráfico que a pressão vendedora prevaleceu por muito tempo. Houve até uma oportunidade para fazer uma posição "vendida", mas é muito difícil mudar de opinião. Após a frustração com um *trade* de compra, é mais confortável "dar um tempo" e "ficar de fora" – é raro admitir um erro e inverter rapidamente de posição.

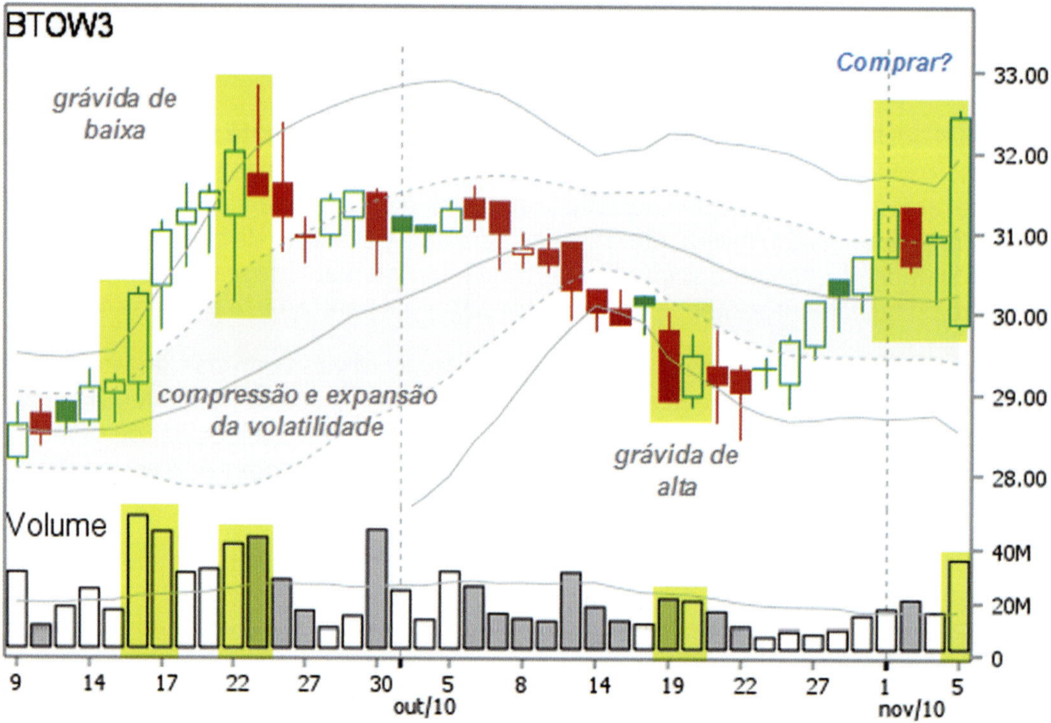

BTOW3
grávida de baixa
Comprar?
compressão e expansão da volatilidade
grávida de alta
Volume
33.00
32.00
31.00
30.00
29.00
28.00
40M
20M
0
9
14
17
22
27
30
5
8
14
19
22
27
1
5
out/10
nov/10

# "Buzão"

BTOW3 iniciou um movimento de alta com o *setup* de **compressão e expansão da volatilidade**. O movimento foi caracterizado por vários fechamentos acima da banda superior. Esse tipo de padrão é pouco frequente e também pouco sustentável. O último fechamento acima da banda já evidencia maior presença vendedora, registrada na longa sombra inferior. O *candle* seguinte atinge uma nova máxima, mas uma forte reação vendedora reverte o movimento para fechar na mínima do dia.

O *candle* resultante é a figura da "estrela cadente", e, junto com o *candle* anterior, forma a figura de reversão **"grávida de baixa"**. Esse alerta de reversão foi confirmado com um movimento baixista nos pregões seguintes até a formação do padrão simétrico **"grávida de alta"**. Esse padrão de reversão da baixa não foi confirmado de imediato, porém, depois de alguns pregões, resultou em um novo movimento altista.

No início de novembro ocorreu nova pressão vendedora, mas os comprados reagiram com um forte *candle* de alta (**marubuzão**) acompanhado por um volume bastante expressivo. O *candle* fechou na máxima do dia, próximo do nível do último topo (**"grávida de baixa"**). Temos, então, uma referência de resistência, mas a pressão compradora é enorme.

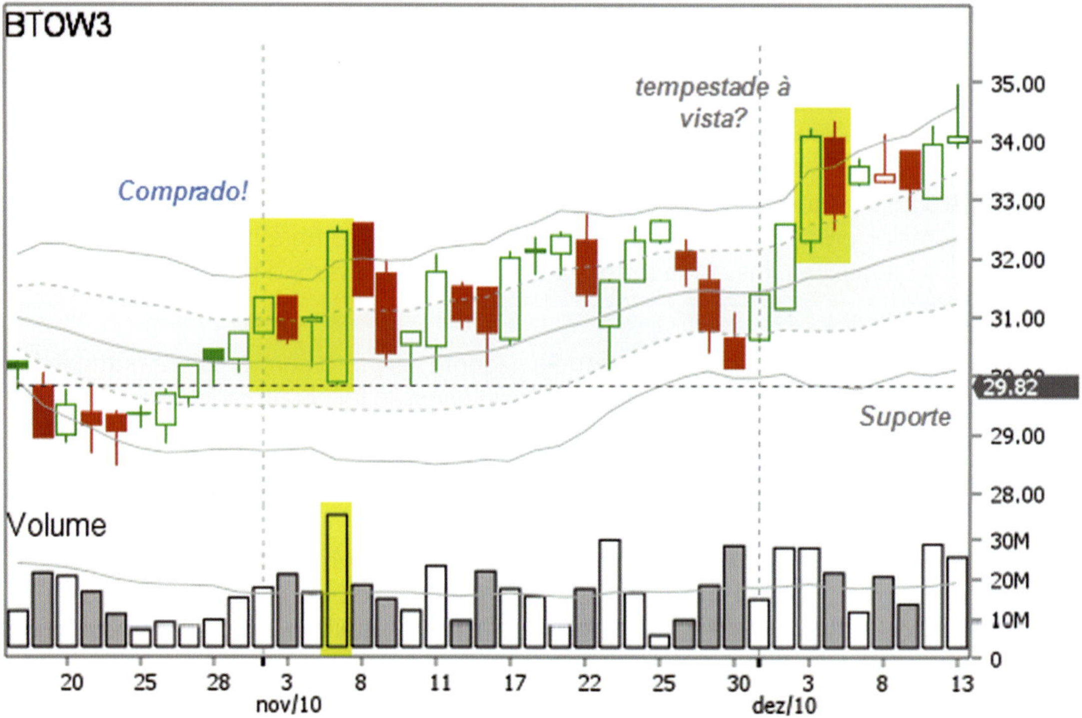
BTOW3
tempestade à vista?
Comprado!
Suporte
29.82
35.00
34.00
33.00
32.00
31.00
29.00
28.00
Volume
30M
20M
10M
0
20
25
28
3
nov/10
8
11
17
22
25
30
3
dez/10
8
13

# Marubozu como suporte

BTOW3 sofreu fortes quedas nos dois pregões seguintes. Foi um "balde de água fria" para quem esperava a continuidade do movimento de alta. A primeira queda é até compreensível, e pode ser atribuída a uma realização de lucros.

A baixa foi pequena, pois fechou acima do centro do corpo de alta anterior, e, assim, manteve o viés positivo. Mas o segundo *candle* de baixa já foi mais incisivo. No terceiro *candle* a mínima chegou ao preço de abertura do forte *candle* de alta inicial. Na mínima do dia, uma reação compradora "salvou" os comprados. Após esses três pregões, ficou muito difícil manter a posição comprada, apesar da linha de suporte ter sido respeitada.

Em 3 de dezembro, o preço voltou a fechar acima da banda superior, mas, no pregão seguinte, uma forte reação vendedora formou o padrão **tempestade à vista**. O fechamento abaixo do centro do *candle* de alta anterior é uma forte sinalização de baixa (ao contrário do exemplo anterior). A indicação de baixa, porém, não se confirmou.

Depois de "andar de lado" nos pregões seguintes, voltou a subir. Observe que desde o início do gráfico prevalece um viés altista que pode ser explicado pelo comportamento do volume. Observe também os volumes expressivos que acompanham as reações de compra. Mesmo no último pregão de novembro (que fechou em baixa), parte do volume expressivo pode ser atribuída à reação compradora que impediu uma queda maior. O volume é a "chave" para decifrar o comportamento do preço!

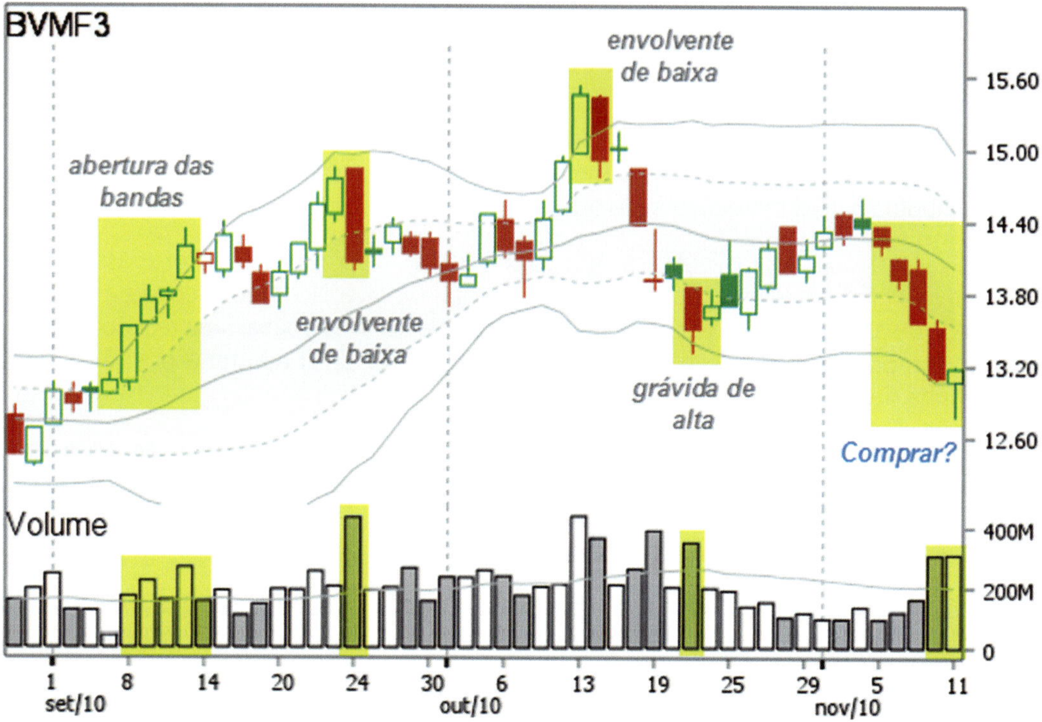
BVMF3
abertura das bandas
envolvente de baixa
envolvente de baixa
grávida de alta
Comprar?
15.60
15.00
14.40
13.80
13.20
12.60
Volume
400M
200M
0
1
8
14
20
24
30
6
13
19
25
29
5
11
set/10
out/10
nov/10

# Martelo

BVMF3 iniciou uma **"perna de alta"** com o padrão **compressão e expansão da volatilidade**, acompanhado de aumento de volume. No final de setembro, a figura **"envolvente de baixa"**, com volume bastante expressivo, sinalizou o início de uma pressão vendedora. A correção ocorreu de forma *lateral*, e o suporte definido pela média móvel foi respeitado. O papel voltou a subir e abriu novamente as bandas.

O movimento muito rápido provocou forte reação vendedora com uma figura próxima a um **"envolvente de baixa"** ou um **"corvo preto"**. A queda foi rápida e avançou além da média móvel até perfurar a banda inferior. A figura **"grávida de alta"** sinalizou uma reação compradora. O preço subiu até a média, que agiu como uma resistência.

Após quatro pregões de queda, e já na banda inferior, o papel reagiu com um padrão **martelo**. É um padrão que "exige" uma confirmação no próximo pregão. Observe bem, entretanto, o comportamento do volume nos dois últimos pregões. O volume das vendas foi muito forte em relação aos pregões anteriores. A perda do suporte definido pelo fundo anterior disparou ordens de *stop loss*. No pregão seguinte, após uma forte venda inicial, os compradores reagiram com muita força.

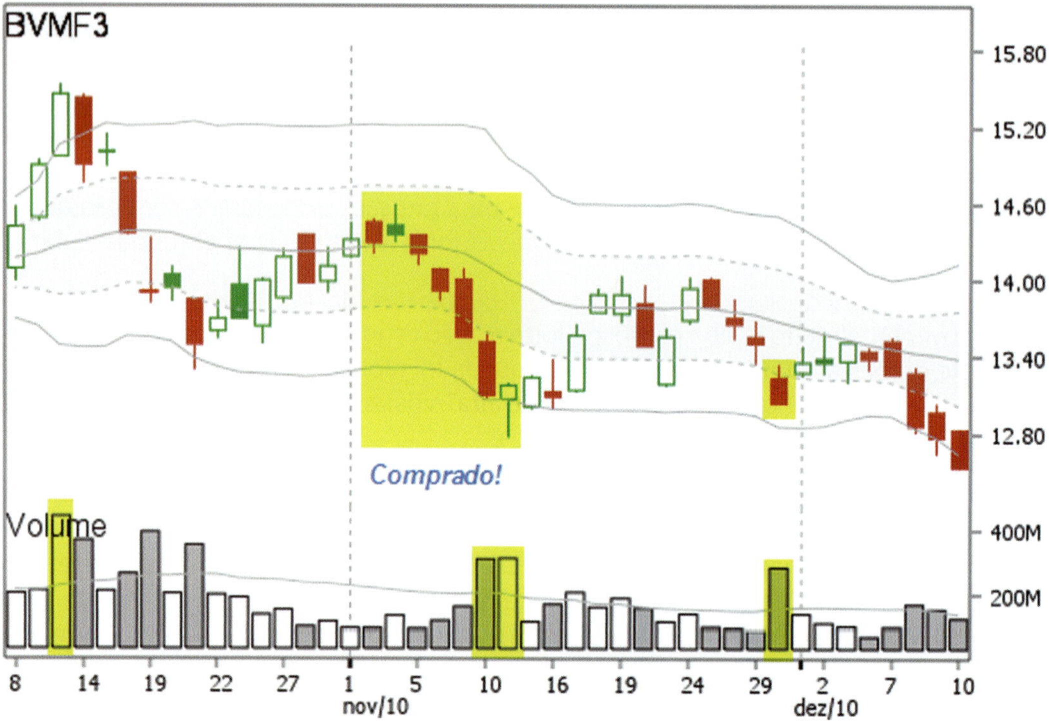

BVMF3
15.80
15.20
14.60
14.00
13.40
12.80
Comprado!
Volume
400M
200M
8
14
19
22
27
1
5
10
16
19
24
29
2
7
10
nov/10
dez/10

# “Meia perna”

O pregão seguinte foi de alta modesta, mas o próximo *candle* representou forte pressão vendedora. Os compradores reagiram com alta expressiva, e, depois de um *gap*, fechou acima de sua média móvel. Mas parou por aí. O preço não conseguiu ultrapassar “efetivamente” a média e voltou para a banda inferior.

**Operar contra a tendência** incorre em um risco maior, e deve ser feito com uma expectativa inicial mais modesta. Ao comprar na banda inferior, o primeiro objetivo deve ser a média móvel. A relação retorno/risco pode ser pouco atrativa, porém, existe sempre a possibilidade de avançar além da média. É por essa mera possibilidade que o *trade* deveria ser executado. É a oportunidade de fazer a “perna completa”.

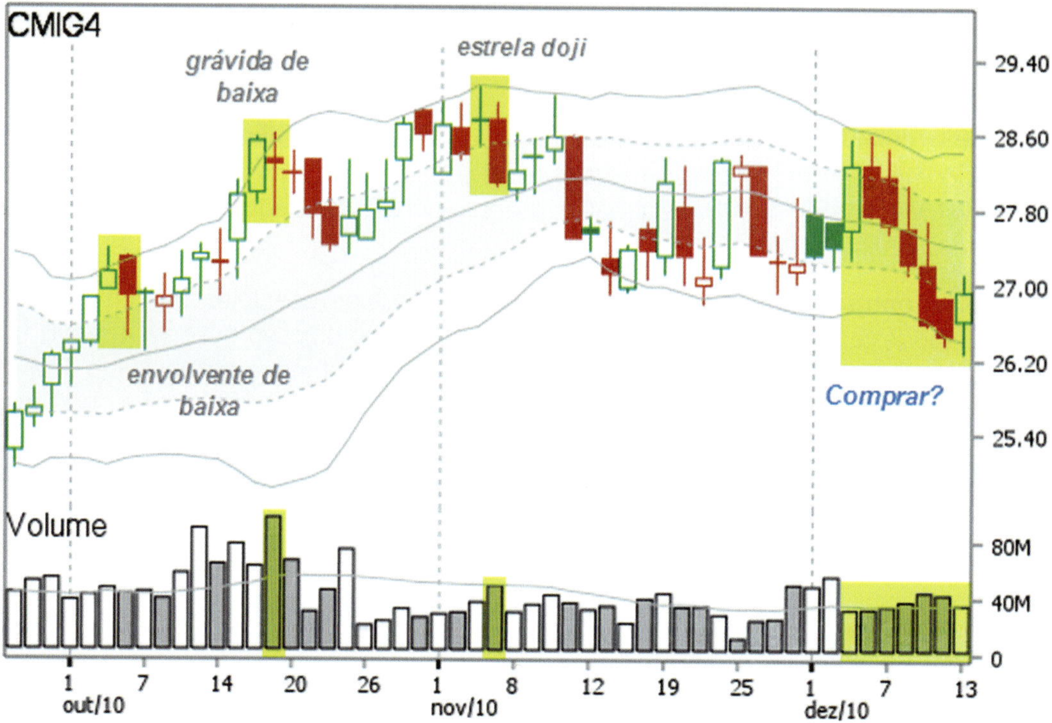
CMIG4
grávida de baixa
estrela doji
envolvente de baixa
Comprar?
29.40
28.60
27.80
27.00
26.20
25.40
Volume
80M
40M
0
1
out/10
7
14
20
26
1
nov/10
8
12
19
25
1
dez/10
7
13

# Um soldado branco

CMIG4 desenvolveu um movimento de alta do final de setembro até o início de novembro. Durante a maior parte do período, respeitou a curva do primeiro desvio padrão positivo (linha tracejada) – primeira referência de suporte. Toda vez que atingiu a banda superior, uma pressão vendedora corrigiu o preço, que não ultrapassou a média móvel (referência de suporte). No início de novembro, porém, a pressão vendedora foi mais forte, e levou o preço até a sua banda inferior. O papel tentou voltar para a banda oposta, mas não conseguiu ultrapassar o primeiro desvio padrão positivo.

Recentemente, após cinco pregões de quedas consecutivas, os compradores reagiram com o padrão **um soldado branco**. A pressão vendedora é muito forte, mas os compradores reagem consistentemente toda vez que a banda inferior é atingida. Dada a proximidade da média, existe uma perspectiva da reação compradora ir além. É possível buscar o primeiro desvio positivo, e depois, quem sabe, a banda superior.

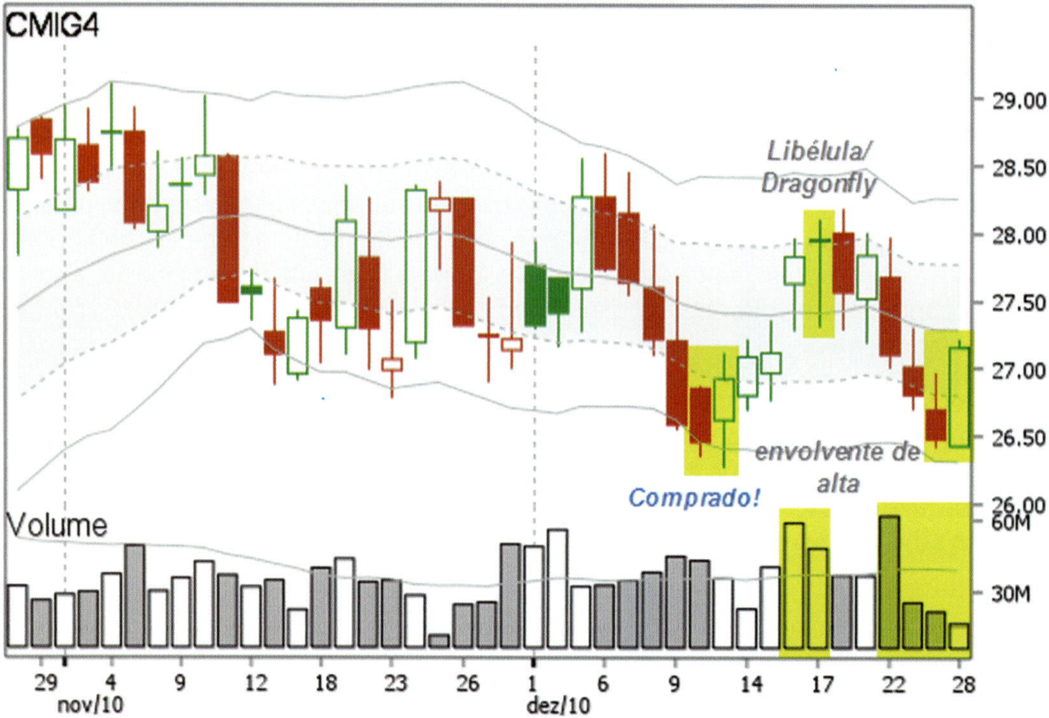
CMIG4
Libélula/
Dragonfly
envolvente de
alta
Comprado!
Volume
29.00
28.50
28.00
27.50
27.00
26.50
26.00
60M
30M
29
4
9
12
18
23
26
1
6
9
14
17
22
28
nov/10
dez/10

# *Libélula ou dragonfly*

CMIG4 subiu modestamente nos dois pregões seguintes, porém, no terceiro pregão, "gapou" e fechou acima da média – foi um início promissor. Mas, então, a curva do primeiro desvio padrão e o *candle* com uma longa sombra inferior conspiraram a favor dos vendedores.

O próximo pregão formou um *doji* novamente com uma longa sombra inferior (um *dragonfly* ou "libélula"). No pregão seguinte, o forte *candle* de baixa "confirmou" o viés baixista. O papel tentou novamente romper acima da curva do primeiro desvio padrão, mas foi em vão. No final, prevaleceu a força vendedora; o papel retomou a direção sul e buscou a banda inferior de Bollinger.

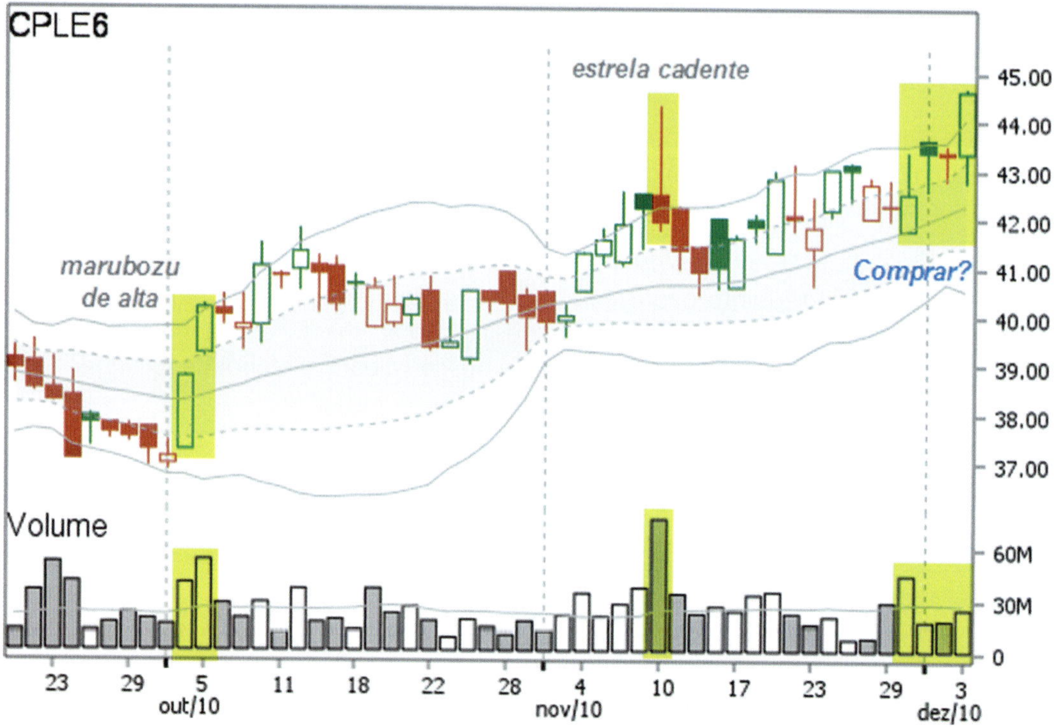
CPLE6
estrela cadente
marubozu
de alta
Comprar?
45.00
44.00
43.00
42.00
41.00
40.00
39.00
38.00
37.00
Volume
60M
30M
0
23
29
5
out/10
11
18
22
28
4
nov/10
10
17
23
29
3
dez/10

# Comprar na alta?

No início de outubro, CPLE6 fez dois fortes movimentos de alta para sair rapidamente da banda inferior para a banda superior. Talvez tenha sido rápido demais. Após subir mais um pouco, iniciou um movimento lateral e de convergência das bandas. No mês de novembro, voltou a abrir as bandas e iniciou um novo movimento de alta. Aí surgiu a figura **"estrela cadente"**, que sinalizou uma reversão da alta. A queda não passou pelo suporte da média móvel, e o papel retomou a tendência de alta.

Agora o papel está claramente em uma tendência de alta. Os últimos quatro pregões mostram uma presença compradora com aumento significativo de volume. O último *candle* "perfurou" a banda superior e ameaça uma nova expansão das bandas.

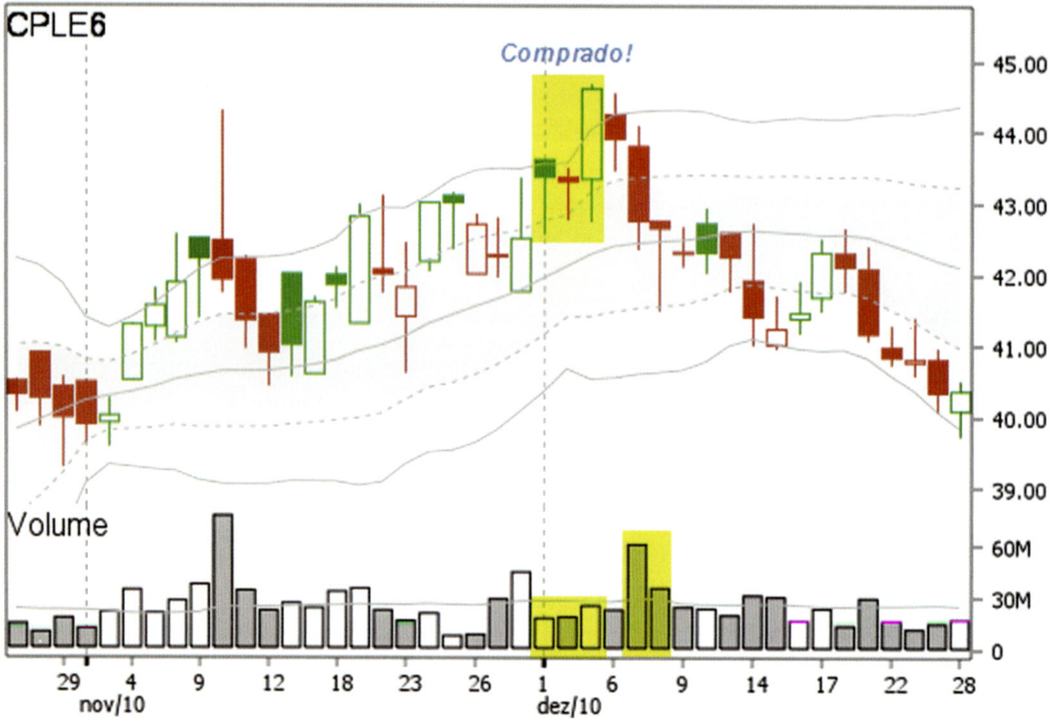
CPLE6
Comprado!
45.00
44.00
43.00
42.00
41.00
40.00
39.00
Volume
60M
30M
0
29
4
9
12
18
23
26
1
6
9
14
17
22
28
nov/10
dez/10

# *Volume incompatível*

O *candle* seguinte formou a figura padrão **"grávida de baixa"** (a probabilidade era grande) No contexto em que aparece (na banda superior), é uma forte sinalização de reversão da tendência de alta. Ficou claro que não foi a melhor situação para comprar.

A tendência reverteu... Uma **"explicação"** para a reversão da tendência pode ser o comportamento do volume em relação ao preço. Depois do forte volume no início da reação compradora (último pregão de novembro), o preço voltou a subir, mas sem volume. No *candle* que perfurou a banda superior, o volume (abaixo da média) não foi compatível com o forte movimento de alta.

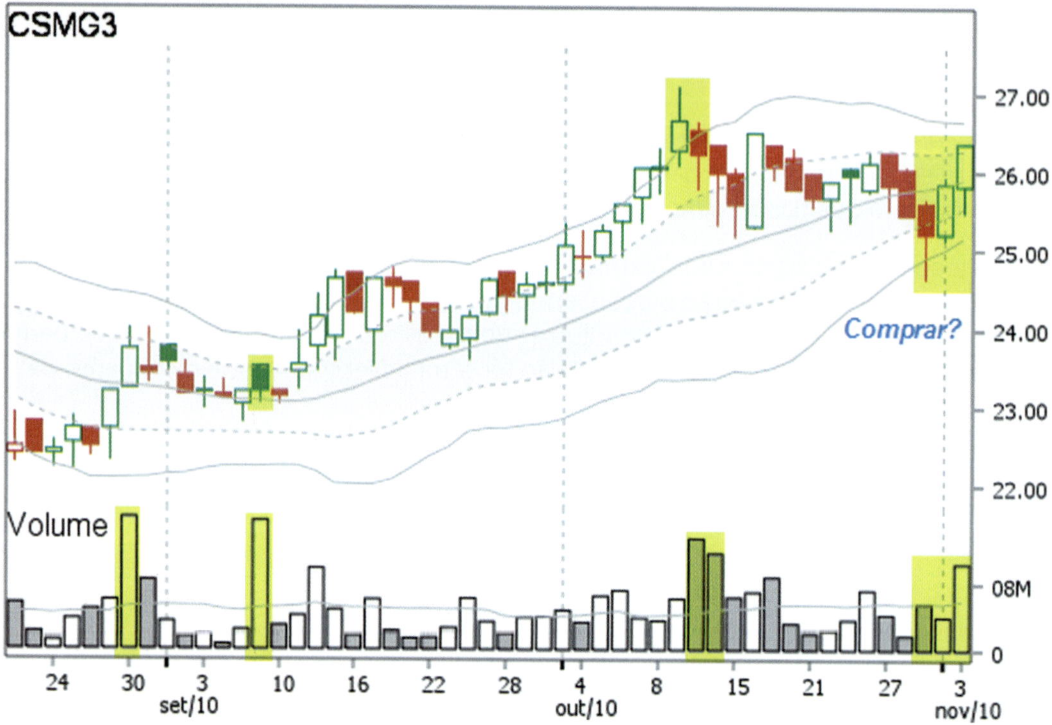
CSMG3
Volume
Comprar?
27.00
26.00
25.00
24.00
23.00
22.00
08M
0
24
30
3
set/10
10
16
22
28
4
out/10
8
15
21
27
3
nov/10

# Dois ou três *candles* de alta?

No final de agosto, CSMG3 cruzou acima da sua média móvel (com volume muito expressivo), e deu início a um longo e consistente movimento de alta. A tendência de alta foi corrigida algumas vezes, mas encontrou suporte ora no primeiro desvio, ora na média móvel de 20 dias.

Recentemente, porém, o preço rompeu e fechou abaixo da média e do primeiro desvio negativo. Os compradores reagiram rapidamente e com muita força. Primeiro um *candle* com as características de um **"martelo"**, depois um **"envolvente de alta"** e, finalmente, um ***candle* de alta** acompanhado de **volume bem superior à média**. Observe também a convergência das bandas, que abre a perspectiva de uma nova expansão, seguida de um novo movimento direcional para cima.

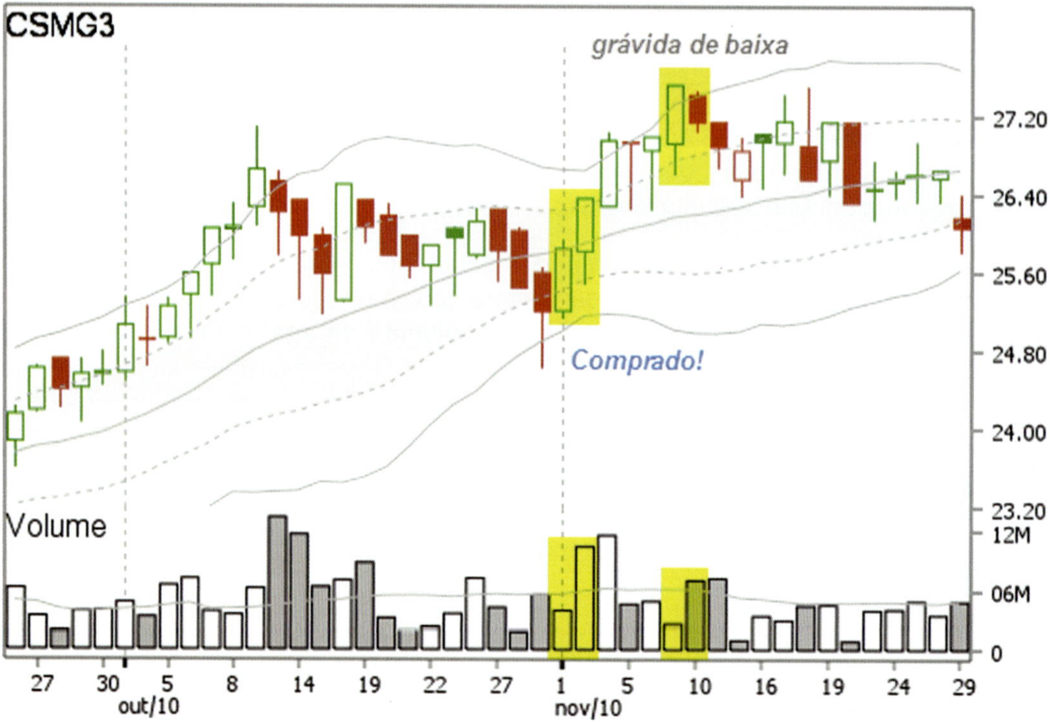

CSMG3
grávida de baixa
Comprado!
Volume
27.20
26.40
25.60
24.80
24.00
23.20
12M
06M
0
27
30
5
8
14
19
22
27
1
5
10
16
19
24
29
out/10
nov/10

# *Um bebê de "peso"*

A reação compradora prosseguiu nos pregões seguintes. Porém, ao fechar acima da banda superior (pela segunda vez) sofreu uma forte pressão vendedora. O volume bastante expressivo foi uma forte indicação de reversão da alta. Na figura **"grávida de baixa"** (na banda superior), o volume do *candle* **bebê** (ou a barriga da grávida) fez a diferença.

O rompimento acima da banda superior (primeiro *candle* da "grávida de baixa"), mas com volume muito reduzido, é uma sinalização do final da alta. Nos dois pregões anteriores, os *candles* com longas sombras inferiores também já demonstravam a presença vendedora.

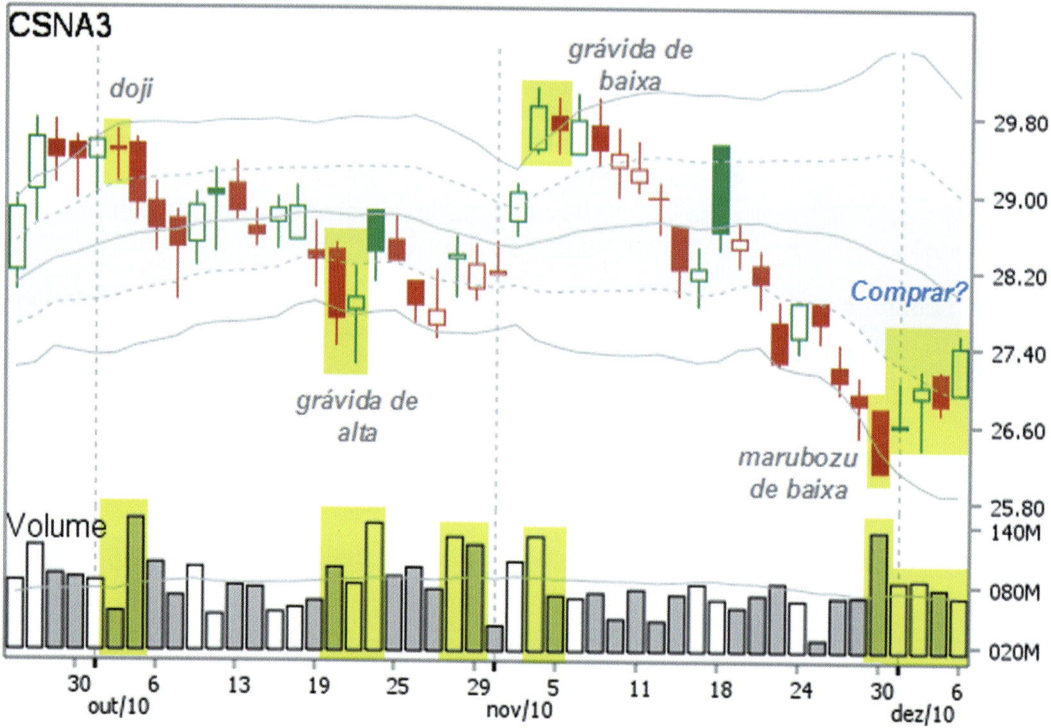
CSNA3
doji
grávida de baixa
grávida de alta
Comprar?
marubozu de baixa
Volume
29.80
29.00
28.20
27.40
26.60
25.80
140M
080M
020M
30
out/10
6
13
19
25
29
nov/10
5
11
18
24
30
6
dez/10

# Marubozu no "fundo do poço"?

No final de outubro, uma sucessão de *spinning tops* e um *doji* sinalizaram um movimento baixista em direção à banda inferior de Bollinger. Uma **"grávida de alta"** deu início a uma reação compradora, e a volta para a banda superior. De forma simétrica, o padrão "grávida de baixa" sinalizou nova inversão da tendência, desta vez bem mais prolongada.

O movimento de baixa pode ter terminado no **marubozu de baixa**, com forte volume e fechamento abaixo da banda inferior. Os quatro pregões seguintes mostram maior presença compradora. A reação, porém, já está muito próxima da média móvel – primeira referência de resistência.

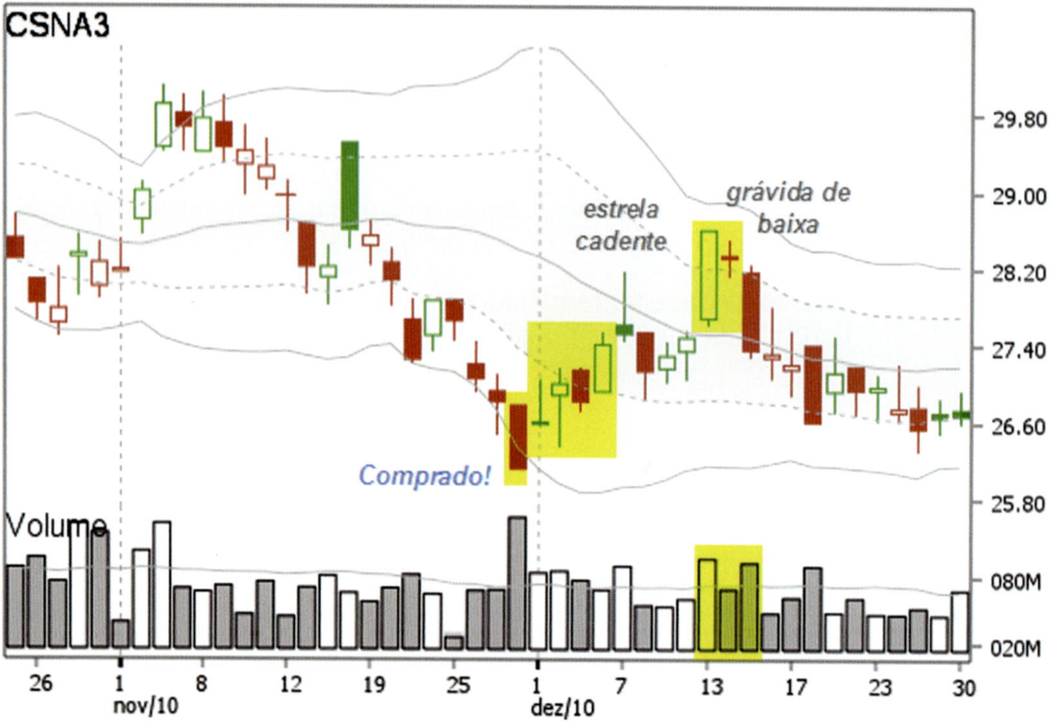
CSNA3
estrela
cadente
grávida de
baixa
Comprado!
Volume
29.80
29.00
28.20
27.40
26.60
25.80
080M
020M
26
1
nov/10
8
12
19
25
1
dez/10
7
13
17
23
30

# *Marubozu + doji = reversão*

O próximo *candle* abriu em alta e subiu (cruzou acima da média), para, depois, reverter e fechar abaixo do preço de abertura, próximo da mínima do dia. É a figura **"estrela cadente"** que foi seguida de um *candle* de baixa. Um forte motivo para "zerar" a posição comprada. Porém, apesar da aparência negativa, esses *candles* também mostram presença compradora na sombra superior. Foi essa presença que permitiu a reação nos *candles* seguintes, até o **marubozu de alta**, que fechou acima do primeiro desvio.

O *doji* depois do *marubozu de alta* é um alerta de reversão. "Pagar para ver", nesse caso, pode ser uma experiência bastante desagradável. Depois de mais dois *dojis*, a queda prolongou-se por vários pregões.

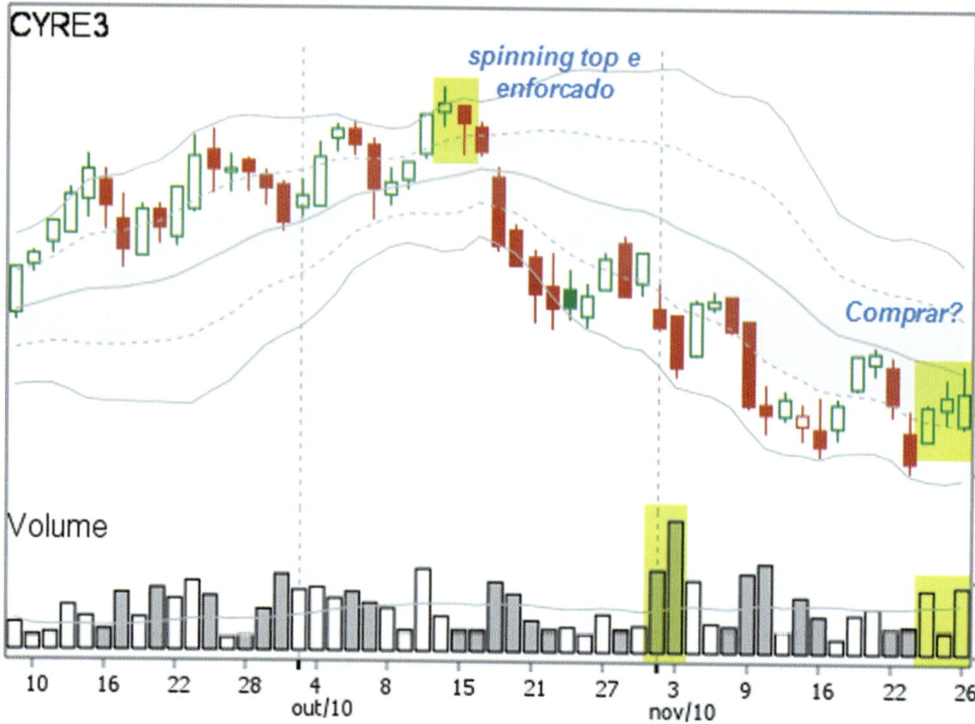
CYRE3
spinning top e
enforcado
Comprar?
26.00
25.00
24.00
23.00
22.00
21.00
20.00
Volume
100M
020M
10
16
22
28
4
out/10
8
15
21
27
3
nov/10
9
16
22
26

# Compare o volume da venda com o da compra

CYRE3 desenvolveu inicialmente um movimento de alta intercalado por correções que sempre respeitaram a média de 20 dias. Após formar mais um topo em meados de outubro, reverteu e rompeu com muita força abaixo da sua média móvel. A tendência de baixa se prolongou por quase dois meses, sempre abaixo da média.

A recente aproximação na média resultou em reação vendedora e retorno à banda inferior de Bollinger. O volume dos dois *candles* de baixa, porém, foi muito pequeno. A reação compradora a seguir, ao contrário, ocorreu com volume bastante expressivo. Os compradores "estão chegando"?

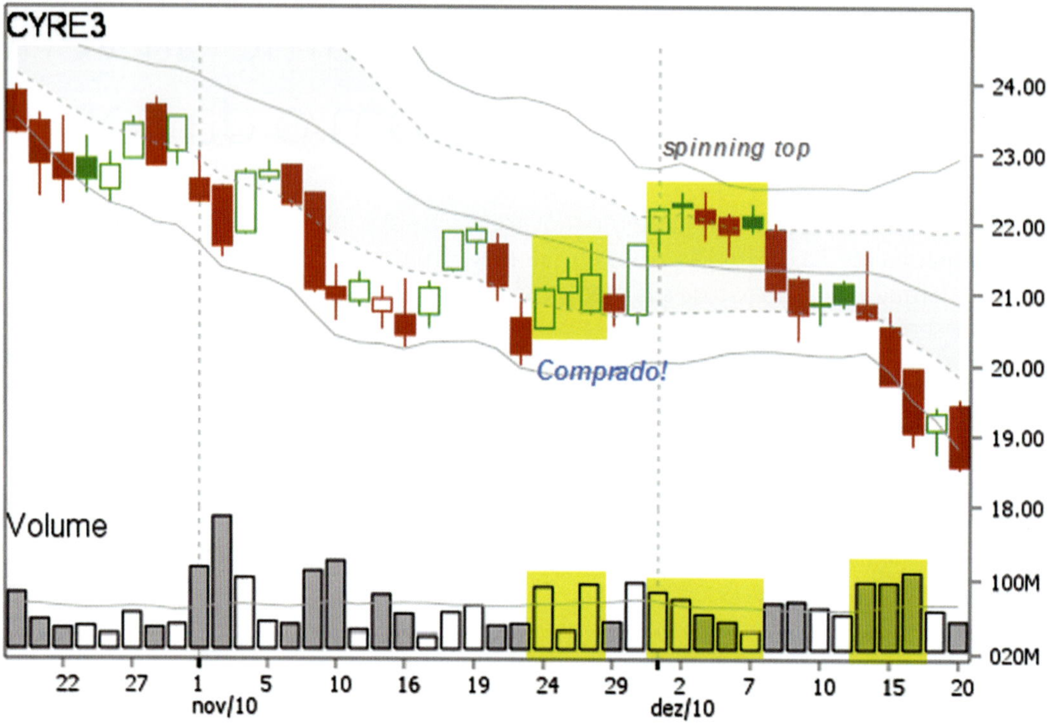
CYRE3
spinning top
Comprado!
Volume
24.00
23.00
22.00
21.00
20.00
19.00
18.00
100M
020M
22
27
1
5
10
16
19
24
29
2
7
10
15
20
nov/10
dez/10

# *Spinning tops* de baixa

O pregão seguinte foi de baixa, mas o volume foi muito reduzido. O próximo *candle* foi de forte alta e com volume expressivo. Após mais um dia de alta, surgiram próximos da linha do primeiro desvio quatro *candles* de equilíbrio. O volume desenvolveu um padrão decrescente. São indicações da "fraqueza" do mercado. Logo surgiu um forte *candle* de baixa, com fechamento abaixo da média. Aí, então, foi o sinal para o início do movimento de baixa que seguiu **"cavalgando" a banda inferior**.

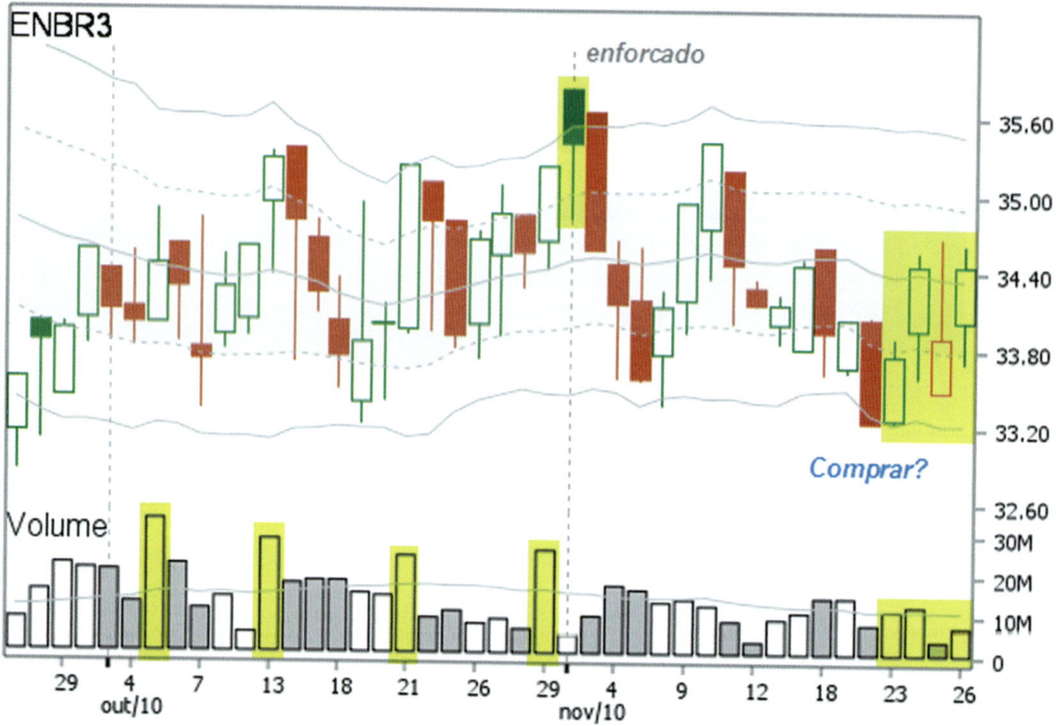
ENBR3
enforcado
35,60
35,00
34,40
33,80
33,20
Comprar?
32,60
Volume
30M
20M
10M
0
29
4
out/10
7
13
18
21
26
29
4
nov/10
9
12
18
23
26

# Presença compradora

ENBR3 oscila rapidamente e com muita frequência entre as bandas inferior e superior de Bollinger. Esse padrão de comportamento sugere compras e vendas no curtíssimo prazo. Será que vale a pena?

Observe que o volume é decrescente, especialmente os associados aos dias de alta. Será um sinal de enfraquecimento dos compradores? Talvez. Agora observe os últimos quatro *candles* de alta. Dessa vez há dificuldade de buscar a banda superior. Mas é inegável a maior presença compradora.

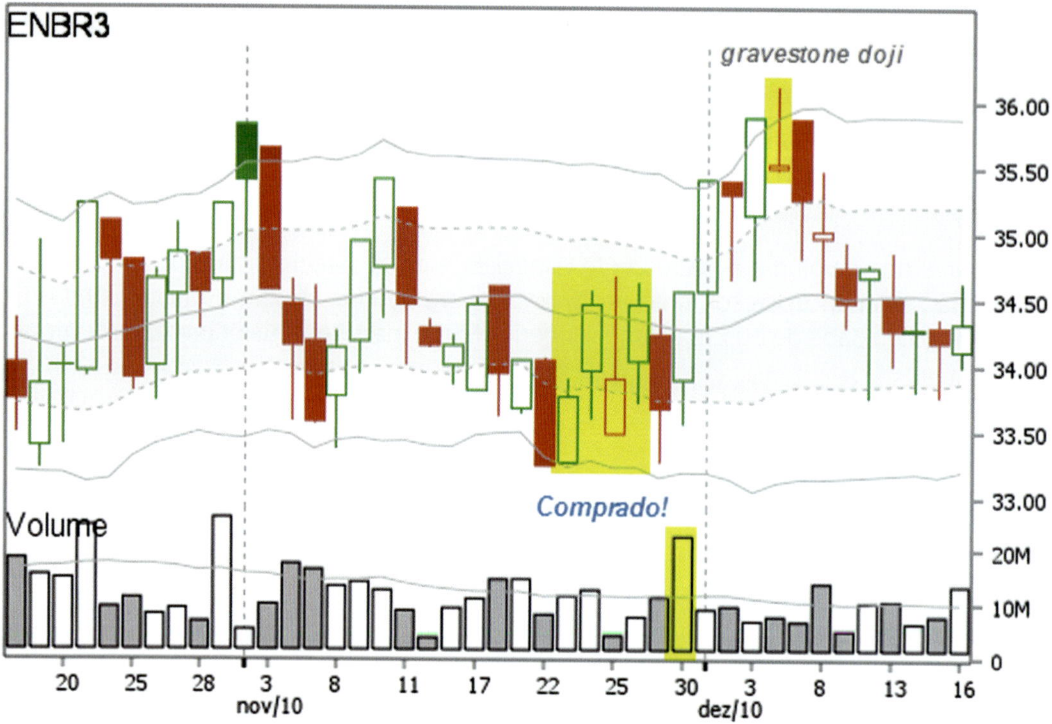
ENBR3
gravestone doji
Comprado!
Volume
36.00
35.50
35.00
34.50
34.00
33.50
33.00
20M
10M
0
20
25
28
3
nov/10
8
11
17
22
25
30
3
dez/10
8
13
16

# *Tumba, lápide ou gravestone*

O *candle* de baixa no pregão seguinte chegou a assustar. Foi uma indicação de que, dessa vez, a reação compradora não passaria da média móvel. Mas a sombra inferior registrou uma presença compradora. O suporte definido pelo fundo anterior foi respeitado. O próximo *candle* foi de alta e fez prevalecer o viés comprador.

O volume foi excepcionalmente alto. No *candle* seguinte, o preço atingiu a banda superior, mas o volume caiu de forma expressiva, sinalizando que o limite da alta estava próximo. Após o fechamento acima da banda superior, um *doji* tipo **lápide** ou ***gravestone*** alertou para o final do movimento de alta. O forte *candle* de baixa seguinte "confirmou" o movimento de reversão da tendência.

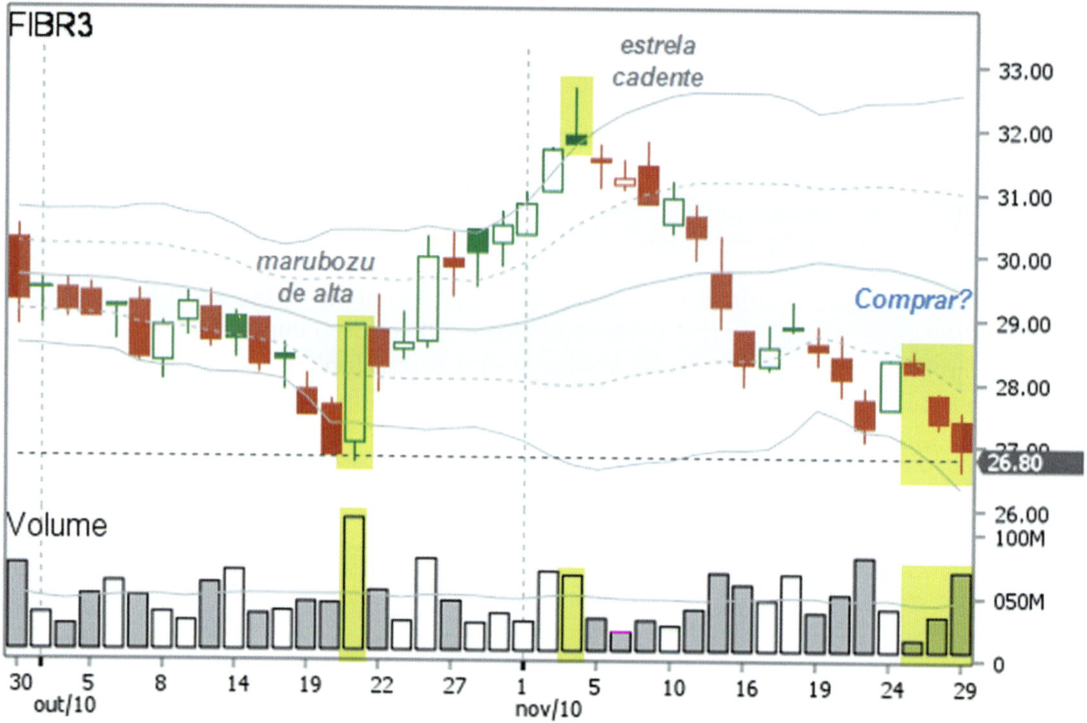
FIBR3
estrela
cadente
marubozu
de alta
Comprar?
Volume
33.00
32.00
31.00
30.00
29.00
28.00
26.80
26.00
100M
050M
0
30
5
8
14
19
22
27
1
5
10
16
19
24
29
out/10
nov/10

# A defesa do suporte

Um **marubozu de alta** marcou o final da baixa e o início do movimento de alta de FIBR3. Observe que a pequena sombra do *candle* não invalida o marubozu; o volume foi excepcionalmente alto. A combinação desses dois elementos define uma **reta de suporte** na proximidade das mínimas recentes. Afinal, a partir desse nível, o posicionamento comprador foi bastante significativo. Quem comprou devia zerar quando surgiu a **"estrela cadente"**, um forte padrão de reversão.

A reversão foi muito forte, e o preço voltou para o nível do suporte (referência de um marubozu de alta). Os compradores vão comparecer? Um mês depois? Os últimos três *candles* são de baixa, e o volume é crescente. O volume do último *candle* pode ser consequência do rompimento do suporte no intradiário (sombra inferior). Os compradores venderam, pois os *stops* de perda foram acionados. Pode ser o final do processo de venda.

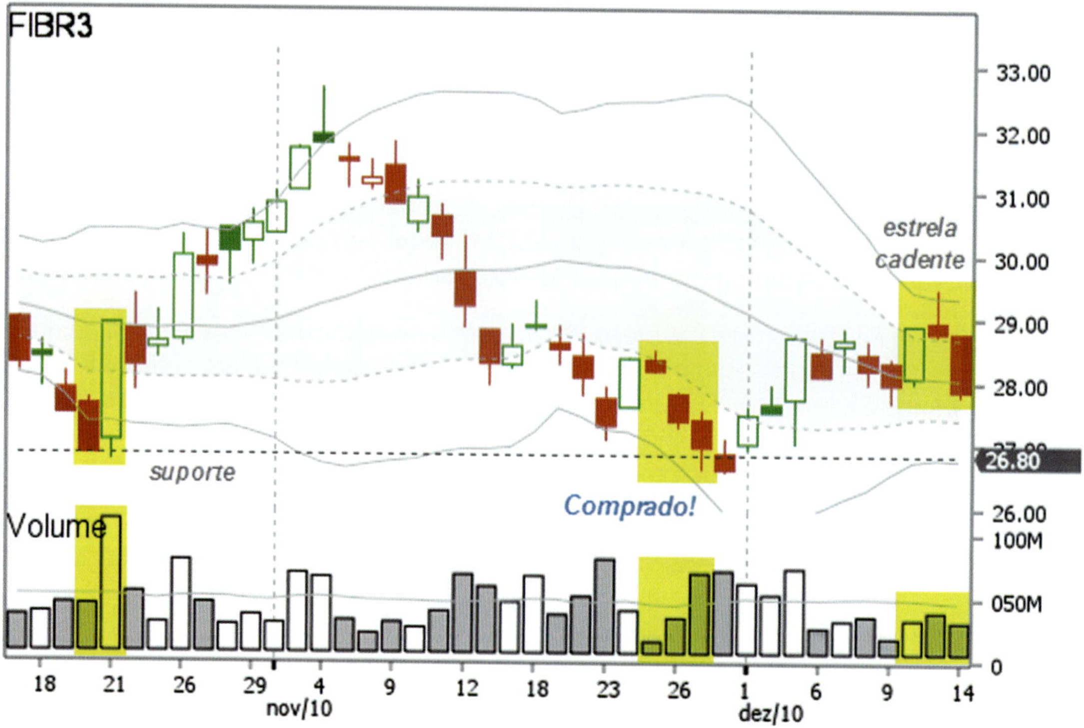

FIBR3
estrela
cadente
suporte
Comprado!
Volume
33.00
32.00
31.00
30.00
29.00
28.00
26.80
26.00
100M
050M
0
18
21
26
29
4
9
12
18
23
26
1
6
9
14
nov/10
dez/10

# O teste do suporte

O suporte foi rompido, mas, no pregão seguinte, os compradores apareceram – porém, eles não foram muito longe. Houve dificuldade para romper a resistência na média de 20 dias. Quando finalmente rompeu, com um belo *candle* de alta, surgiu uma nova "estrela cadente", juntamente com a perspectiva de uma nova queda. A "estrela cadente" costuma ser uma aliada dos vendedores.

O **rompimento inicial do suporte** é muitas vezes uma tática para testar uma eventual continuidade da tendência. Se "não pegar", caso a reação não seja expressiva, a posição é revertida rapidamente.

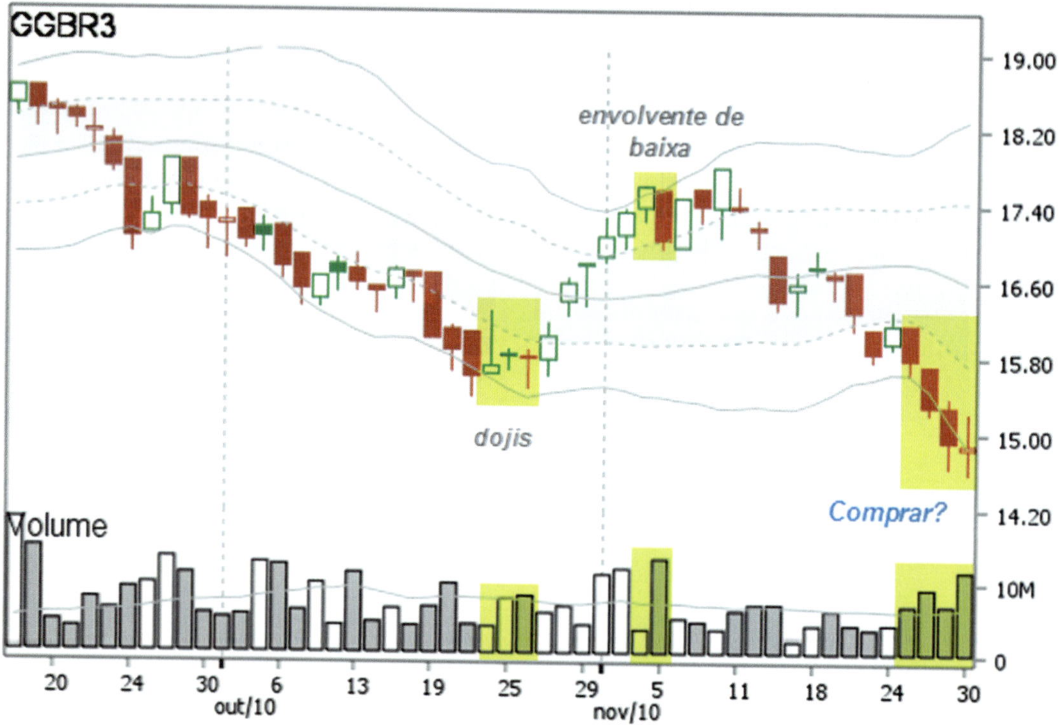
GGBR3
envolvente de baixa
dojis
Comprar?
Volume
19.00
18.20
17.40
16.60
15.80
15.00
14.20
10M
0
20
24
30
6
13
19
25
29
5
11
18
24
30
out/10
nov/10

# *High wave*

GGBR3 seguiu fielmente a "cartilha" e operou abaixo do primeiro desvio negativo durante todo o movimento de baixa, entre setembro e outubro. Um "martelo invertido" e dois *dojis* seguidos sinalizaram o final da baixa e o início de uma nova "perna de alta". Após um fechamento acima da banda superior (uma "perna completa"), um **envolvente de baixa** com muito volume mostrou que era a vez dos vendedores. Demorou um pouco para o mercado "entender o recado". Porém, depois de dois ***gaps*** **(ou "janelas"** na linguagem *candlestick*) seguidos, um *candle* de baixa cruzou a média e impulsionou o movimento de baixa.

Recentemente, depois de três *candles* seguidos de baixa, surgiu um *spinning top* tipo *high wave*, com volume bem acima da média. É uma evidência de que os compradores resistiram bravamente à pressão vendedora. Boa parte do volume expressivo é da parte compradora. Se for verdade, pode ter acabado a "munição" dos vendedores.

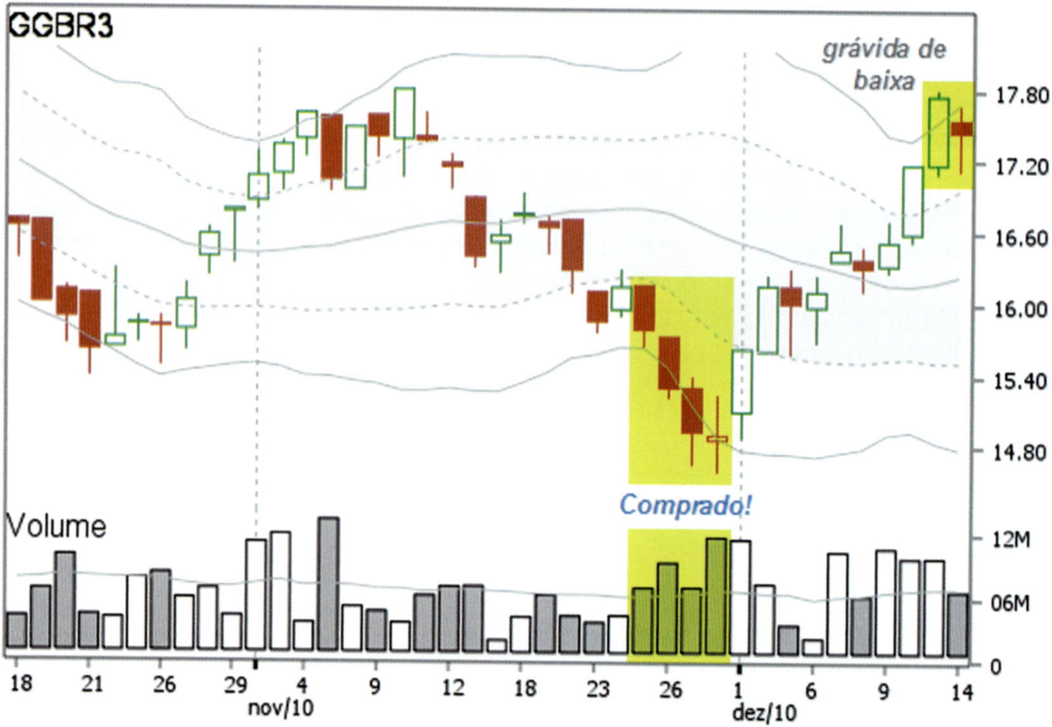
GGBR3
grávida de baixa
17.80
17.20
16.60
16.00
15.40
14.80
Comprado!
Volume
12M
06M
0
18
21
26
29
4
9
12
18
23
26
1
6
9
14
nov/10
dez/10

# Voo com escala

*Gap* de alta e volume expressivo podem ser a senha para validar uma compra. Houve dificuldades na proximidade da média, mas o preço chegou ao seu objetivo – fechou acima da banda superior. A "grávida de baixa" foi o final da linha para quem comprou na banda inferior – uma "perna completa", de uma banda a outra, com uma pequena escala na média.

A figura ***high wave*** lembra uma brincadeira de criança. Imagine uma corda com um laço bem no meio e uma turma de cada lado. Cada turma precisa puxar a corda com força para trazer o laço o mais próximo do seu lado – claro que vai depender da força coletiva de cada grupo. No mercado, em uma tendência de baixa, quem tem a força são os vendedores. Mas, se em um dado momento, houver equilíbrio, é porque os vendedores estão mais fracos – daí, os compradores se animam e vencem o **"cabo de guerra"**.

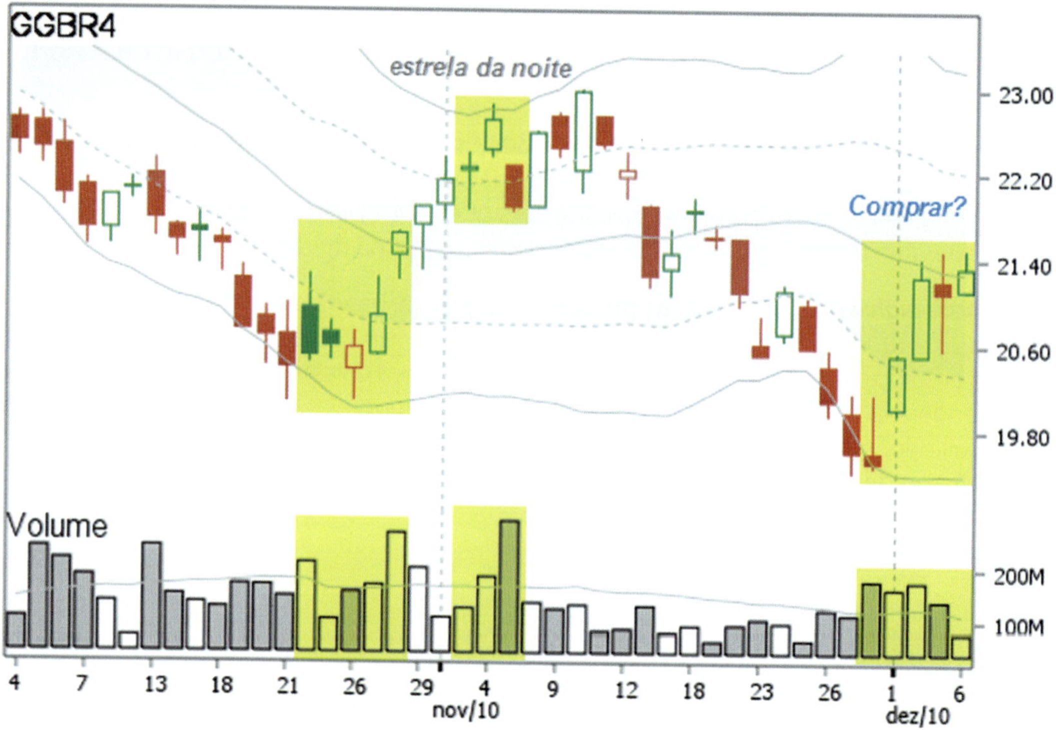
GGBR4
estrela da noite
Comprar?
23.00
22.20
21.40
20.60
19.80
Volume
200M
100M
4
7
13
18
21
26
29
4
9
12
18
23
26
1
6
nov/10
dez/10

# Além da média

Após um movimento de baixa, GGBR4 reagiu com aumento de volume e um *gap* que levou o preço acima da média móvel e além. Ao atingir a banda superior (*a priori* uma referência de máximo) uma **"estrela da noite"** anunciou uma provável reversão da alta. O preço ainda "teimou" em subir (com menor volume) antes de iniciar um novo movimento de baixa.

Recentemente um **"martelo invertido"** (na banda inferior) com muito volume deu início a uma reação compradora. Depois de dois *candles* de alta (com volume acima da média), "pesou" a resistência representada pela média móvel. O pregão seguinte é de alta, mas o volume é bastante reduzido.

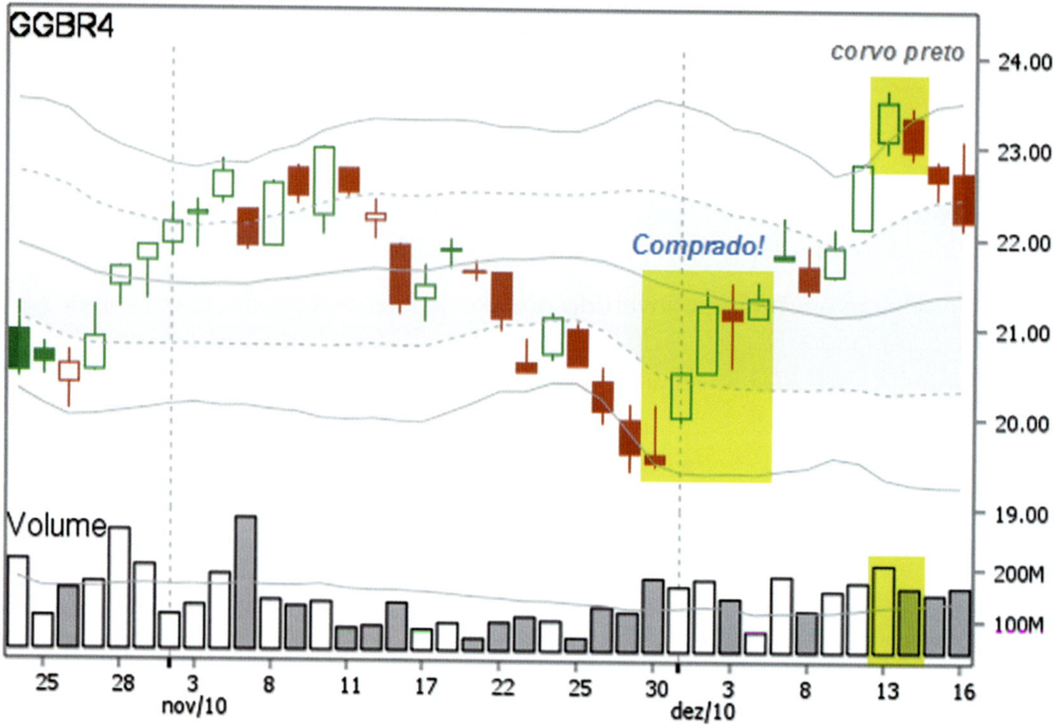
GGBR4
corvo preto
Comprado!
Volume
24.00
23.00
22.00
21.00
20.00
19.00
200M
100M
25
28
3
nov/10
8
11
17
22
25
30
3
dez/10
8
13
16

# *Gap* de continuidade

Um *gap* de alta sinalizou a continuidade da reação compradora, e, dessa vez, o volume foi bastante significativo. O preço recuou no pregão seguinte, porém a sinalização positiva do *gap* prevaleceu (o *gap* não foi preenchido) e o preço seguiu até a banda superior. Após novo *gap* de alta, o padrão **um corvo preto** alertou para o final da alta.

***Gap* – ou "janela"** – é uma denominação para uma "descontinuidade" no movimento do preço. O preço "salta" para um novo patamar e deixa para trás um "buraco" ou um "vazio" – um intervalo de preço que passou "batido", sem nenhuma negociação. Esse movimento rápido representa uma súbita mudança de percepção em relação ao valor do papel. Pode ser um fato novo que surpreende o mercado.

Caso o fato não seja desmentido, dá força ao movimento inicial e significa a sua continuidade. Porém, após um movimento de alta, e já na proximidade do seu final (por exemplo, na proximidade da banda superior), pode ser uma tática para "puxar" o preço, antes de iniciar as vendas. É o ***gap* de exaustão**. O último "gás", antes da "capitulação" final.

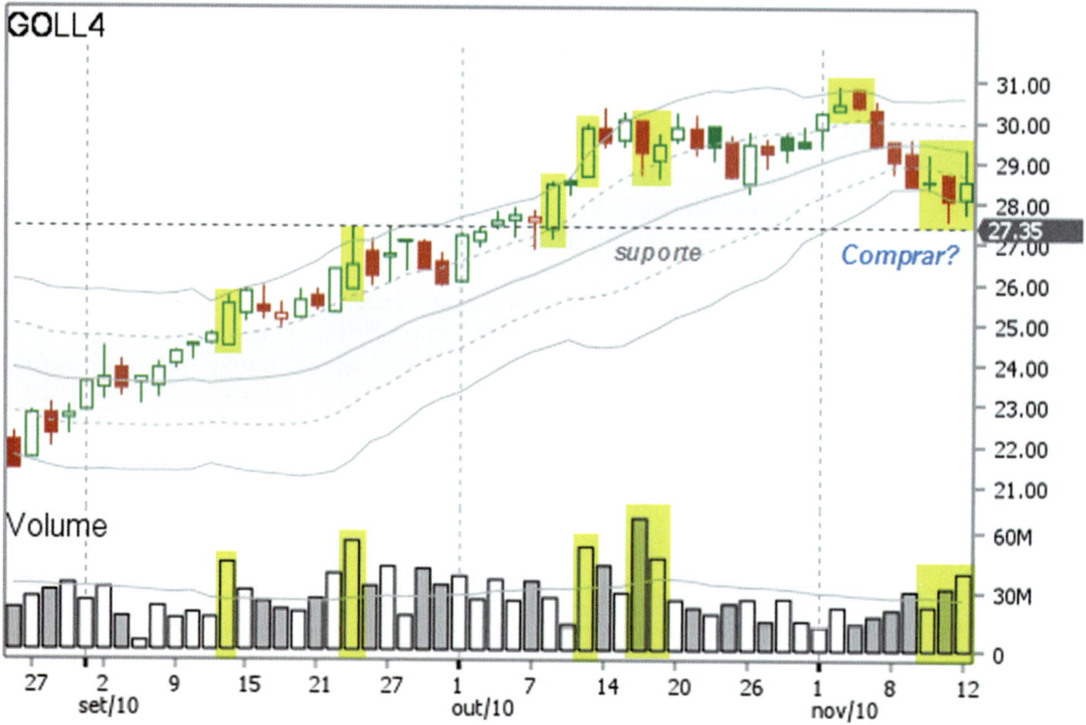
GOLL4
31.00
30.00
29.00
28.00
27.35
27.00
26.00
25.00
24.00
23.00
22.00
21.00
suporte
Comprar?
Volume
60M
30M
0
27
2
set/10
9
15
21
27
1
out/10
7
14
20
26
1
nov/10
8
12

# Antecipar o suporte?

GOLL4 desenvolveu um movimento de alta "quase em linha reta" até a proximidade de 27,00. Após uma sequência de *spinning tops* vazados, um **marubozu de alta** iniciou a retomada da alta. Observe a presença de fortes barras de volume alimentando o movimento de alta, com o primeiro suporte na curva do primeiro desvio padrão.

Recentemente, após uma correção até a banda inferior, e também na proximidade do suporte (antes foi uma resistência), os compradores sinalizam uma reação – observe o volume expressivo e o *candle* de alta com uma longa sombra superior.

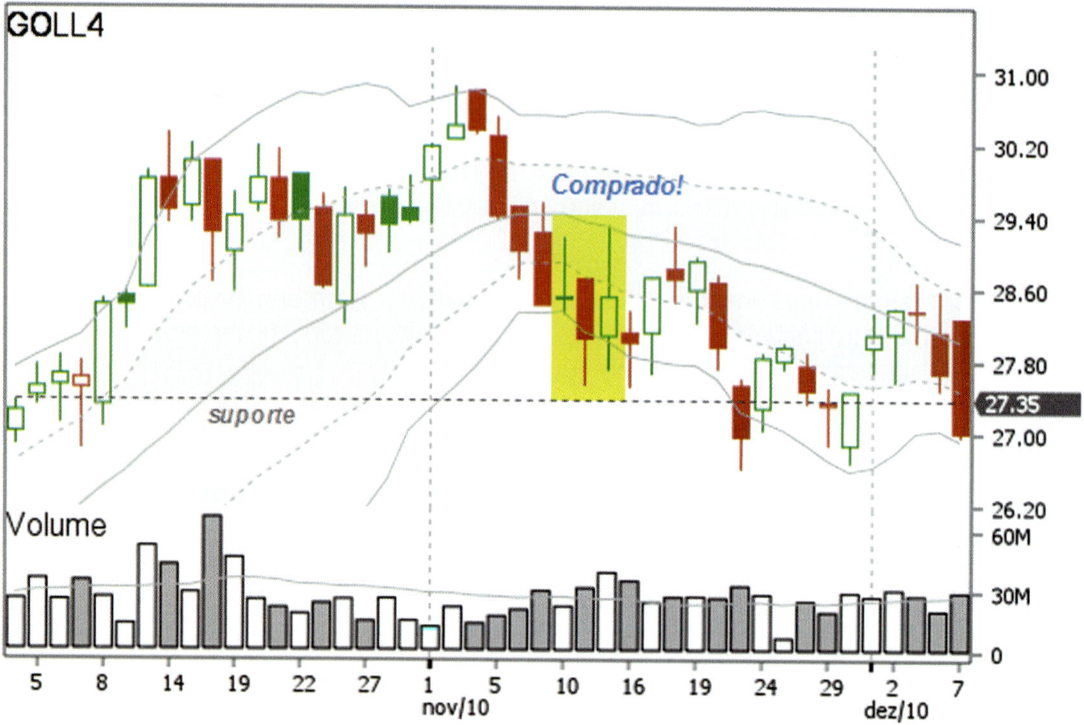
GOLL4
Comprado!
suporte
Volume
31.00
30.20
29.40
28.60
27.80
27.35
27.00
26.20
60M
30M
0
5
8
14
19
22
27
1
nov/10
5
10
16
19
24
29
2
dez/10
7

# *Tática arriscada*

O pregão seguinte foi de baixa. Depois reagiu, e, embora tenha "buscado" a máxima recente, o papel não teve força para romper a média e dar continuidade à reação compradora. Mais adiante, a reta de suporte foi rompida, e, assim, perdemos a justificativa para manter a aposta na compra.

A tática de **antecipar a defesa do suporte** é muito arriscada. O suporte existe para ser defendido, mas também para ser rompido. É mais importante concentrar o "peso" da análise nos *candles*, no volume e na volatilidade. Não é recomendado posicionar-se na compra, simplesmente porque o suporte está próximo. O suporte deve ser encarado como uma justificativa complementar – ele não é "suficiente em si mesmo".

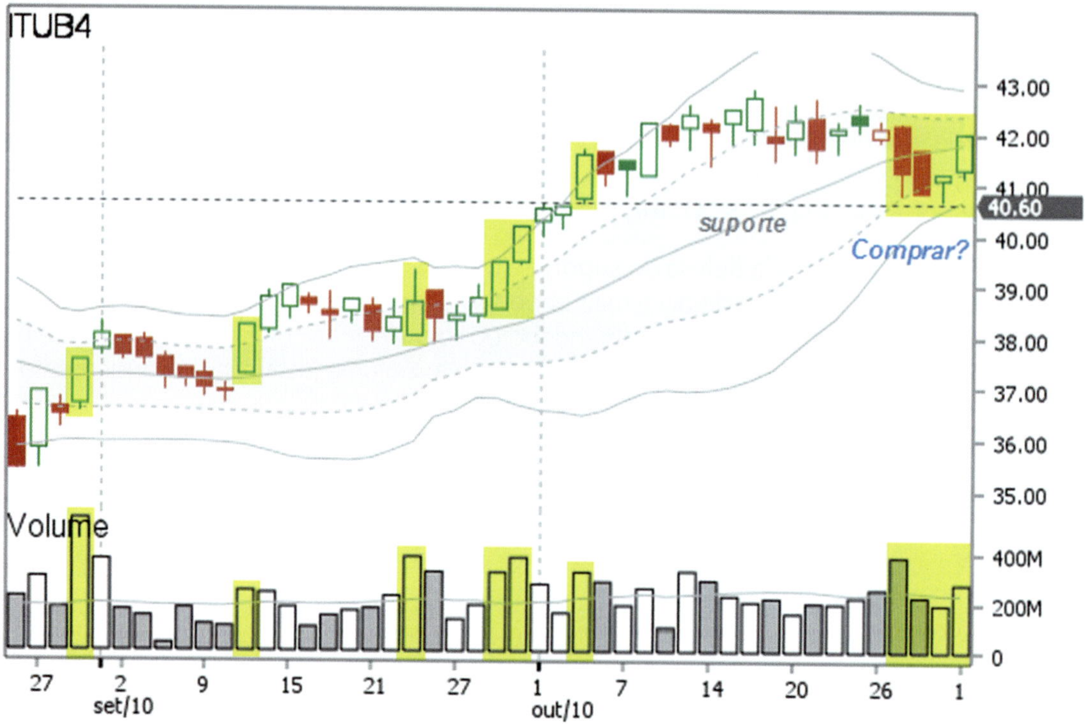
ITUB4
43.00
42.00
41.00
40.60
40.00
39.00
38.00
37.00
36.00
35.00
suporte
Comprar?
Volume
400M
200M
0
27
2
set/10
9
15
21
27
1
out/10
7
14
20
26
1

# Início da expansão?

ITUB4 desenvolve um movimento de alta consistente, com correções no preço e **correções no tempo** (o preço se mantém estável; com o tempo, ele se aproxima da média). Ambas, a curva do primeiro desvio padrão e a média móvel, cumpriram o papel de suporte, e o volume acompanhou a retomada do movimento a cada correção. Mais recentemente, ocorreu uma nova correção "no tempo".

Dessa vez o preço corrigiu além da média. O estreitamento das bandas, devido à baixa volatilidade, levou o preço à banda inferior. Os dois últimos *candles* representam uma reação compradora, e ocorrem na proximidade de um nível de suporte. Existe também a possibilidade de um novo movimento direcional com o início de uma nova expansão das bandas (após a compressão, normalmente vem a expansão da volatilidade).

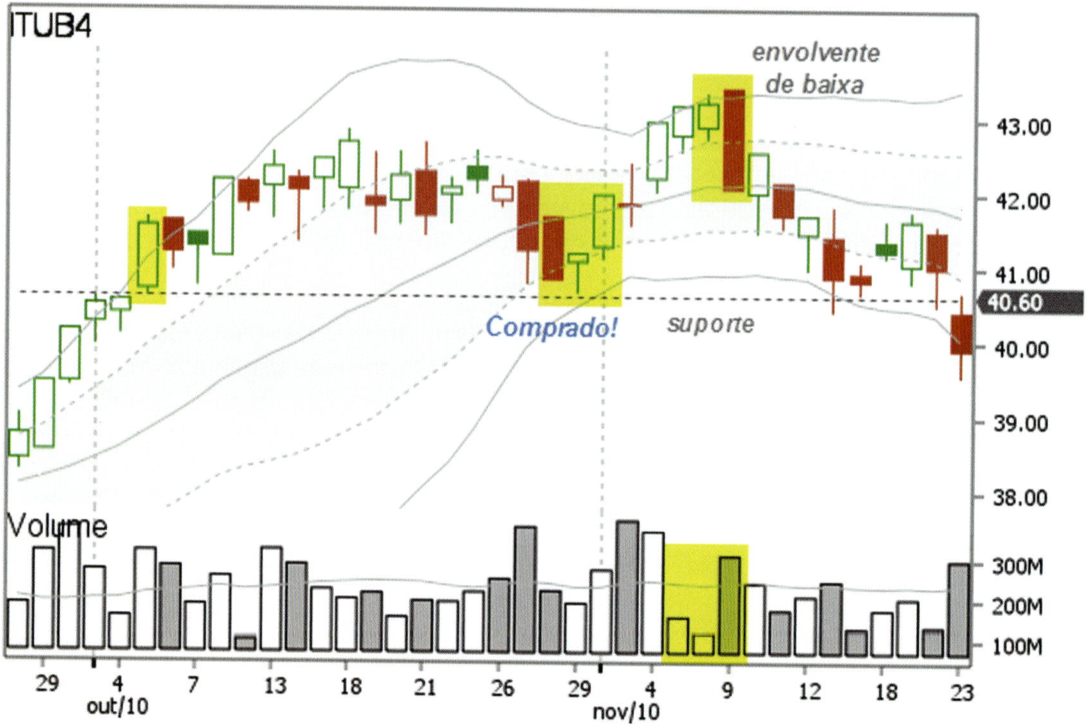
ITUB4
envolvente
de baixa
Comprado!
suporte
Volume
43.00
42.00
41.00
40.60
40.00
39.00
38.00
300M
200M
100M
29
4
out/10
7
13
18
21
26
29
4
nov/10
9
12
18
23

# Padrão favorito

O *doji* no pregão seguinte, embora negativo (com leve baixa), mostrou os compradores sustentando a pressão vendedora (após dois pregões de alta). Depois de um *gap* de alta, o preço seguiu até a banda superior. Dois *candles* de alta, mas de reduzido volume (na proximidade da banda superior), sinalizaram o enfraquecimento da força compradora.

O padrão de reversão **"envolvente de baixa"** é um dos mais eficazes do *candlestick*. É especialmente forte quando ocorre na banda superior e é acompanhado de forte volume. Sinais anteriores de demonstração de fraqueza dos compradores fortalecem o padrão, como nesse exemplo. O preço caminhou em direção ao sul, e, inclusive, rompeu a **reta de suporte**.

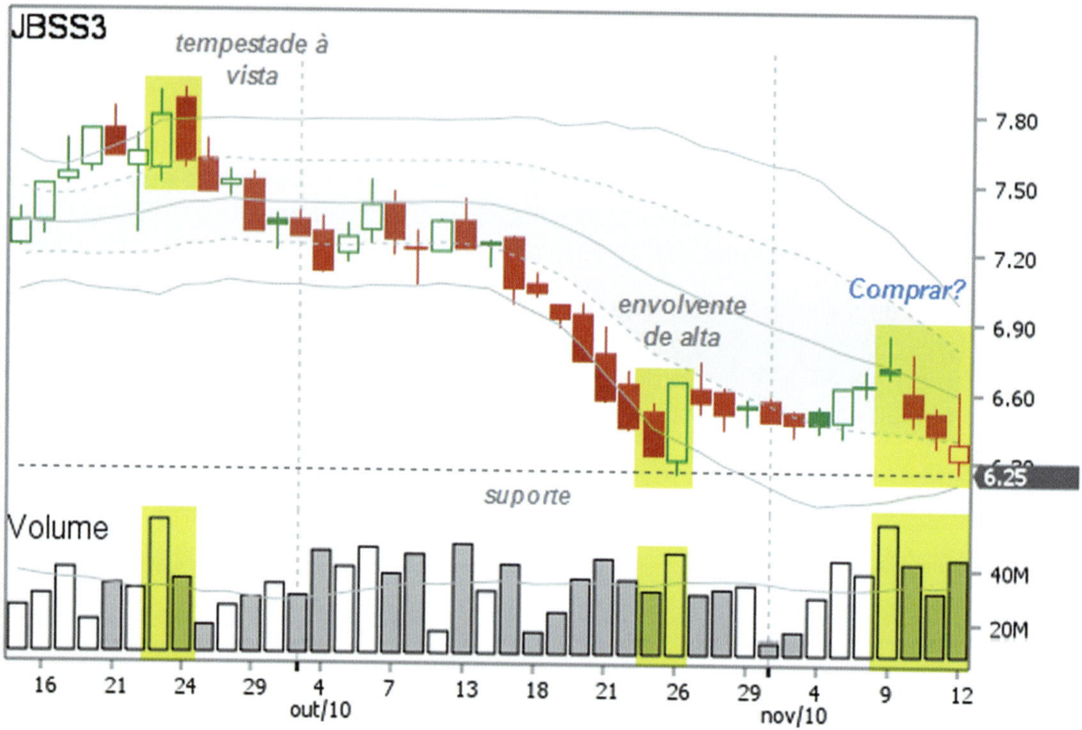
JBSS3
tempestade à vista
envolvente de alta
Comprar?
suporte
Volume
7.80
7.50
7.20
6.90
6.60
6.25
40M
20M
16
21
24
29
4
7
13
18
21
26
29
4
9
12
out/10
nov/10

# A defesa do suporte 2

O padrão de reversão da alta **"tempestade à vista"** iniciou a tendência de baixa da JBSS3. O preço atingiu a banda inferior e foi além, "cavalgando" a banda. Depois de nove quedas sucessivas, a figura **"envolvente de alta"** (acompanhada de forte volume) sinalizou a reação compradora. O preço não subiu de imediato, mas, após alguns pregões, atingiu a média móvel de 20 dias.

Entretanto, o preço retornou ao nível da última reação compradora – a reação iniciada por um marubozu e acompanhada de forte volume. O nível inicial do preço do marubozu representa uma importante presença compradora e define um nível de suporte. Quando o preço retorna a esse nível, e ocorre uma nova demonstração de reação compradora (**"martelo invertido"**), é um sinal da provável defesa do suporte.

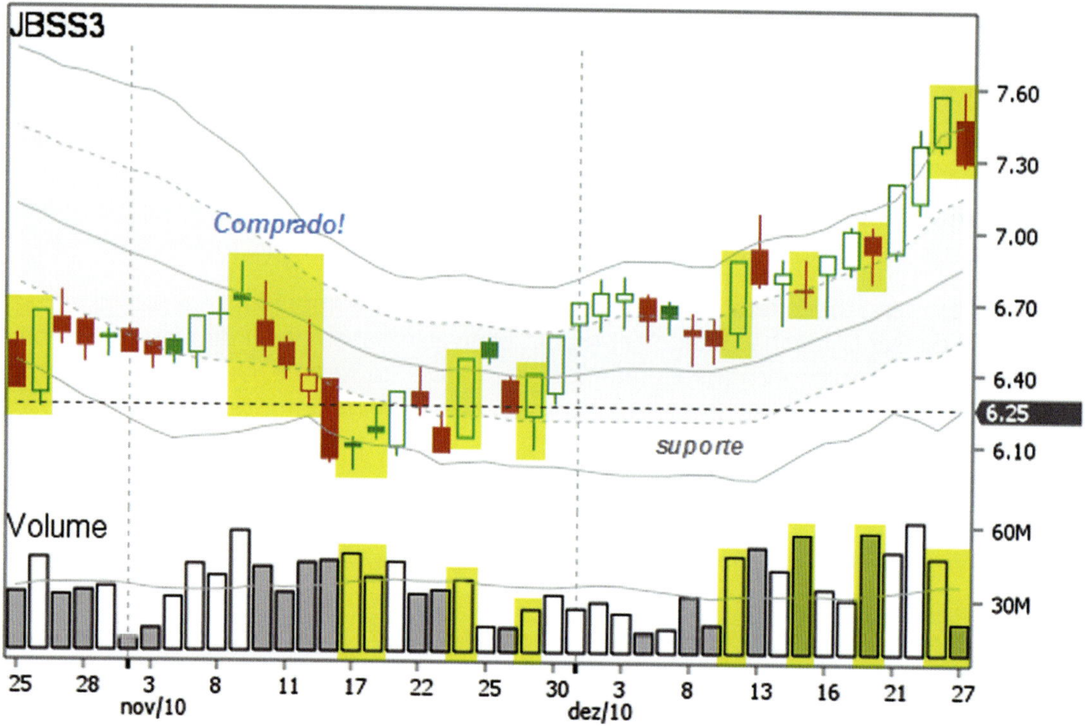
JBSS3
Comprado!
suporte
Volume
7.60
7.30
7.00
6.70
6.40
6.25
6.10
60M
30M
25
28
3
nov/10
8
11
17
22
25
30
3
dez/10
8
13
16
21
27

# O teste do suporte 2

O suporte foi rompido, e de forma contundente! Em seguida, porém, como podemos visualizar no gráfico, teve início um longo movimento de alta. Ocorre que o fechamento anterior ficou muito próximo do suporte – o **suporte** é utilizado como referência de ordens de ***stop loss*** (veja o Capítulo 4).

Muitas vezes, o mercado testa o rompimento do suporte antes de iniciar um movimento de compra. Se o teste for bem-sucedido, o preço cai e o posicionamento na compra fica muito mais atraente. Foi o que aconteceu neste exemplo – o rompimento do suporte gera o *stop loss* e acelera a queda em razão do movimento de "zeragem" dos comprados.

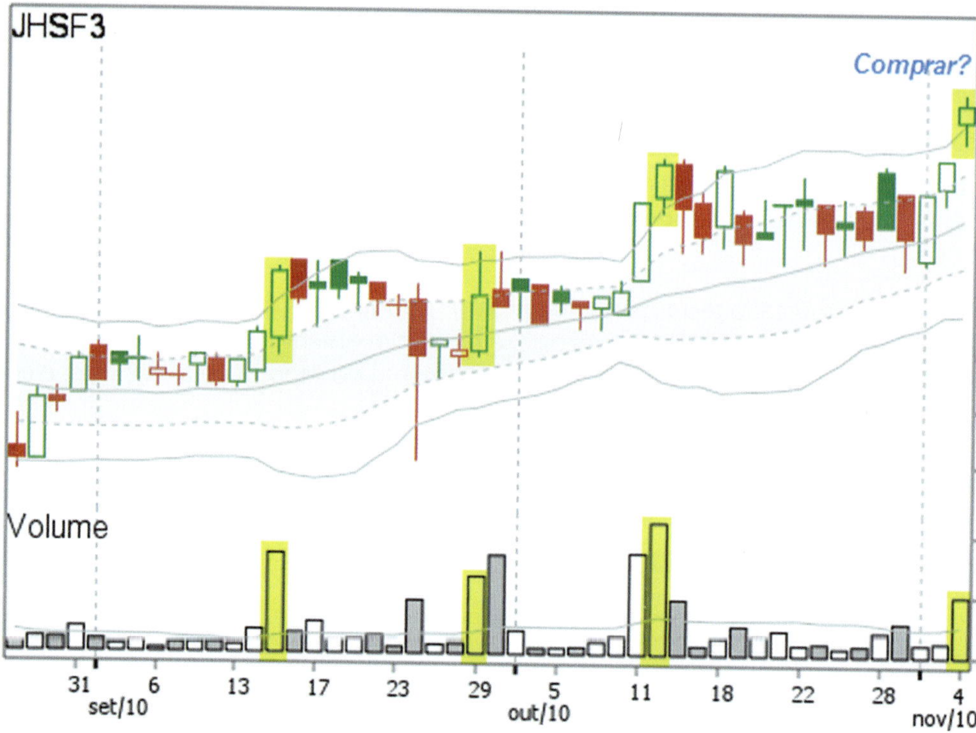
JHSF3
Comprar?
3.40
3.30
3.20
3.10
3.00
2.90
2.80
2.70
Volume
6M
3M
0
31
set/10
6
13
17
23
29
5
out/10
11
18
22
28
4
nov/10

# *Gap* de continuidade ou exaustão?

JHSF3 segue um movimento de alta sustentado por volumes bastante expressivos. A média móvel de 20 dias é uma importante referência de suporte. Observe, entretanto, a presença de diversos *candles* preenchidos na cor verde. São *candles* cujo fechamento está abaixo da abertura, mas ainda é maior do que o fechamento anterior. Em geral, eles têm um viés mais negativo do que positivo, e devem ser (*a priori*) interpretados dessa forma.

Após uma abertura e fechamento acima da banda superior (13 de outubro), o papel iniciou um movimento lateral que correspondeu a uma correção "no tempo". A média móvel foi novamente uma referência de suporte. Um *candle* tipo "envolvente de alta", mas com volume reduzido, iniciou uma reação compradora. O último *candle* surgiu após um *gap* de alta com volume bastante expressivo. Será a retomada do movimento altista ou é um ***gap* de exaustão** antes da correção?

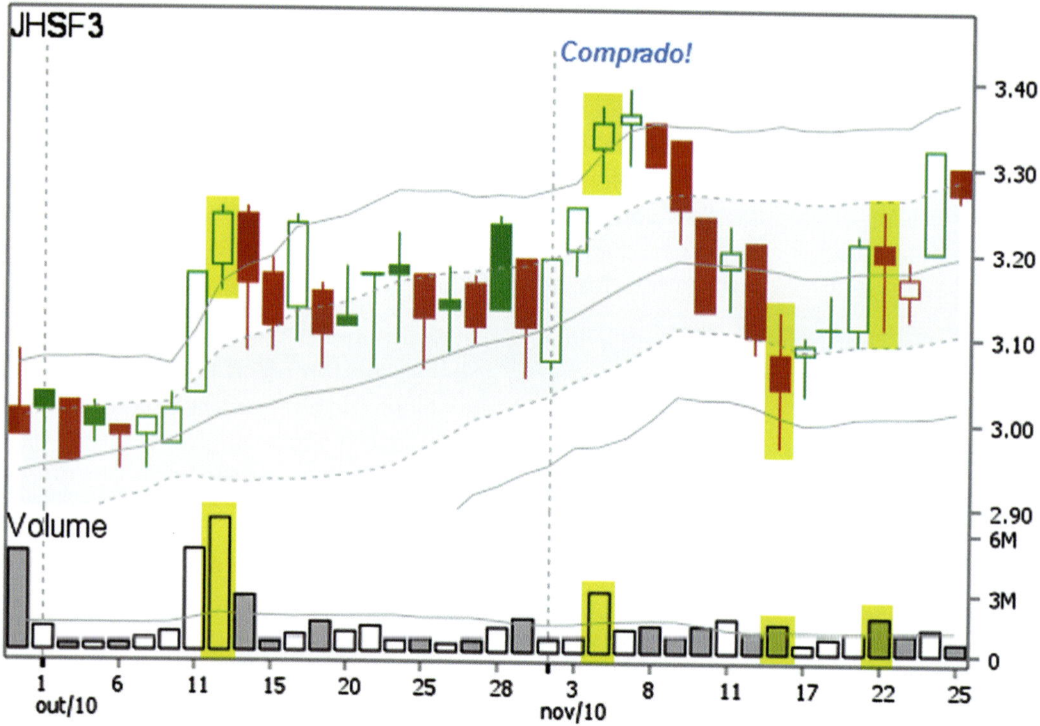
JHSF3
Comprado!
3.40
3.30
3.20
3.10
3.00
2.90
Volume
6M
3M
0
1
out/10
6
11
15
20
25
28
3
nov/10
8
11
17
22
25

# *High wave 2*

O *spinning top* no pregão seguinte não confirmou nem desmentiu qualquer um dos lados. Mas o próximo *candle* (de baixa) foi um alerta importante, ao abrir na máxima e fechar na mínima do dia. Com o fechamento do *gap* no pregão seguinte, ficou bastante evidente o viés de baixa. O movimento de baixa seguiu em direção à banda inferior.

O *candle spinning top* recebe o nome de ***high wave*** quando tem ambas as sombras com tamanhos muito superiores ao corpo. As longas sombras representam um dia de muita volatilidade. O pequeno corpo, posicionado simetricamente em relação às sombras, demonstra certo equilíbrio entre compradores e vendedores. No final de uma tendência (seja na banda inferior ou superior), é uma sinalização de reversão. No meio de uma tendência (na média móvel), é um padrão de continuidade da tendência.

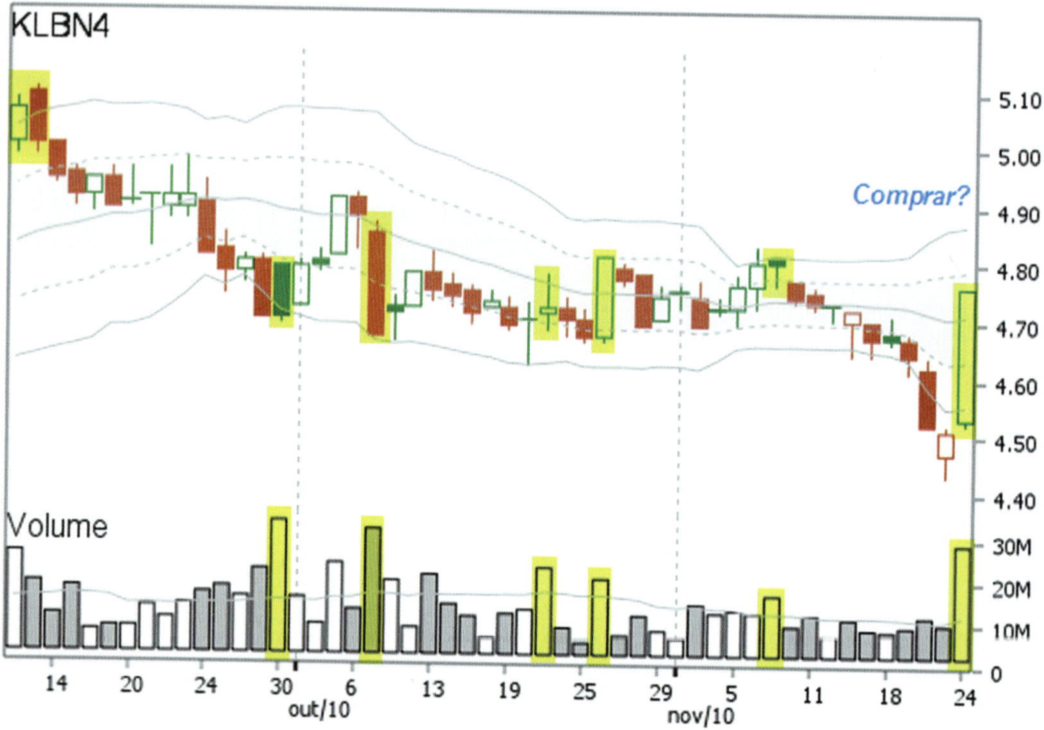
KLBN4
Comprar?
5.10
5.00
4.90
4.80
4.70
4.60
4.50
4.40
Volume
30M
20M
10M
0
14
20
24
30
6
13
19
25
29
5
11
18
24
out/10
nov/10

# Estrela da manhã

KLBN4 iniciou um longo movimento de baixa a partir de um padrão **"envolvente de baixa"**. Observe a importância do volume nos movimentos mais expressivos do preço. Observe também o estreitamento das bandas no final do mês de outubro, consequência do movimento lateral entre os desvios positivo e negativo. Em novembro, um *candle* de pequeno corpo pintado de verde (fechamento abaixo da abertura, mas superior ao fechamento anterior) e volume expressivo sinalizou o início do recente movimento de baixa.

Depois de um forte *candle* de baixa (fechamento na mínima) que "perfurou" a banda inferior, o papel reagiu com uma **"estrela da manhã"**. A "estrela" é um *candle* de corpo pequeno e posicionado entre **dois *gaps***. O último *candle* é um forte marubozu de alta, suportado por um volume excepcional. O **duplo *gap*** representa uma mudança rápida de percepção. O marubozu confirma a mudança da força vendedora para a compradora.

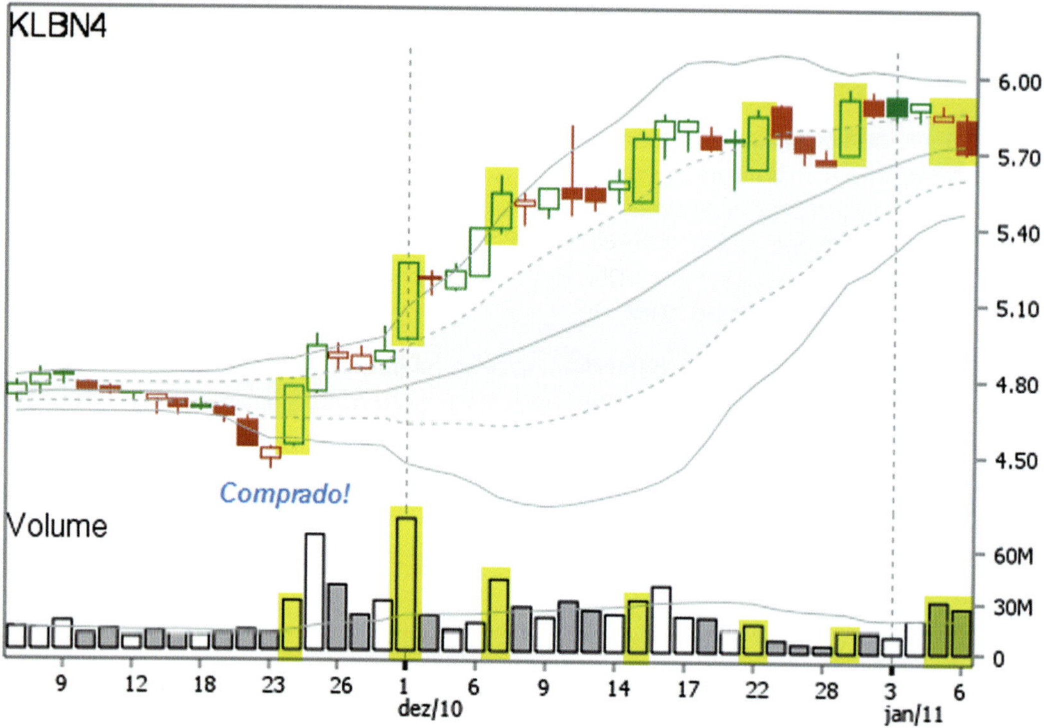

KLBN4
6.00
5.70
5.40
5.10
4.80
4.50
Comprado!
Volume
60M
30M
0
9
12
18
23
26
1
6
9
14
17
22
28
3
6
dez/10
jan/11

# Bingo!

O pregão seguinte foi de alta expressiva, e o volume (que já foi excepcional na véspera) mais do que dobrou! Nos três pregões seguintes, o papel "consolidou" para voltar a subir novamente com muita força e volume. Após esse movimento, que "abriu" definitivamente as bandas, o preço continuou subindo, mas o volume começou a decrescer, refletindo o enfraquecimento da força compradora. Entretanto, até ocorrer o primeiro fechamento abaixo do desvio padrão (primeiro sinal de reversão), a alta foi muito expressiva.

Esse é um bom exemplo no qual os três elementos fundamentais do método estão presentes de forma decisiva. O padrão *candlestick* **"estrela da manhã"** ocorreu abaixo da banda inferior (ponto de mínimo). O próximo *candle* (**marubozu de alta**) foi suportado por volume excepcional. O movimento deste *candle* teve início abaixo da banda inferior, e fechou acima da média. O *candle* seguinte já fechou acima da banda superior. Todos esses padrões convergem para uma retomada inequívoca do controle – dos vendedores para os compradores. A curva do primeiro desvio padrão foi a referência de suporte durante todo o movimento de alta.

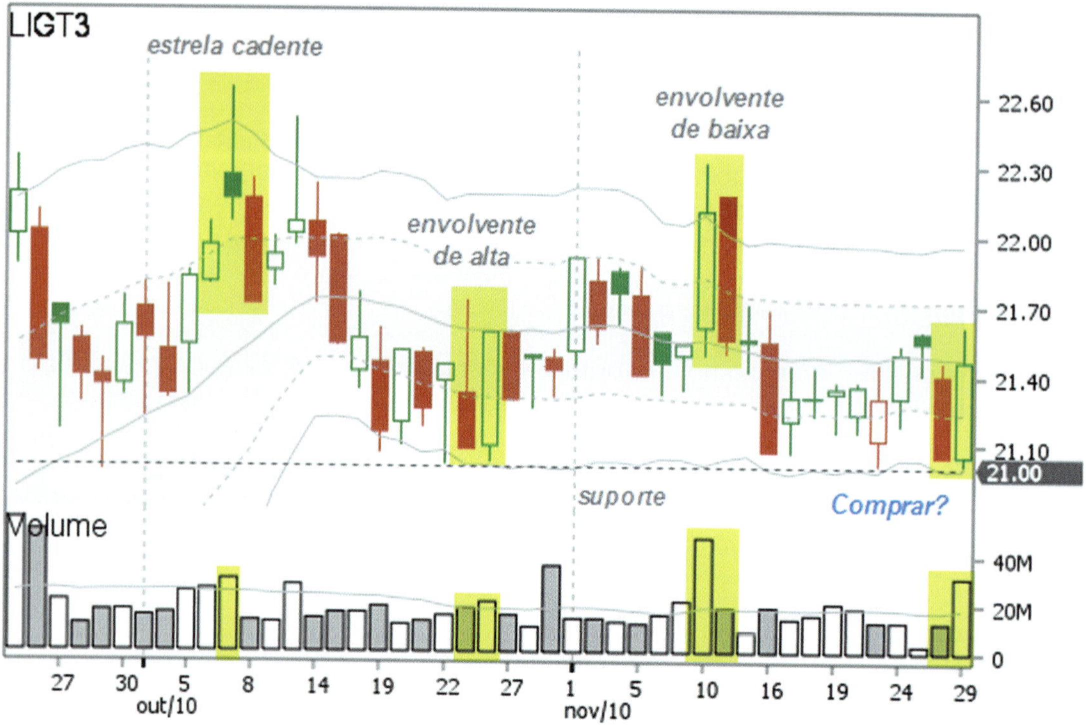
LIGT3
estrela cadente
envolvente de baixa
envolvente de alta
suporte
Comprar?
Volume
22.60
22.30
22.00
21.70
21.40
21.10
21.00
40M
20M
0
27
30
5
8
14
19
22
27
1
5
10
16
19
24
29
out/10
nov/10

# Suporte persistente

LIGT3 oscila entre as bandas e reverte a tendência com padrões *candlesticks* e aumento de volume. As bandas estreitaram-se e iniciaram um movimento horizontal. O movimento de uma extremidade a outra das bandas ficou bastante reduzido. Uma característica comum aos pontos de mínimos (na banda inferior) é o mesmo nível de preço, o que permite definir uma reta de suporte.

Uma reta de suporte "tocada" várias vezes é mais forte ou mais suscetível a um rompimento? "Água mole em pedra dura, tanto bate até que fura", diz o ditado. Mas, nesse caso, um *candle* **"envolvente de alta"** com volume expressivo pode adiar mais uma vez o rompimento do suporte. Pelo menos é o que ocorreu no final de outubro.

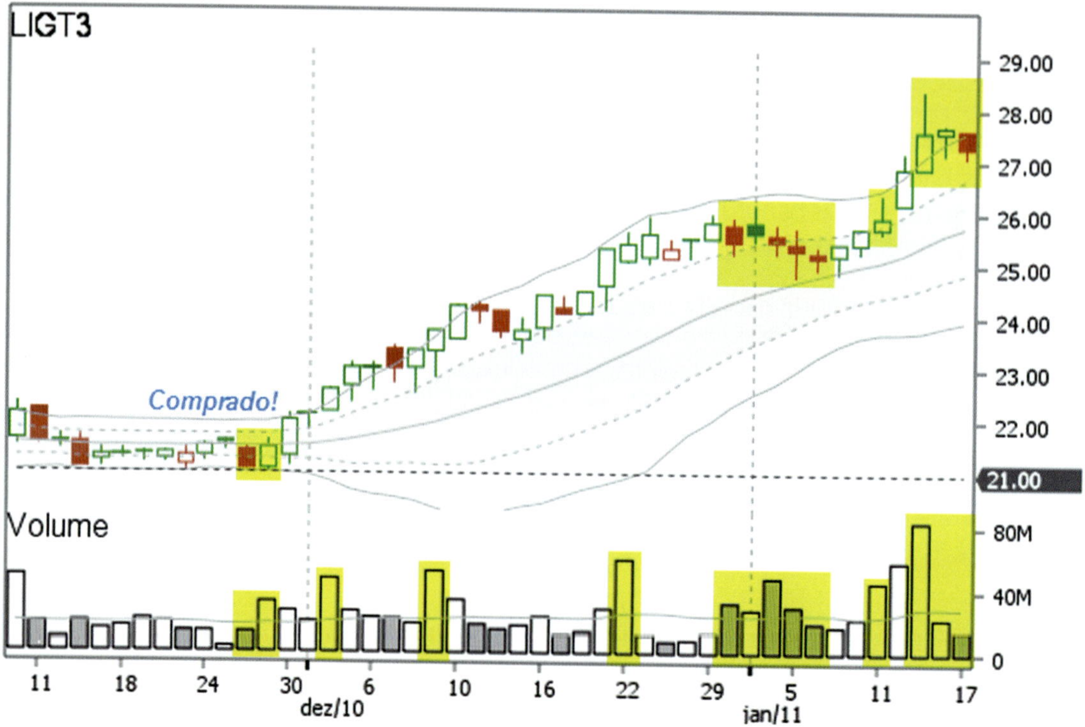
LIGT3
Comprado!
Volume
29.00
28.00
27.00
26.00
25.00
24.00
23.00
22.00
21.00
80M
40M
0
11
18
24
30
6
10
16
22
29
5
11
17
dez/10
jan/11

# Convergência de padrões

Dada a proximidade das bandas, a alta no pregão seguinte já fechou na banda superior. O volume caiu um pouco, mas ainda se manteve acima da média de 20 dias. Após um longo período de convergência das bandas (diminuição da volatilidade), as duas altas seguidas (com volumes expressivos) sinalizam fortemente um novo movimento de expansão (e com o direcional para cima).

Dessa vez deu tudo certo: o padrão de reversão "envolvente de alta" na proximidade de um suporte; o volume *bem* acima da média; a contração e expansão da volatilidade. Tudo contribuiu para "detectar" o início do movimento de alta. Os mesmos elementos estão presentes na continuidade da tendência. Deu para "surfar" a onda, com base nos *candles* de alta, volumes expressivos e suportes definidos pela curva do desvio padrão, e, mais abaixo, pela média de 20 dias.

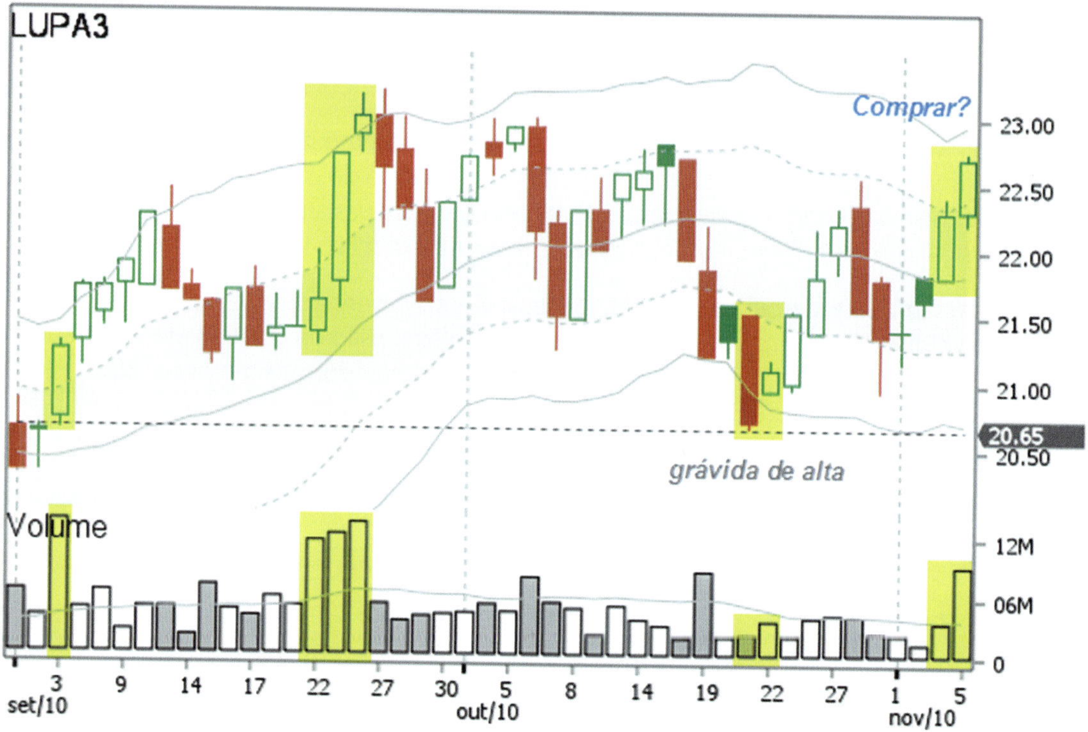
LUPA3
Comprar?
grávida de alta
Volume
23.00
22.50
22.00
21.50
21.00
20.65
20.50
12M
06M
0
3
9
14
17
22
27
30
5
8
14
19
22
27
1
5
set/10
out/10
nov/10

# Indicador antecedente

LUPA3 mostra uma relação às vezes contraditória entre o preço e o volume. Logo no início de setembro, um volume muito expressivo "antecipou" um movimento de alta. Mais adiante, porém, três dias sucessivos de volume excepcional "alertaram" o final da alta. Com o volume é assim: "para o bem ou para o mal", ele sempre incomoda, sempre "antecede" um movimento importante.

Após formar um padrão de reversão **"grávida de alta"** em meados de outubro, o papel iniciou uma reação compradora, e agora o **volume**, em particular, chama novamente a atenção. Após dois pregões de alta e a aproximação da banda superior, o volume expressivo indica a continuidade da alta. Mas também pode anteceder uma reversão!

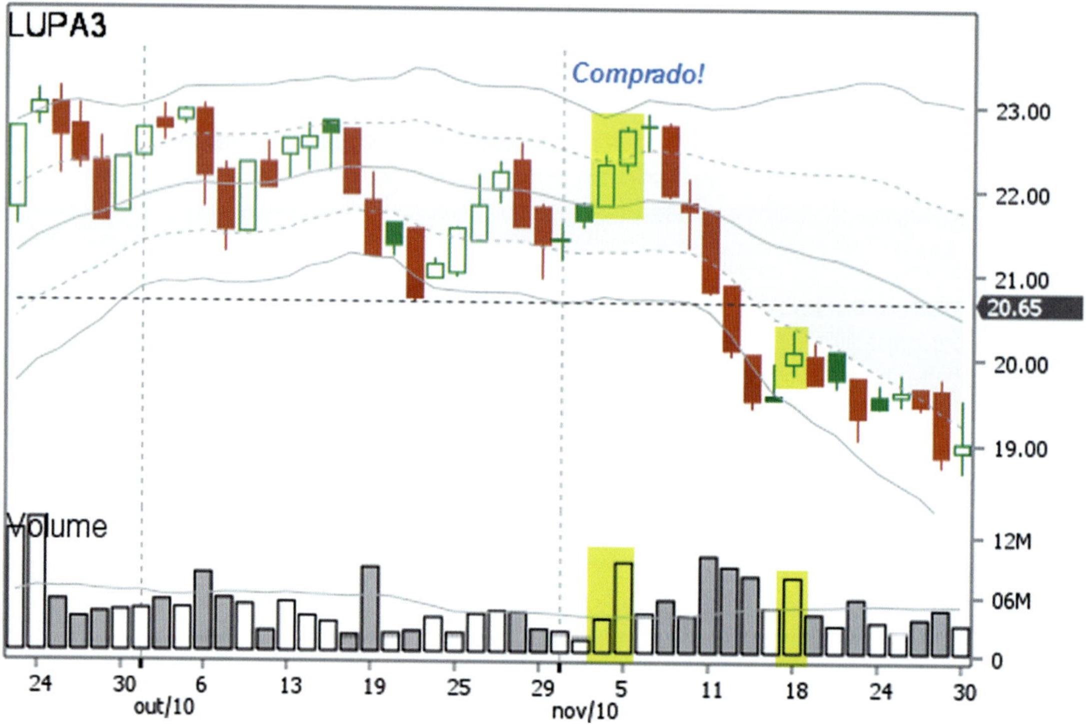

LUPA3
Comprado!
23.00
22.00
21.00
20.65
20.00
19.00
Volume
12M
06M
0
24
30
out/10
6
13
19
25
29
nov/10
5
11
18
24
30

# *Indicador "sinal falso"*

O *doji* no pregão seguinte foi um alerta. O movimento de queda que se seguiu foi "fulminante". Após uma pausa na média, três *candles* acompanhados de forte volume levaram à abertura das bandas, dessa vez com o preço na banda inferior.

O **volume** é um indicador para acertar "em cheio" ou errar "feio". Podemos utilizar essa característica a nosso favor. Se ele falhar, por que não invertemos a posição? A falha "feia" de um indicador pode ser uma "dica" preciosa para mudarmos rapidamente de lado. Talvez a "falha" seja uma indicação bastante confiável para invertermos a posição. Pense nisso...

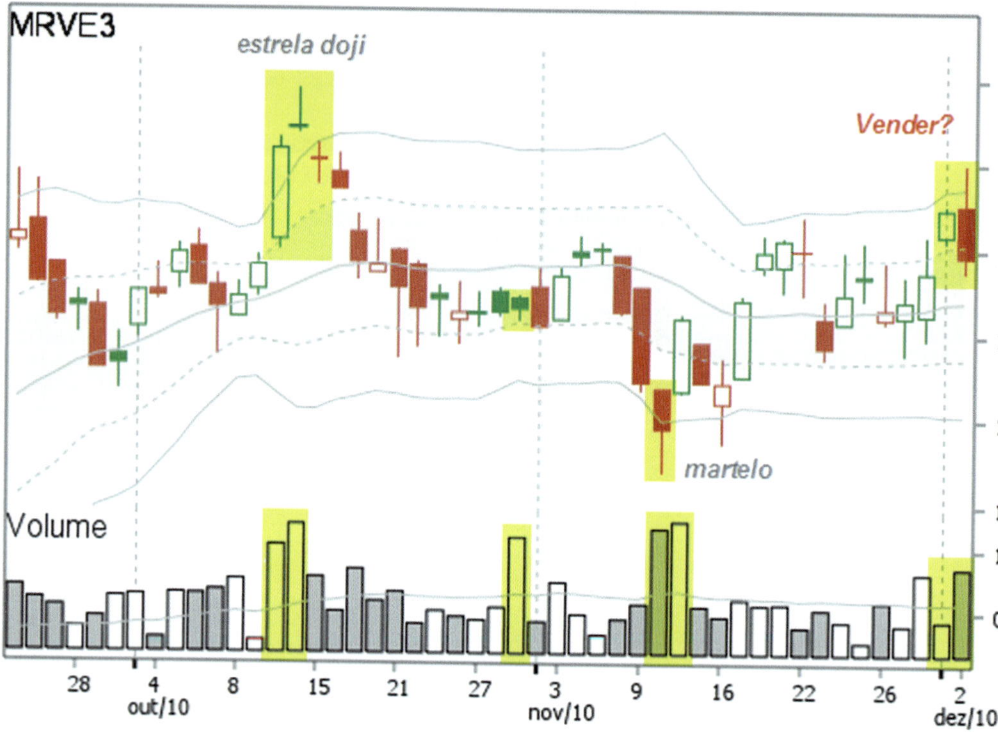
MRVE3
estrela doji
Vender?
martelo
Volume
18.60
17.80
17.00
16.20
15.40
14.60
100M
050M
28
4
out/10
8
15
21
27
3
nov/10
9
16
22
26
2
dez/10

# Envolvente de baixa

Em meados de outubro, MRVE3 fez um topo no padrão **estrela *doji***. Esse *candle* teve um volume muito expressivo – uma indicação de forte presença vendedora –, o que impede a continuidade do "ataque" dos compradores. No final de outubro, surge outra barra de excepcional volume. Apesar do *candle* de alta (na cor verde), o fechamento ocorreu abaixo da abertura (corpo real está preenchido). É uma demonstração de força vendedora, que acaba influindo na queda ocorrida no início de novembro. Observe que, apesar de a barra de volume ser de alta (não preenchida), é importante associar ao real movimento do preço. O fato de o preço de fechamento ser superior ao anterior (motivo da barra de alta) não teve a mesma importância do preço de fechamento em relação à abertura (*candle* de baixa).

Em 10 de novembro, o padrão **"martelo"** acompanhado de volume (a alta no pregão seguinte também teve volume expressivo) iniciou um novo movimento de alta. Após uma "consolidação" entre a média e o primeiro desvio positivo, o papel reagiu com volume acima da média. Após um *gap* de alta, com baixo volume, surge um "envolvente de baixa" com volume expressivo.

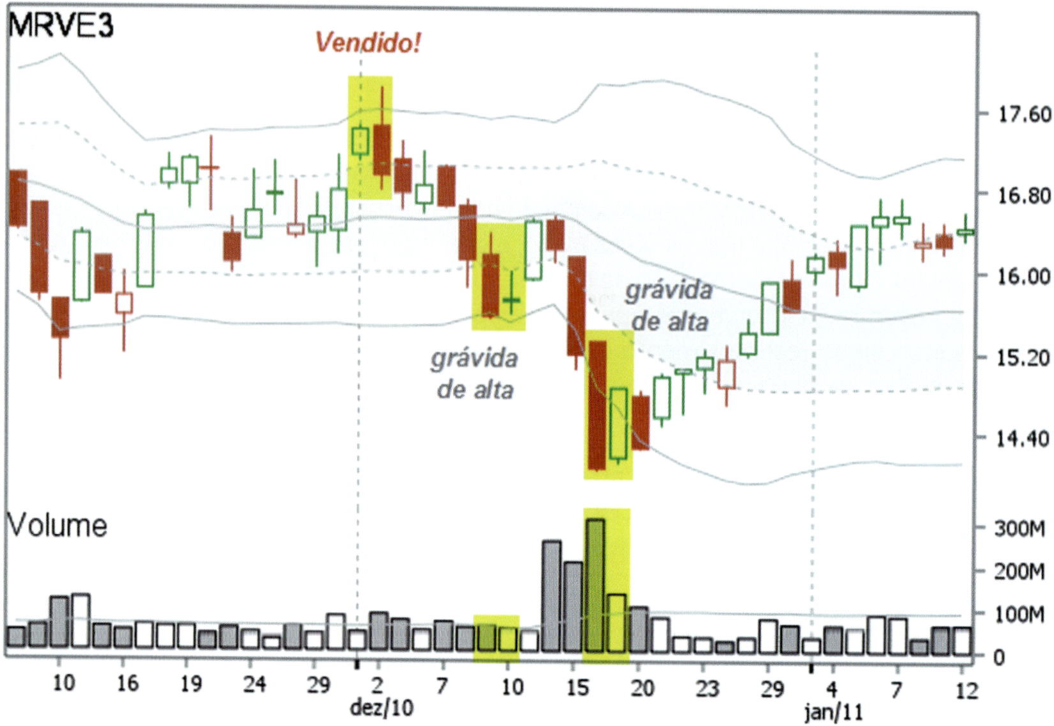
MRVE3
Vendido!
grávida de alta
grávida de alta
17.60
16.80
16.00
15.20
14.40
Volume
300M
200M
100M
0
10
16
19
24
29
2
dez/10
7
10
15
20
23
29
4
jan/11
7
12

# Queda em dois tempos

O padrão "envolvente de baixa" é uma sinalização muito eficaz – talvez o padrão de melhor performance do ponto de vista estatístico. A banda inferior foi atingida rapidamente, mas uma sinalização de reversão (**"grávida de alta"**) pode ter estimulado uma rápida "zeração" da posição vendida. Esse padrão de reversão não é tão eficaz, e sugere sempre uma confirmação, a qual, nesse caso, ocorreu. O único "senão" (mas um importante "senão") foi o baixo volume. A resistência representada pela média móvel foi suficiente para a retomada da pressão vendedora.

O volume reduzido pode ter sido uma sinalização de que os compradores não tinham força suficiente para iniciar um novo movimento de alta. Já o forte volume dos vendedores determinou a retomada do movimento de baixa. A última barra de forte volume e a reação compradora no *candle* seguinte (padrão **"grávida de alta"**), igualmente, são sinais de uma reversão – agora para um movimento de alta que se prolongou por duas semanas.

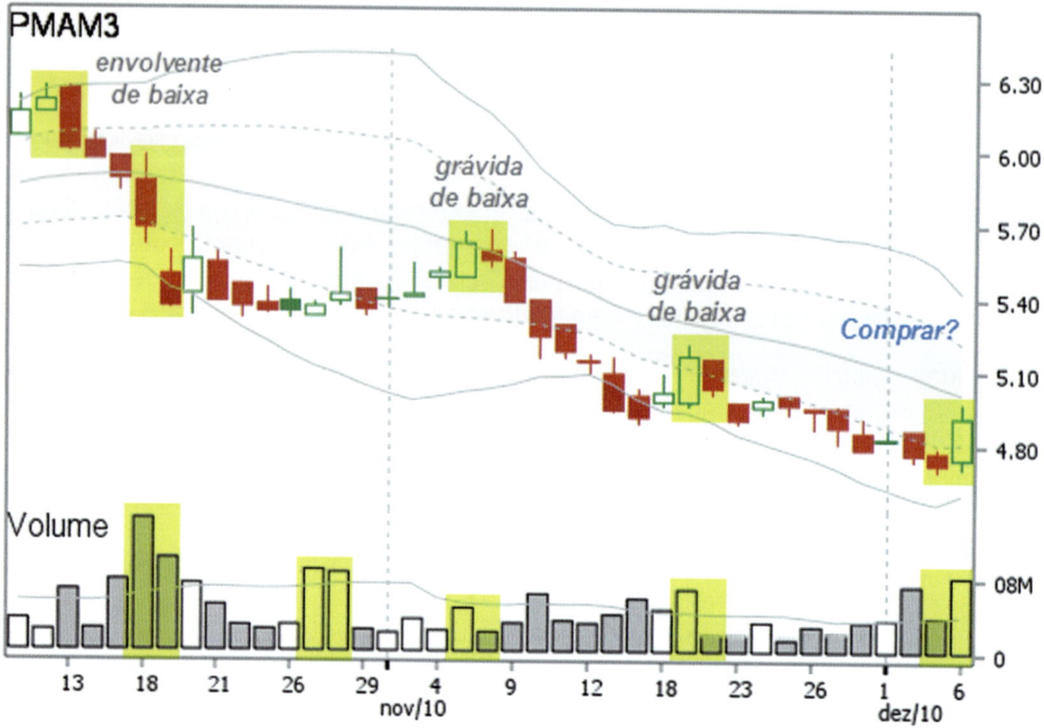
PMAM3
envolvente
de baixa
grávida
de baixa
grávida
de baixa
Comprar?
6.30
6.00
5.70
5.40
5.10
4.80
Volume
08M
0
13
18
21
26
29
4
nov/10
9
12
18
23
26
1
dez/10
6

# Remando contra a maré

PMAM3 iniciou um movimento de baixa a partir de um padrão "envolvente de baixa", em meados de outubro. Desde então, os vendedores "não largaram o osso". Com pequenas correções, o preço não conseguiu ultrapassar a resistência definida pela média de 20 dias. Em meados de outubro, o forte volume vendedor acabou influenciando todo o movimento de baixa. As eventuais barras de alta acima da média mostram *candles* com boa presença vendedora.

Nos últimos três pregões, notamos novamente a presença de barras de volume que excedem, significativamente, o valor médio. A primeira barra é de um *candle* de baixa, enquanto a seguinte é bastante reduzida. A terceira barra é a maior e sustenta um novo e destacado *candle* de alta, após duas semanas de baixa. Tanto o *candle* de alta como o volume são diferenciados. E, então, vale uma aposta na compra?

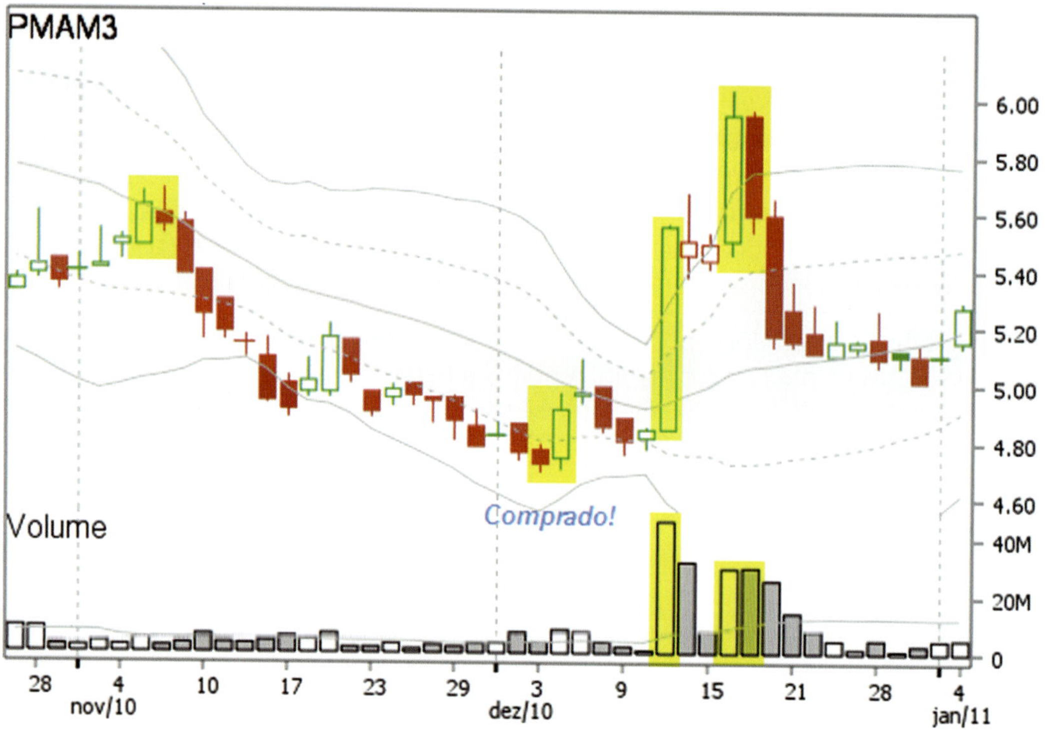
PMAM3
6.00
5.80
5.60
5.40
5.20
5.00
4.80
4.60
Comprado!
Volume
40M
20M
0
28
nov/10
4
10
17
23
29
3
dez/10
9
15
21
28
4
jan/11

# Fomentar a sorte

Às vezes, aquilo que esperamos que aconteça demora um pouco. É preciso paciência... Desde que as premissas que justificam a operação continuem válidas, não se deve precipitar uma saída. Observe que o preço "voltou" com um volume insignificante. O preço de abertura ou o mínimo do *candle* inicial de alta não foram atingidos. Mas o que ocorreu em seguida foi pura "sorte". Não acontece todo dia, mas acontece!

**Sorte é importante**, mas não pode ser determinada; não temos controle sobre esse evento. Não dá para adivinhar quando vai acontecer, porém, é possível fomentar a "sorte". Para ganhar na loteria, você precisa primeiro comprar o bilhete – é preciso participar do processo. A questão não é ficar escolhendo o melhor momento. Não existe o melhor momento *a priori*. A melhor estratégia é estar disposto a apostar na "sorte" sempre que houver uma chance. Então, quando menos se espera, pronto, ela acontece!

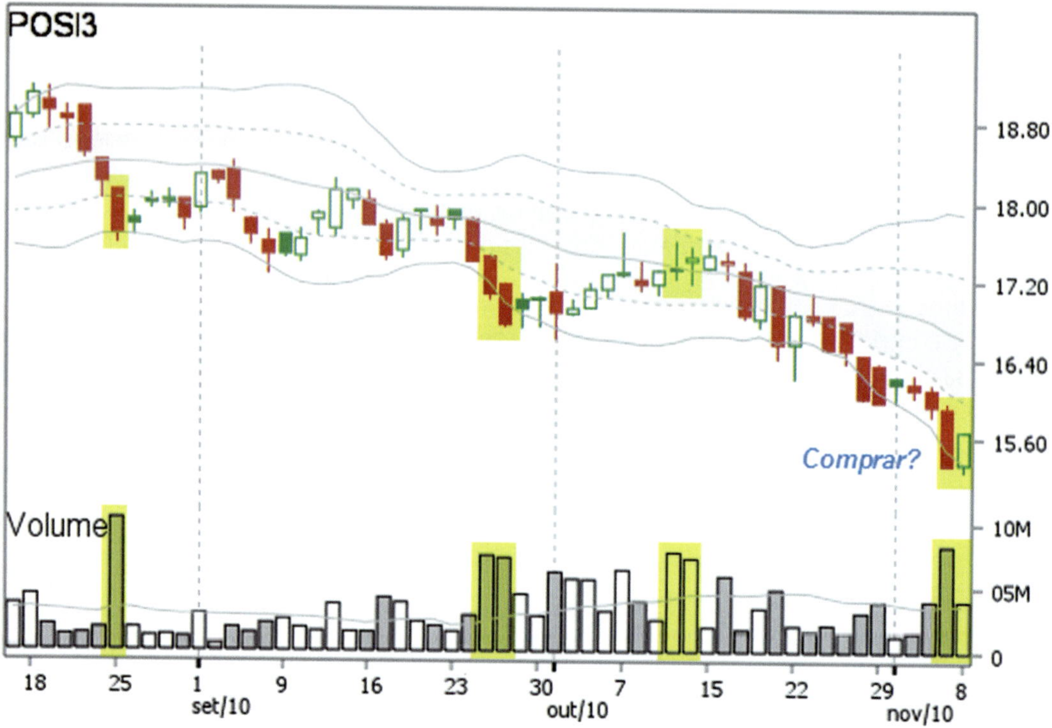
POSI3
18.80
18.00
17.20
16.40
15.60
Comprar?
Volume
10M
05M
0
18
25
1
set/10
9
16
23
30
out/10
7
15
22
29
8
nov/10

# Final da baixa?

POSI3 segue uma tendência de baixa há muitas semanas. As eventuais correções não passam da média móvel. Observe a presença, em destaque, das barras de volume nos movimentos de baixa. Mesmo as barras de alta mostram *candles* de muito equilíbrio (*dojis* e *spinning tops*), e, portanto, com forte presença vendedora.

O último movimento de baixa foi particularmente forte, e percebe-se a maior presença de *candles* de baixa. O último desses *candles* é mais forte e acompanhado de uma barra de volume excepcional, mas o *candle* seguinte é de alta. Seria uma sinalização de reversão? Afinal as barras de volume muito acima da média podem sinalizar uma mudança na direção do preço. Chegou a hora de uma recuperação?

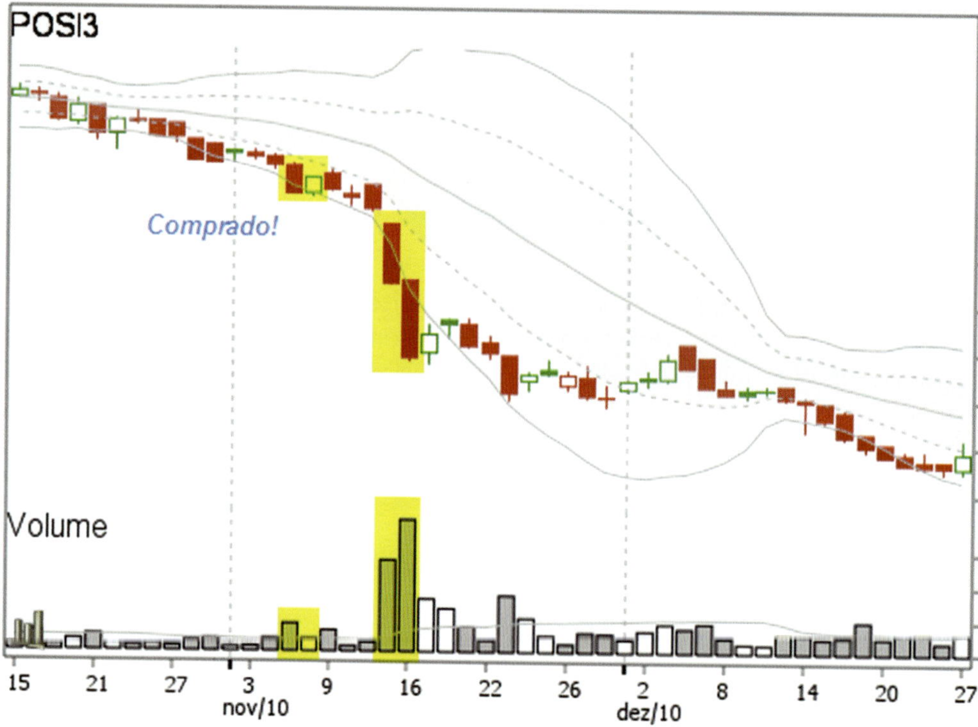
POSI3
Comprado!
Volume
18.00
17.00
16.00
15.00
14.00
13.00
12.00
11.00
10.00
9.00
30M
20M
10M
0
15
21
27
3
nov/10
9
16
22
26
2
dez/10
8
14
20
27

# Reação isolada

O *candle* seguinte foi de baixa; e o volume, maior do que o *candle* anterior de alta. Os dois *candles* seguintes são novamente de baixa, embora com volumes reduzidos. Em seguida, porém, ocorrem fortes movimentos – tanto no preço quanto no volume. Dá para ver no resto do gráfico que esses movimentos determinaram uma longa tendência de baixa.

Para reverter uma longa tendência de baixa, é preciso uma forte demonstração de força compradora – fato que definitivamente não ocorreu. Ao apostar em uma reversão com base em um único movimento comprador (forte alta e volume expressivo), o resultado tem de ser imediato. A demora em prosseguir com a reação compradora inicial mostra indecisão dos compradores, e, nesse caso, fica difícil reverter a tendência.

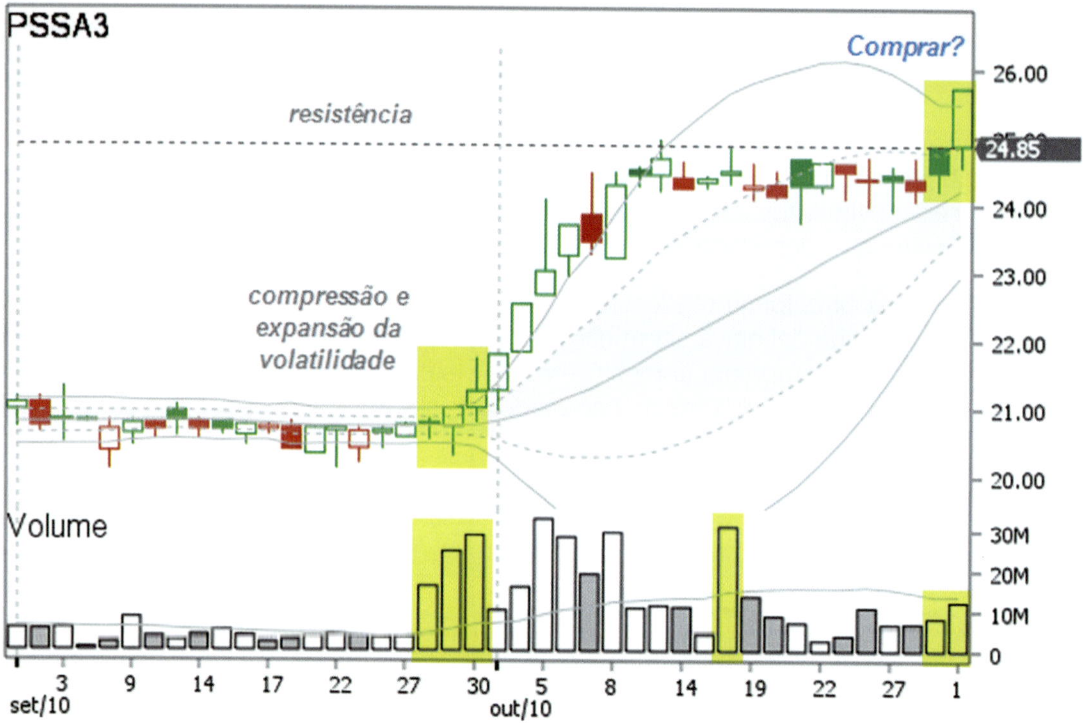
PSSA3
Comprar?
resistência
compressão e
expansão da
volatilidade
Volume
24.85
26.00
24.00
23.00
22.00
21.00
20.00
30M
20M
10M
0
3
9
14
17
22
27
30
5
8
14
19
22
27
1
set/10
out/10

# Rompimento da resistência

PSSA3 oscilou muito pouco durante a maior parte do mês de setembro. A baixa volatilidade estreitou as bandas, que ficaram horizontais e muito próximas. No final do mês, um volume bem acima da média sinalizou o início da mudança de cenário. As bandas iniciaram um processo de expansão e um novo movimento direcional para cima. O movimento altista foi sustentado por volumes acima da média.

Em meados de outubro, o volume começou a diminuir (ficou abaixo da média) e uma sucessão de *candles* de equilíbrio (*dojis* e *spinning tops*) definiu um movimento lateral, ou uma "correção no tempo". Ao se aproximar da média móvel, um forte *candle* de alta (com bom volume) sinaliza a retomada da tendência de alta. Observe o rompimento do nível de **resistência** e a possibilidade de um novo movimento de abertura das bandas.

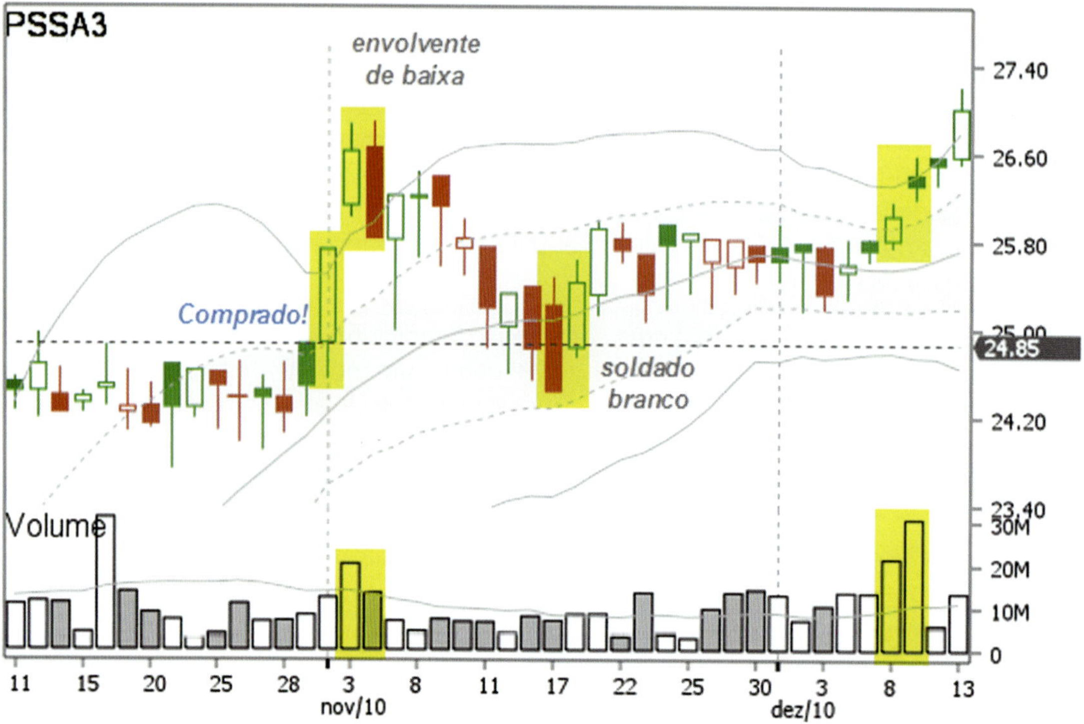
PSSA3
envolvente
de baixa
Comprado!
soldado
branco
Volume
27.40
26.60
25.80
25.00
24.85
24.20
23.40
30M
20M
10M
0
11
15
20
25
28
3
nov/10
8
11
17
22
25
30
3
dez/10
8
13

# Cuidado com o "exagero"

O próximo *candle* talvez tenha sido um "exagero". Após um *gap* de alta (com o fechamento anterior já acima da banda superior), o preço continuou a subir, suportado por um volume expressivo (bem acima da média). Entretanto, no pregão seguinte, um forte *candle* de baixa formou o padrão **"envolvente de baixa"**. No contexto em que aparece, acima da banda superior, é um forte sinal de reversão da alta.

Movimentos muito rápidos, sem uma justificativa aparente, devem ser vistos com desconfiança; normalmente, eles têm vida curta. Veja também que os dois fortes *candles* de baixa, em meados de novembro, não foram correspondidos com um aumento de volume. Porém, no mês de dezembro, o *gap* de alta rompeu o primeiro desvio, com volume bastante expressivo. O movimento não teve nada de "exagerado", e prosseguiu de forma consistente.

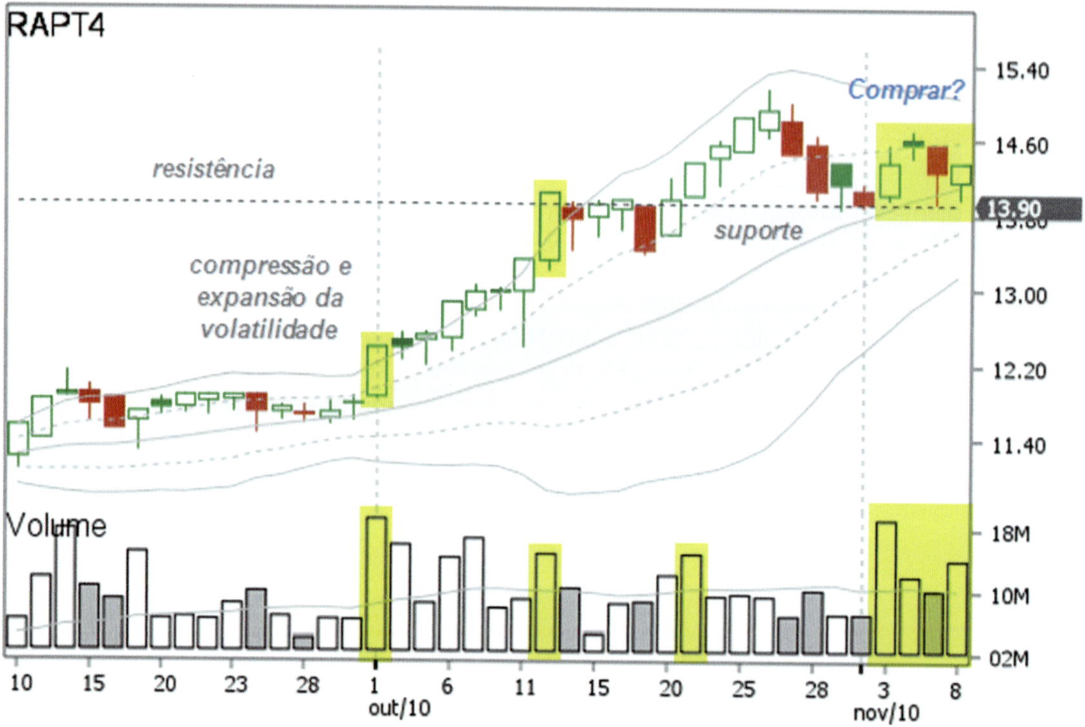
RAPT4
resistência
compressão e
expansão da
volatilidade
suporte
Comprar?
15.40
14.60
13.90
13.00
12.20
11.40
Volume
18M
10M
02M
10
15
20
23
28
1
out/10
6
11
15
20
25
28
3
nov/10
8

# Resistência que vira suporte

Após uma "correção no tempo" em setembro, RAPT4 "abriu" as bandas no início de outubro (com volume excepcional) e retomou o movimento de alta. Após uma pausa que respeitou o suporte da curva do desvio padrão, seguiu em direção ao topo.

Depois de atingir o topo, o papel corrigiu até a sua média e também até o nível do primeiro suporte (resistência anterior). Observe o aumento de volume, especialmente nos dias de alta. As bandas também convergem devido ao recente movimento de correção e podem iniciar um novo movimento de expansão. A linha de suporte é sustentada por volumes expressivos em meados de outubro.

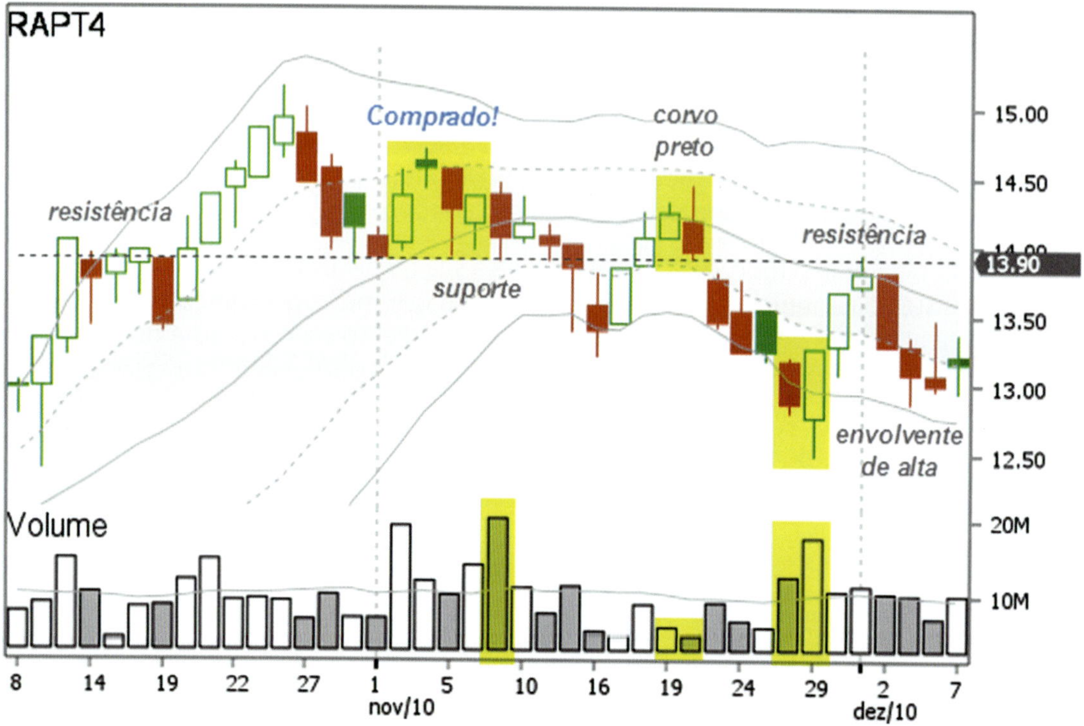

RAPT4
Comprado!
corvo preto
resistência
suporte
resistência
envolvente de alta
13.90
15.00
14.50
13.50
13.00
12.50
Volume
20M
10M
8
14
19
22
27
1
5
10
16
19
24
29
2
7
nov/10
dez/10

# *Contra-ataque com volume*

No pregão seguinte, um *candle* de baixa com forte volume sinalizou de forma convincente a maior presença vendedora. O suporte foi rompido e determinou um movimento de baixa pelo período de algumas semanas.

Retas de suporte e resistência (muitas vezes são a mesma linha) devem ser utilizadas com muito critério. O **suporte** e a **resistência** foram níveis significativos de preço em um passado recente. O mercado tem memória, e esses níveis muitas vezes interrompem e revertem movimentos do preço – mas também podem ser rompidos de forma decisiva. A análise de níveis de suporte e resistência deve ser feita no contexto dos padrões *candlestick*, volume e volatilidade.

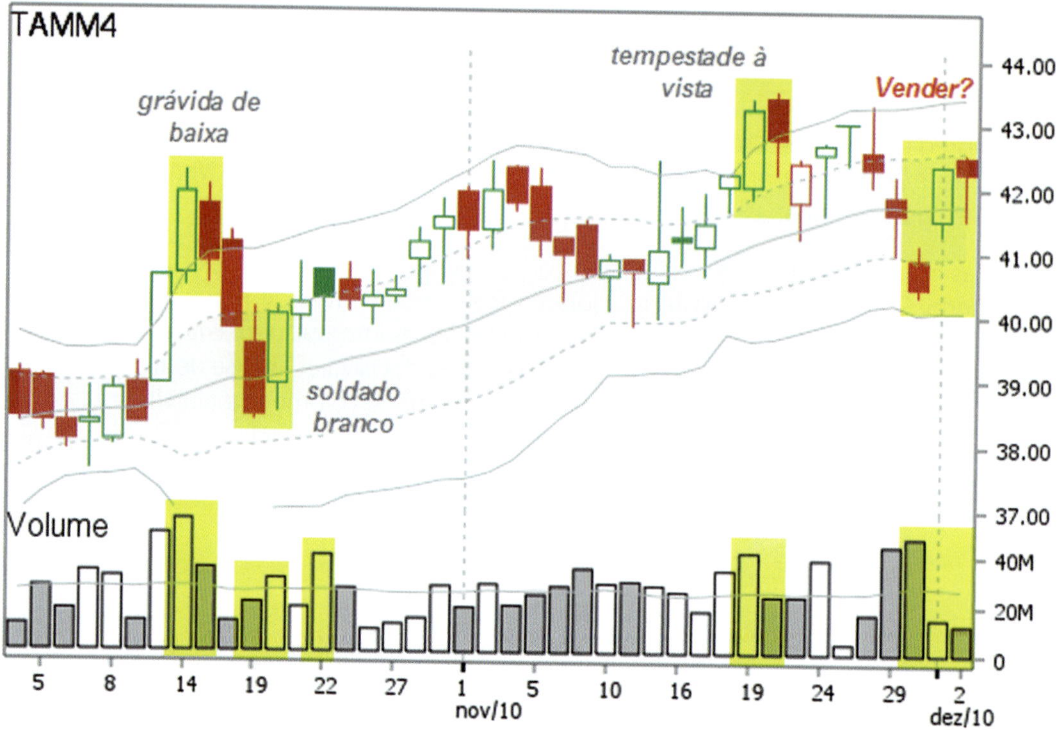

TAMM4
grávida de baixa
soldado branco
tempestade à vista
Vender?
Volume
44.00
43.00
42.00
41.00
40.00
39.00
38.00
37.00
40M
20M
0
5
8
14
19
22
27
1
nov/10
5
10
16
19
24
29
2
dez/10

# *Gaps* sucessivos

TAMM4 sinalizou um movimento de alta na expansão das bandas, em meados de outubro. O movimento foi interrompido por um padrão **"grávida de baixa"**, mas foi retomado na proximidade da média móvel com a figura **"soldado branco"**. Mais adiante, a média móvel serviu novamente como suporte, e, já na banda superior, o padrão **"tempestade à vista"** alertou para uma nova correção.

A correção foi caracterizada por uma série de *gaps*, e, no ponto mínimo, o preço de fechamento ficou muito próximo da banda inferior. O volume acompanhou o forte movimento de baixa com barras muito acima da média. Um inesperado movimento de alta (com *gap* na abertura) levou o preço a fechar acima da média, mas o volume não acompanhou o movimento do preço. No pregão seguinte, a pressão vendedora voltou.

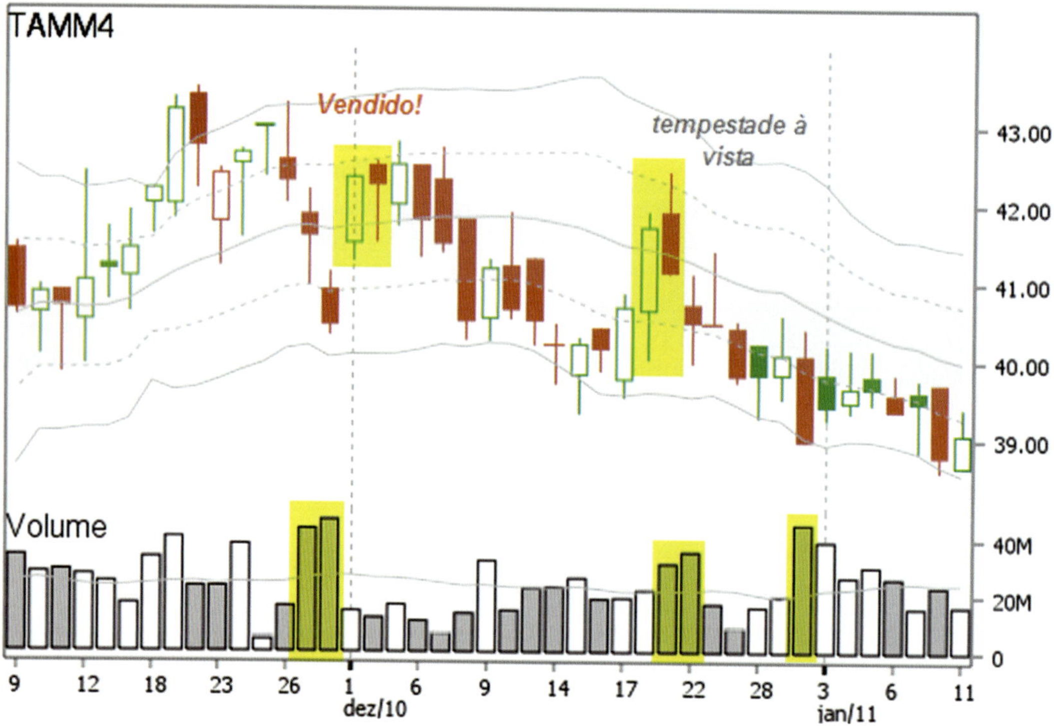
TAMM4
Vendido!
tempestade à vista
Volume
43.00
42.00
41.00
40.00
39.00
40M
20M
0
9
12
18
23
26
1
dez/10
6
9
14
17
22
28
3
jan/11
6
11

# *Gaps* e volume

O *candle* de alta no pregão seguinte lançou dúvidas sobre a continuidade da maior pressão vendedora, mas o volume foi pouco expressivo. Os próximos *candles* foram de baixa, e logo o preço chegou à banda inferior. Uma reação compradora, com volume expressivo, não foi suficiente para reverter o viés baixista. Mais adiante, outra reação compradora levou o preço acima da média móvel, mas prevaleceu novamente a maior pressão vendedora. O preço voltou a cruzar a média e retomou a tendência de baixa.

Uma característica desse exemplo é a presença inicial de vários *gaps* de baixa consecutivos, acompanhados de forte volume. É um padrão de prolongada influência. Mesmo após a queda no volume, e várias tentativas de recuperação da parte dos compradores, prevaleceu o viés baixista. Sem dúvida um padrão a ser "perseguido".

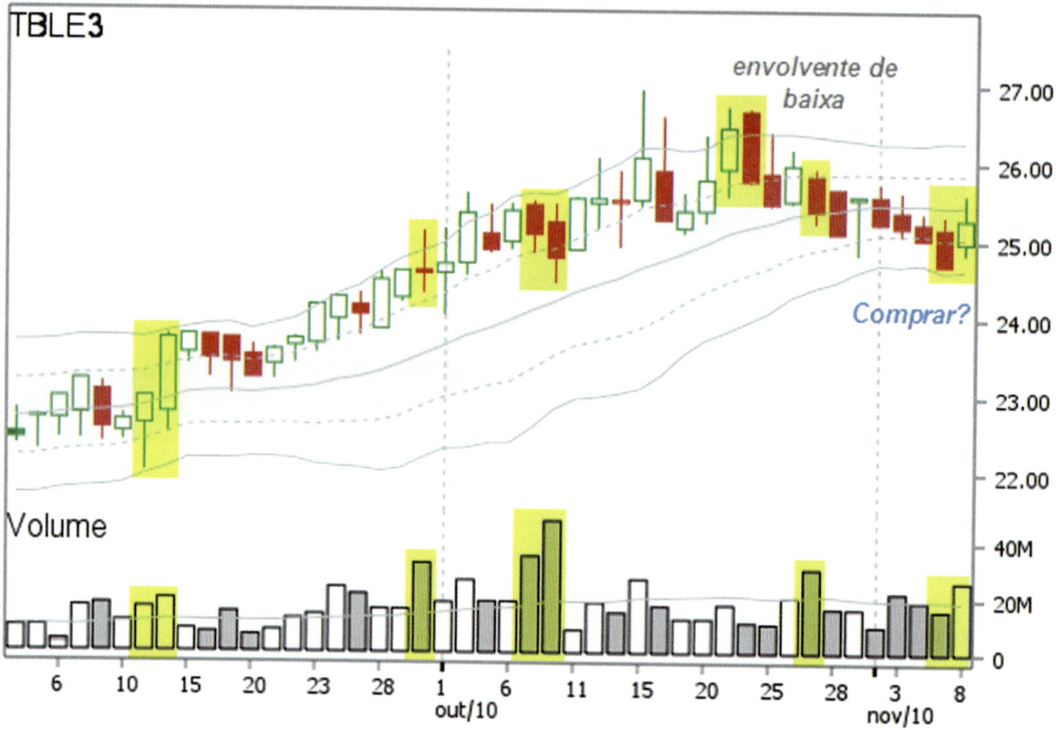
TBLE3
envolvente de
baixa
Comprar?
27.00
26.00
25.00
24.00
23.00
22.00
Volume
40M
20M
0
6
10
15
20
23
28
1
out/10
6
11
15
20
25
28
3
nov/10
8

# Final da correção?

TBLE3 iniciou uma longa trajetória altista com dois *candles* significativos de alta, acompanhados de volumes acima da média. O rompimento da média e, em seguida, do primeiro desvio padrão, sinalizou forte presença compradora. A curva tracejada do desvio serviu como uma referência de suporte durante a maior parte do movimento. Mesmo nos pregões de maior pressão vendedora (barras de volume em destaque), os compradores cederam apenas o suficiente, para, em seguida, retomarem a tendência de alta.

A figura **"envolvente de baixa"** merece todo o respeito. Como já comentei em outras oportunidades, ela é uma das mais eficazes. Não deu outra... Mesmo sem muito volume, nos pregões seguintes, sinalizou e confirmou um "oportuno" movimento corretivo. Foi uma "perna completa", da banda superior para a banda inferior. O volume baixista decrescente e agora um forte volume altista sugerem o final da correção.

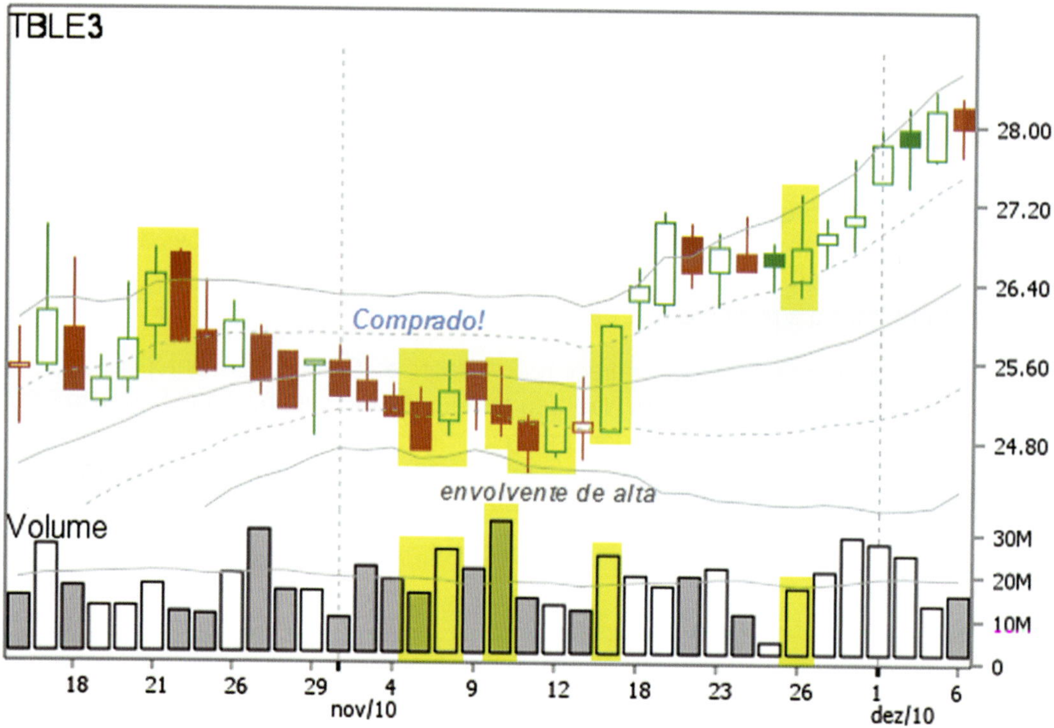
TBLE3
Comprado!
envolvente de alta
Volume
28.00
27.20
26.40
25.60
24.80
30M
20M
10M
0
18
21
26
29
4
nov/10
9
12
18
23
26
1
dez/10
6

# Resiliência

Os três pregões seguintes (de baixa) mostram que os vendedores ainda estão vivos! Mas repare o dia de maior volume. Apesar da baixa (reduzida), houve boa presença compradora. O "tamanho" da barra de volume não está compatível com o movimento do preço. O *candle* seguinte (com volume reduzido) também mostra uma presença compradora (corpo pequeno). Mas é uma análise retrospectiva; na ocasião do fato, foi muito difícil sustentar a compra, pois as premissas iniciais foram invalidadas.

Após uma saída com prejuízo, o mercado pode tomar a direção esperada. Ah, se eu tivesse esperado um pouco mais! Nessa "altura do campeonato", uma figura **"envolvente de alta"** passaria despercebida, com certeza. A capacidade de reverter rapidamente um revés é uma qualidade diferenciada nos *traders*, e deve ser cultivada. Nessas situações, os ganhos costumam ser bastante generosos.

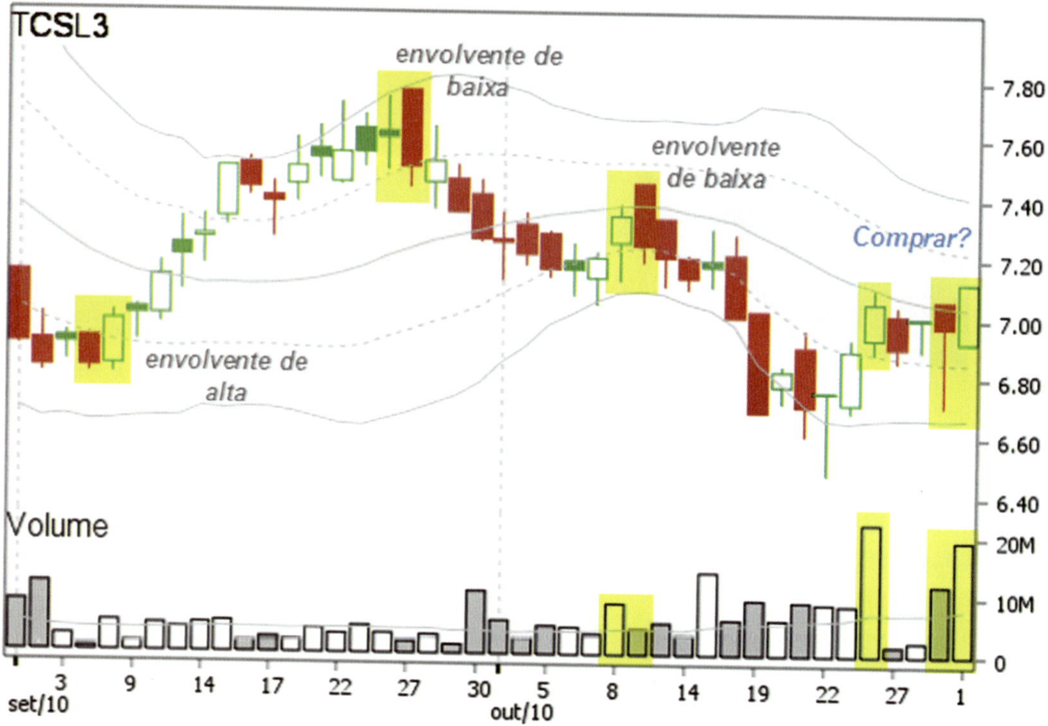
TCSL3
envolvente de baixa
envolvente de baixa
Comprar?
envolvente de alta
Volume
7.80
7.60
7.40
7.20
7.00
6.80
6.60
6.40
20M
10M
0
3
set/10
9
14
17
22
27
30
5
out/10
8
14
19
22
27
1

# Correção ou reversão?

TCSL3 fez uma "perna de alta" em setembro, a partir de um padrão **"envolvente de alta"**. Um padrão simétrico, o **"envolvente de baixa"** reverteu a alta e definiu uma longa tendência de baixa. No início de outubro, uma reação até a média móvel foi revertida novamente com um padrão "envolvente de baixa".

Uma nova reação compradora levou o preço até a média de 20 dias. Chama a atenção o volume excepcional de dois *candles* de alta. A primeira barra de volume (a maior) não foi correspondida com um movimento de preço equivalente. Seguiram dois *candles* modestos e volumes mais modestos ainda. O *candle* seguinte, embora de baixa, mostrou reação compradora (sombra inferior) e volume expressivo. O último *candle* é de alta e volume expressivo. É uma indicação de reação compradora.

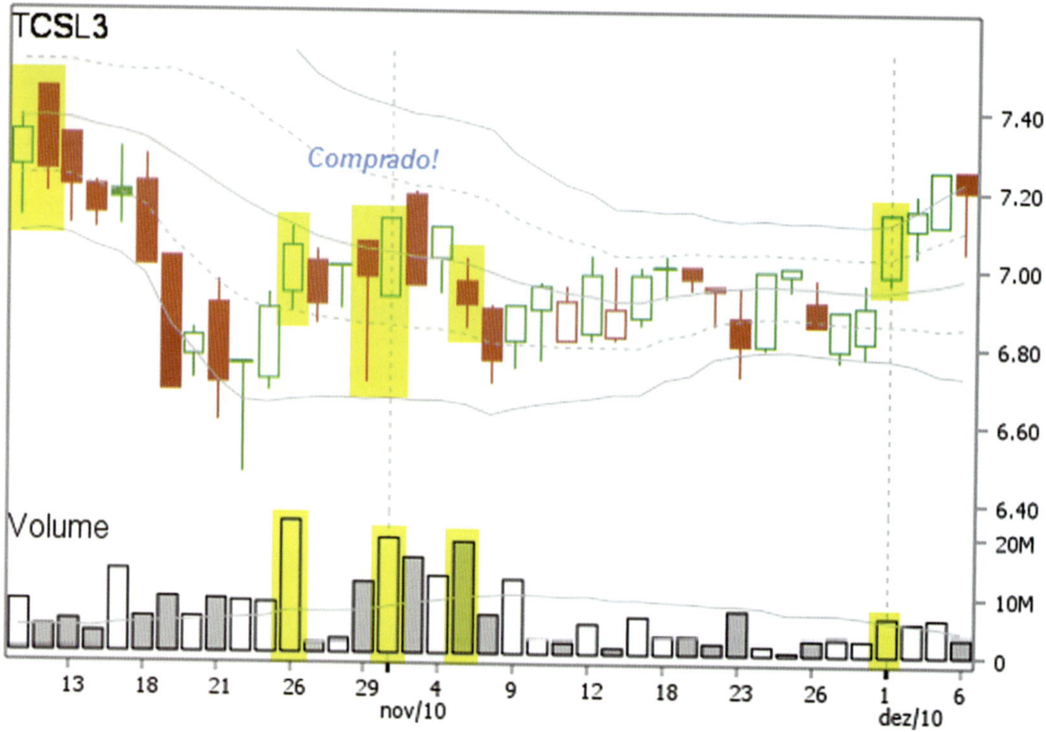
TCSL3
Comprado!
Volume
7.40
7.20
7.00
6.80
6.60
6.40
20M
10M
0
13
18
21
26
29
4
nov/10
9
12
18
23
26
1
dez/10
6

# *Tempestade à vista*

O *candle* do pregão seguinte foi do tipo "tempestade à vista" ou "nuvens negras no céu". A metáfora da chuva sinaliza um movimento para baixo. A queda veio acompanhada de bom volume, mas ainda deve ser considerada apenas como uma advertência. Após uma recuperação no pregão seguinte, porém, um novo *candle* de baixa (com *gap* de baixa na abertura) e expressivo volume consolidaram a maior pressão vendedora.

Os dois volumes de alta destacados no gráfico são uma forte sinalização a favor dos comprados. Porém, no curto prazo, sofreu uma pressão vendedora considerável – como podemos observar nas barras de baixa acima da média. Mais adiante, um novo aumento de volume antecipou um novo movimento de alta.

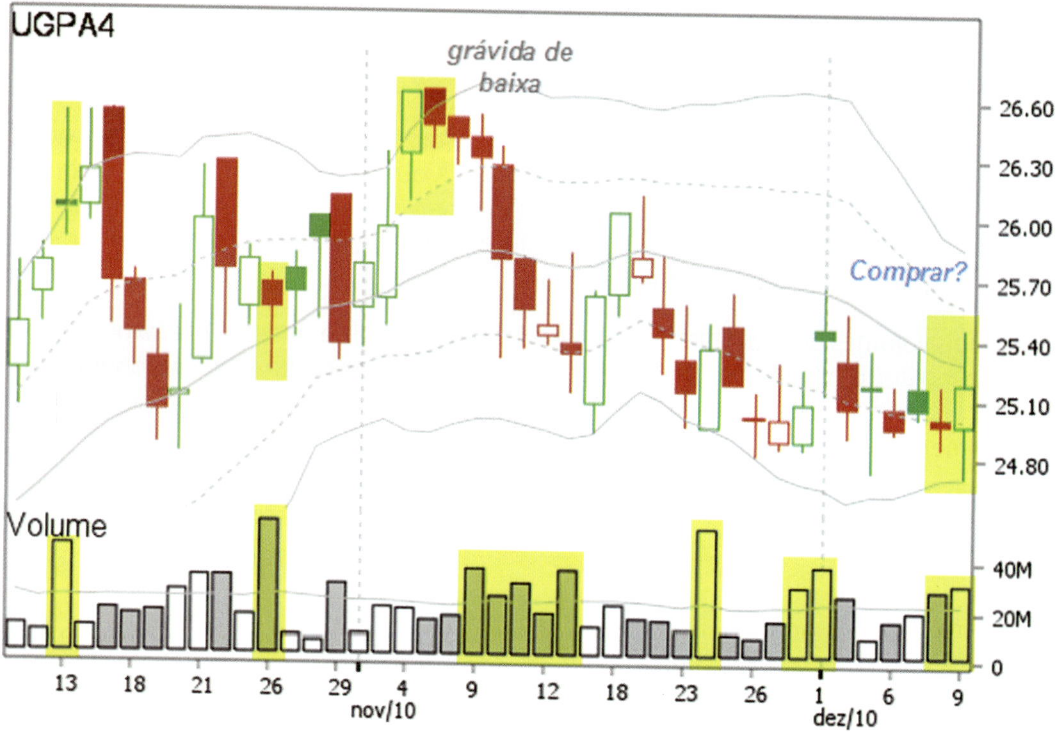
UGPA4
grávida de baixa
Comprar?
26.60
26.30
26.00
25.70
25.40
25.10
24.80
Volume
40M
20M
0
13
18
21
26
29
4
nov/10
9
12
18
23
26
1
dez/10
6
9

# Média como resistência

UGPA4 operou acima da média móvel no mês de outubro. Mas os fortes e decrescentes *candles* de baixa refletem a maior pressão vendedora. No início de novembro, após uma breve reação compradora, fez um novo topo, mas com um padrão **"grávida de baixa"**. É um padrão de reversão que precisa ser confirmado nos pregões seguintes. Foi o início de uma longa tendência de baixa. A média móvel agiu como uma resistência que impediu a reversão da tendência.

No primeiro pregão de dezembro, o preço voltou a tocar na média móvel (*doji* com volume significativo), mas recuou. O último *candle* (*high wave*) mostra um aumento de volatilidade com viés de alta. Vale uma aposta na compra?

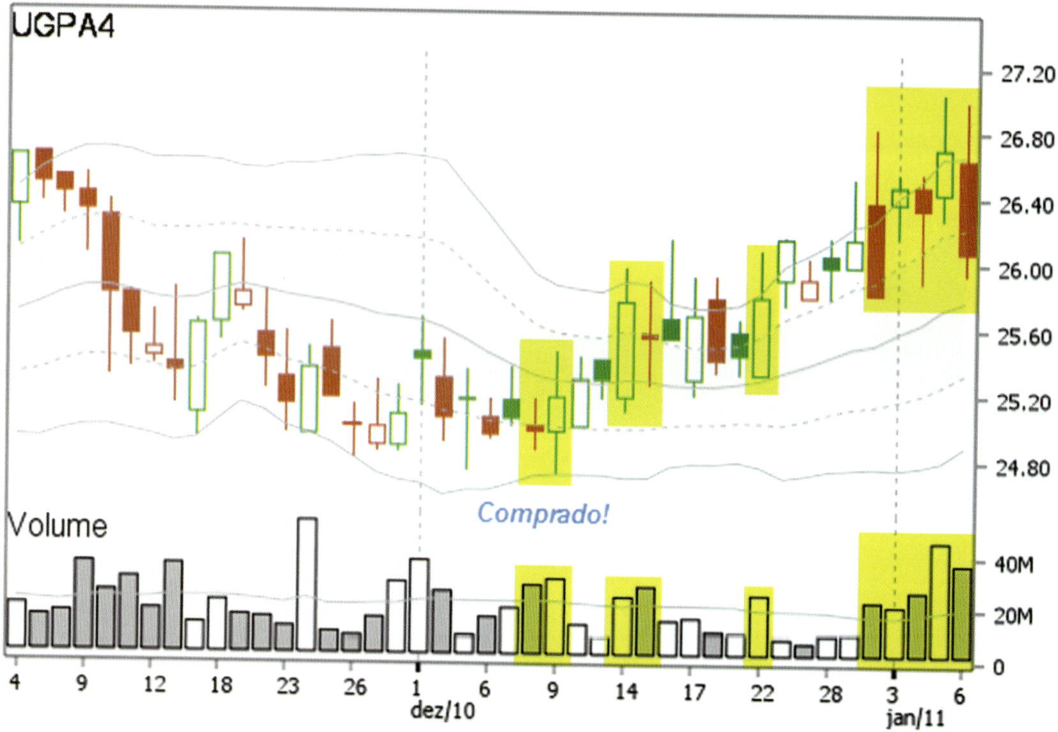
UGPA4
27.20
26.80
26.40
26.00
25.60
25.20
24.80
Comprado!
Volume
40M
20M
0
4
9
12
18
23
26
1
dez/10
6
9
14
17
22
28
3
jan/11
6

# Viés predominante

Apesar da queda de volume nos dois pregões seguintes, o papel manteve o viés altista e chegou rapidamente à banda superior. A alta prosseguiu com o preço oscilando entre a curva do desvio padrão (tracejada) e a banda superior (segundo desvio padrão).

É muito importante verificar o impacto de volumes mais expressivos no comportamento do preço. Mesmo que a consequência não seja imediata, ele pode influenciar movimentos futuros. Observe que, durante todo o movimento de alta, o comportamento e o relacionamento entre o **volume** e o **preço** (destaque no gráfico) têm muita sinergia e definem o viés predominante.

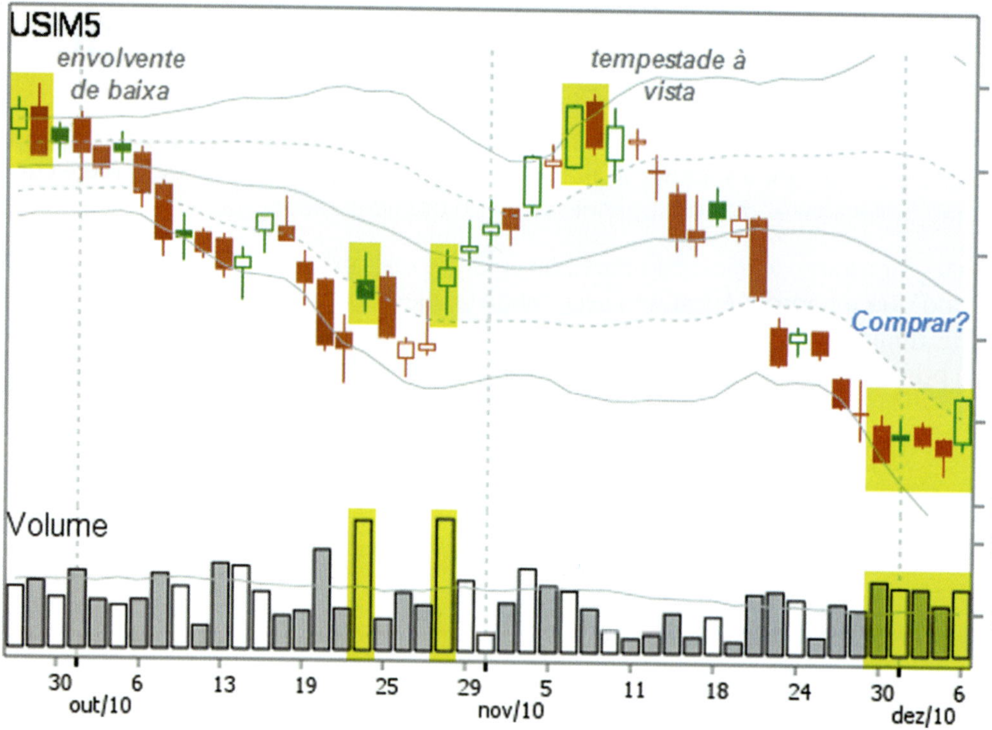
USIM5
envolvente
de baixa
tempestade à
vista
Comprar?
23.00
22.00
21.00
20.00
19.00
18.00
Volume
200M
100M
30
out/10
6
13
19
25
29
nov/10
5
11
18
24
30
6
dez/10

# Sinal de equilíbrio

USIM5 fez uma primeira "perna de baixa" que teve início com um padrão **"envolvente de baixa"**, no final de setembro. Uma destacada barra de alta (**volume**) sinalizou uma reversão que foi adiada alguns pregões, quando uma nova barra de alta deu início a um movimento altista. A figura **"tempestade à vista"**, na banda superior, sinalizou nova reversão. Após uma breve "estadia" na média móvel, o movimento de baixa seguiu até a banda inferior.

O primeiro pregão de dezembro foi caracterizado por um ***doji*** – figura que representa o equilíbrio entre compradores e vendedores. No contexto em que aparece, depois de um forte movimento de baixa, tem um significado de reação compradora. Porém, a reação só ocorre efetivamente após dois pregões, com a formação de um expressivo *candle* de alta.

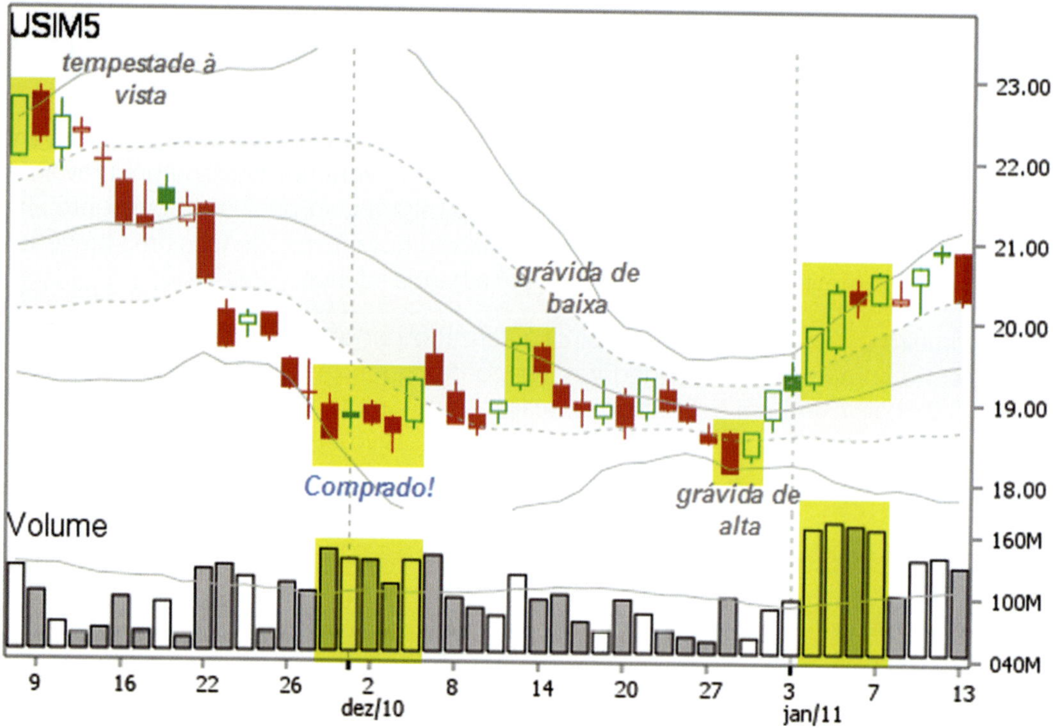
USIM5
tempestade à vista
grávida de baixa
Comprado!
grávida de alta
Volume
23.00
22.00
21.00
20.00
19.00
18.00
160M
100M
040M
9
16
22
26
2
dez/10
8
14
20
27
3
jan/11
7
13

# *Início ruim*

O pregão seguinte abriu em alta, que foi completamente revertida no fechamento. O volume foi expressivo. Foi um alerta – confirmado no pregão seguinte com uma nova baixa. Nesses casos, quando o *trade* dá sinais contrários seguidos, o melhor é sair rapidamente. No geral, o *trade* tem de começar bem, mesmo que demore a "decolar".

Mais adiante, as bandas estreitaram-se em razão da menor volatilidade. Abriu então a oportunidade de um novo movimento de expansão das bandas (**a volatilidade é cíclica**). O novo movimento direcional começou com um padrão **"grávida de alta"**, seguido de aumento de volume. O primeiro *candle* a fechar acima da banda superior teve muito volume, e confirmou o movimento de expansão das bandas (aumento da volatilidade).

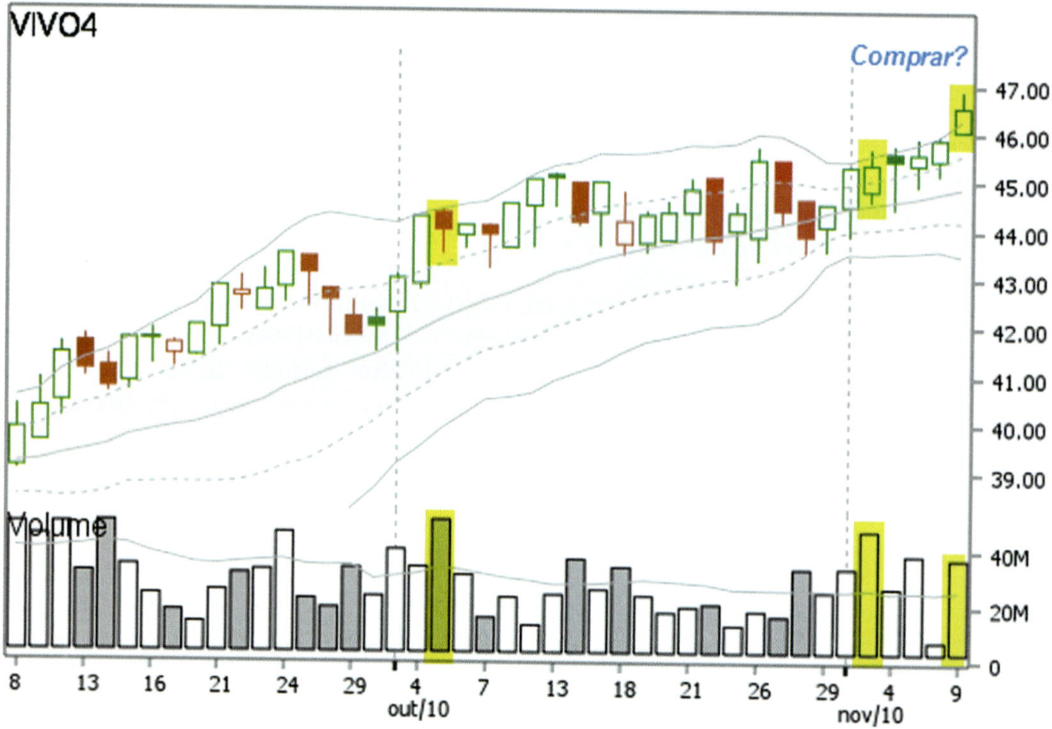
VIVO4
Comprar?
47.00
46.00
45.00
44.00
43.00
42.00
41.00
40.00
39.00
Volume
40M
20M
0
8
13
16
21
24
29
4
7
13
18
21
26
29
4
9
out/10
nov/10

# Ciclo da volatilidade

VIVO4 mostra um movimento de alta com eventuais correções até a sua média móvel. No mês de outubro, o movimento perdeu força – e podemos observar mais *candles* de baixa e maior presença do preço na proximidade da sua média móvel. A volatilidade diminuiu e fez as bandas convergirem.

O mês de novembro começou com *candles* de alta e aumento de **volume** – fortes sinais de início de uma nova expansão das bandas. Embora continue a subir, sobe de forma bem gradual. Porém, o último *candle* "deu um salto" acompanhado de volume expressivo.

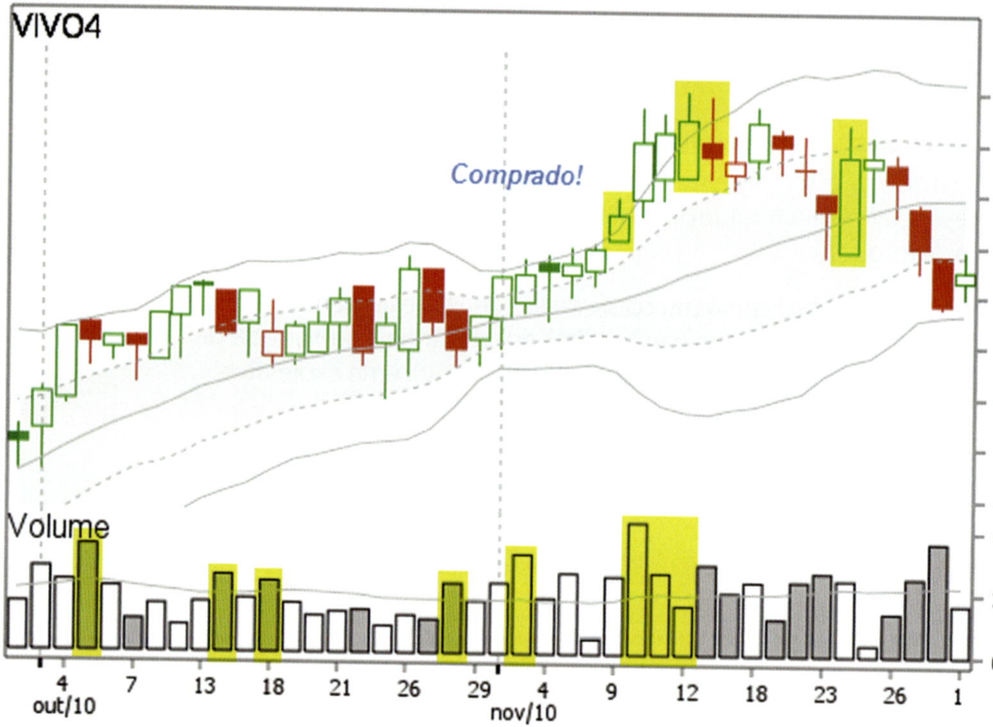
VIVO4
Comprado!
Volume
49.00
48.00
47.00
46.00
45.00
44.00
43.00
42.00
41.00
60M
30M
0
4
7
13
18
21
26
29
4
9
12
18
23
26
1
out/10
nov/10

# *Expansão no topo*

O pregão posterior foi de alta e volume bastante expressivos. Contribuiu para a abertura das bandas. Porém nos pregões seguintes, o volume decrescente deu sinais de enfraquecimento dos compradores. *Candles* de equilíbrio e novas pressões vendedoras (caracterizadas por barras de **volume** em baixa) romperam a linha de suporte representada pela curva do primeiro desvio padrão.

A expansão das bandas **em movimentos de alta** é, a princípio, pouco eficaz. Pode ser o "último suspiro" ou a "arrancada final" antes de finalizar o movimento de alta. É o que aconteceu neste exemplo. Veja a sequência dos três *candles* de alta com volumes crescentes. Mais adiante, outro forte *candle* de alta não foi suficiente para "engatar" uma nova reação compradora.

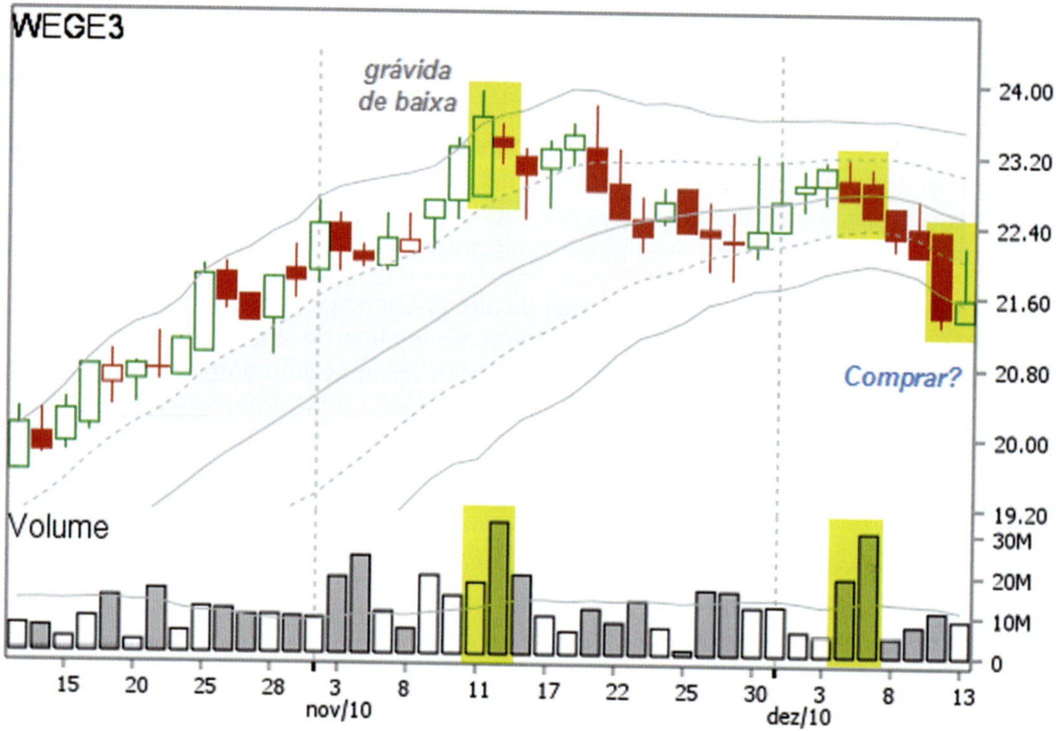
WEGE3
grávida
de baixa
Comprar?
Volume
24.00
23.20
22.40
21.60
20.80
20.00
19.20
30M
20M
10M
0
15
20
25
28
3
nov/10
8
11
17
22
25
30
3
dez/10
8
13

# Martelo invertido

WEGE3 fez um movimento inicial de alta bastante regular. A curva do primeiro desvio padrão se comportou como uma perfeita linha de suporte. A **"grávida de baixa"** – ou "grávida em cruz" – alertou para o final do movimento. Observe o volume destacado no *candle* (*doji* ou *spinning top*, não importa) que representa a "**barriga da grávida**". Houve muita disputa, e ela foi vencida por mínima margem pelos vendedores. O fato é que a tendência reverteu, e, depois de oscilar entre os primeiros desvios (positivo e negativo), acabou na banda inferior.

O último *candle* de baixa que "perfurou" a banda inferior foi muito "incisivo", pareceu exagerado. Afinal, o volume "não foi lá essas coisas"; ficou devendo para o movimento do preço. No pregão seguinte, apareceu um **"martelo invertido"**, uma forte figura de reversão.

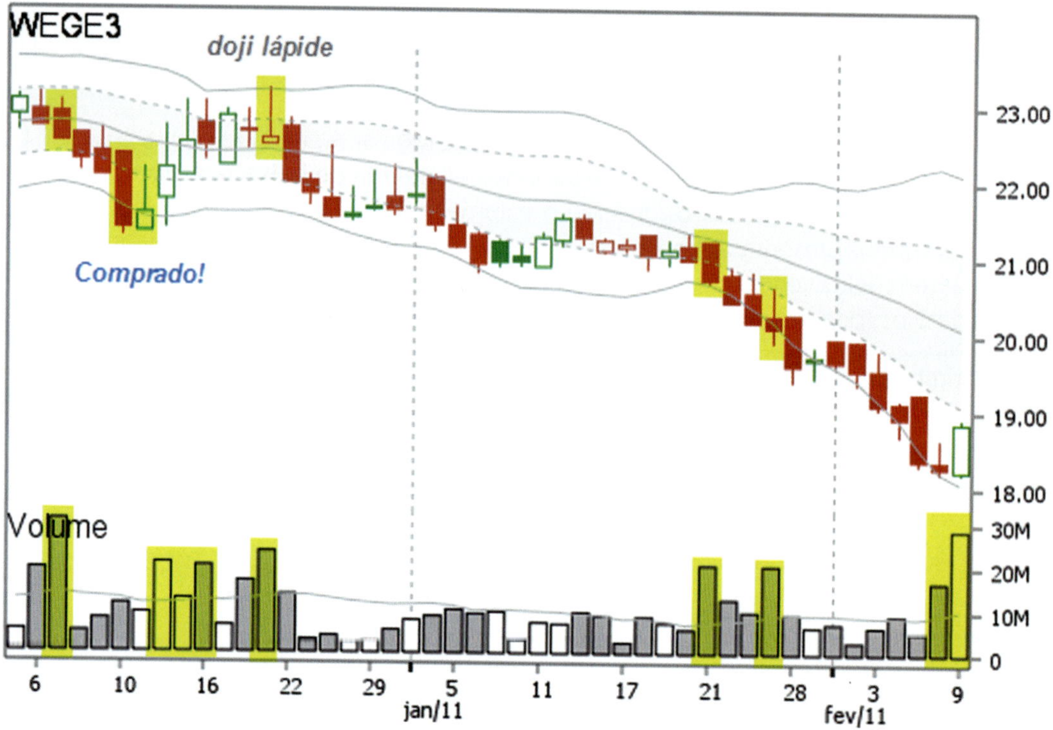
WEGE3
doji lápide
Comprado!
Volume
23.00
22.00
21.00
20.00
19.00
18.00
30M
20M
10M
0
6
10
16
22
29
5
jan/11
11
17
21
28
3
fev/11
9

# A primeira perda...

O *candle* seguinte pareceu confirmar a operação de compra, porém, as sombras (destacadas) de ambos os lados já insinuavam pouca convicção dos compradores. O preço não conseguiu ultrapassar o primeiro desvio. Após um *doji*, outro *doji*; dessa vez, uma **lápide** ou **tumba**. Com esse nome, é melhor sair vendendo rapidamente. Já no pregão seguinte, um marubozu atravessou a média para baixo. Daí para frente foi uma queda só!

Quando um *trade* demora a decolar, pode ser um alerta de que a sua premissa talvez esteja "furada". Aí você tem vários sinais para sair, mas fica relutando... Depois, mais adiante, já tem um pequeno prejuízo; e o prejuízo aumenta. Assim, fica cada vez mais difícil admitir o erro e tomar a decisão de sair. Então já é tarde demais; você vai para o tudo ou nada... até atirar a toalha. Lembre-se: **a primeira perda é a mãe de todas as perdas**.

# Capítulo 3

Índices Bovespa , Dow Jones e Setoriais

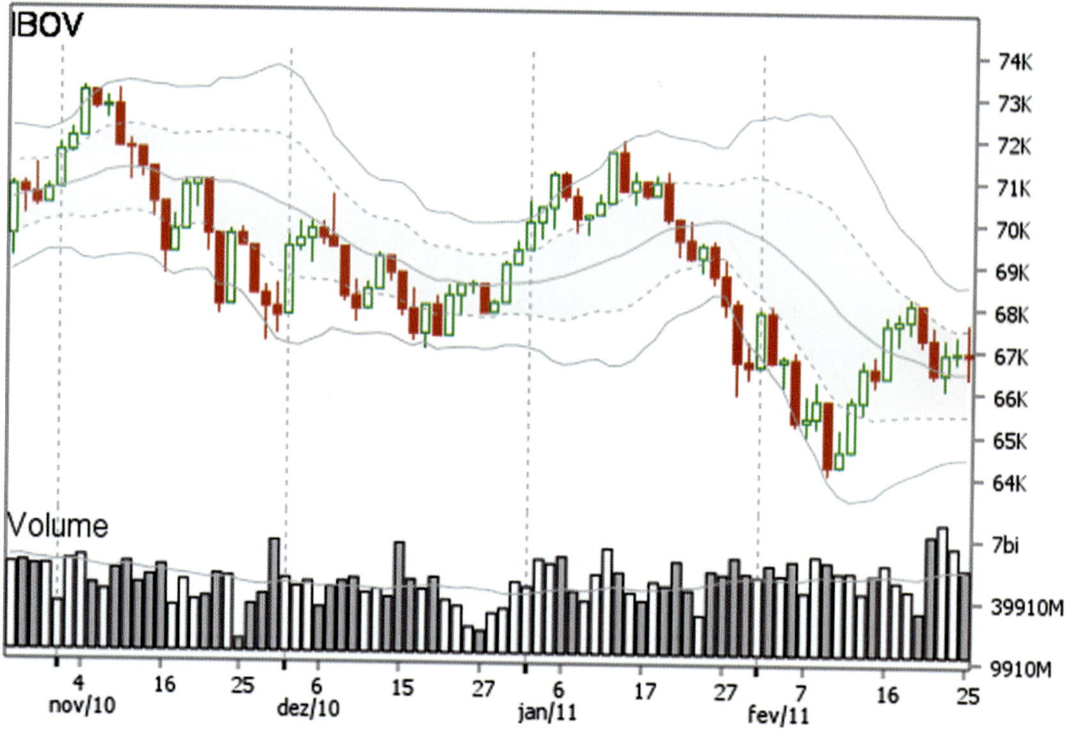
IBOV
74K
73K
72K
71K
70K
69K
68K
67K
66K
65K
64K
Volume
7bi
39910M
9910M
4
nov/10
16
25
6
dez/10
15
27
6
jan/11
17
27
7
fev/11
16
25

# Método *top-down*

É importante ter uma visão global do mercado. Isso significa compreender a somatória das forças que definem a tendência primária do mercado. Essa tendência é frequentemente forte para sobrepujar a tendência específica de uma ação. A tendência da Bovespa é mais bem identificada pelo **Índice Bovespa** (Ibovespa), que compõe uma carteira teórica das ações mais importantes e líquidas do nosso mercado. Também é possível identificar tendências específicas para determinados setores da atividade econômica. Os **principais índices setoriais** da Bovespa são: IFNC (financeiro), ITEL (telecomunicações), IEEX (energia elétrica), ICON (consumo), IMOB (imobiliário) e SMLL (*small caps*). Na área internacional, o índice mais conhecido é o **Índice Dow Jones**, da Bolsa de Nova York.

As recomendações do *Call Diário* (comentadas neste livro) ocorreram entre 26 de outubro de 2010 e 25 de fevereiro de 2011 (veja o gráfico do Ibovespa). Foi um período em que prevaleceu a tendência de baixa. Infelizmente, o período com melhor oportunidade de operações de compra ocorreu entre a segunda quinzena de dezembro e a primeira de janeiro. Nesse período, estava de férias e não houve recomendações! Ficar **"comprado ou vendido"** em um índice significa ter um viés favorável para a compra ou venda de ações que compõem esse índice. As figuras do *candlestick* também se aplicam aos índices, como vamos constatar nos próximos exemplos.

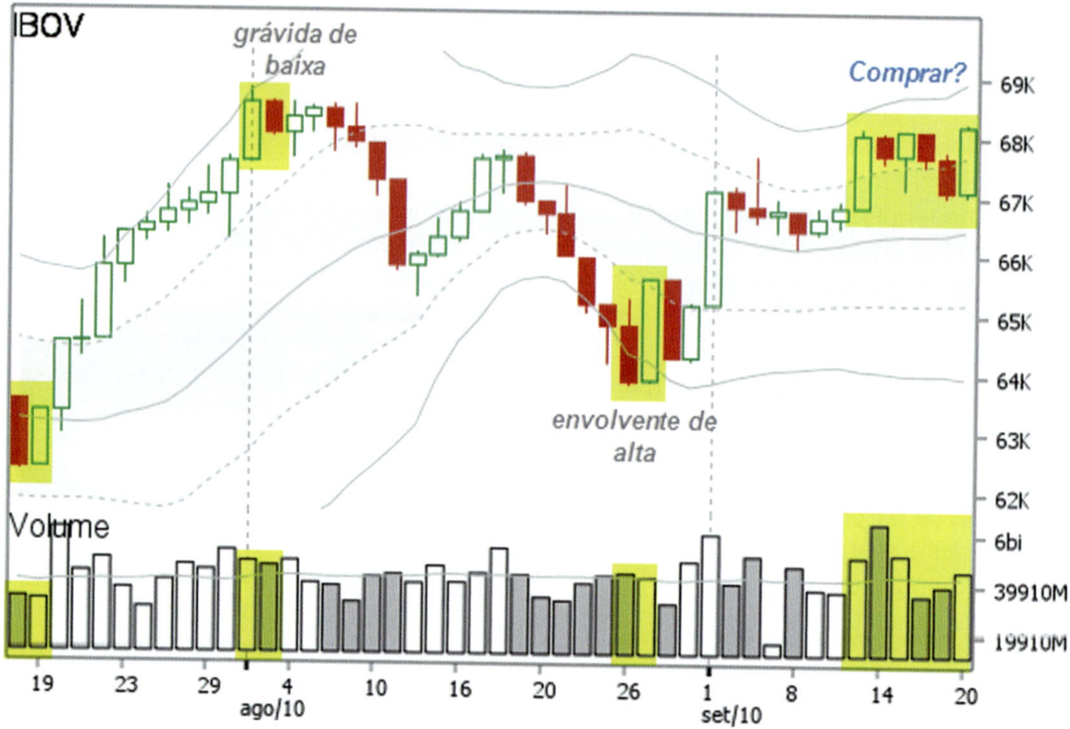
IBOV
grávida de baixa
Comprar?
envolvente de alta
Volume
69K
68K
67K
66K
65K
64K
63K
62K
6bi
39910M
19910M
19
23
29
4
ago/10
10
16
20
26
1
set/10
8
14
20

# Padrão de continuidade?

No mês de julho, o **Ibovespa** rompeu acima da média móvel de 20 dias com volume expressivo, e deu início a um movimento de alta. No início de agosto, uma figura tipo **"grávida de baixa"** (no índice, a "barriga" da grávida nunca fica no centro do *candle* anterior; não há *gap*, pois a abertura é sempre igual ao fechamento anterior) iniciou um movimento de baixa em direção à banda inferior, quando um padrão tipo **"envolvente de alta"** sinalizou a reversão da baixa.

No primeiro pregão de setembro, o índice cruzou acima da sua média móvel com muita força e volume, porém, em seguida, oscilou acima e próximo à média, sem romper a "resistência" definida pela curva do desvio padrão. Quando finalmente rompeu o desvio (com volume) sofreu uma correção por quatro pregões consecutivos. Logo em seguida, entretanto, os compradores reagiram com um *candle* de alta e volume acima da média.

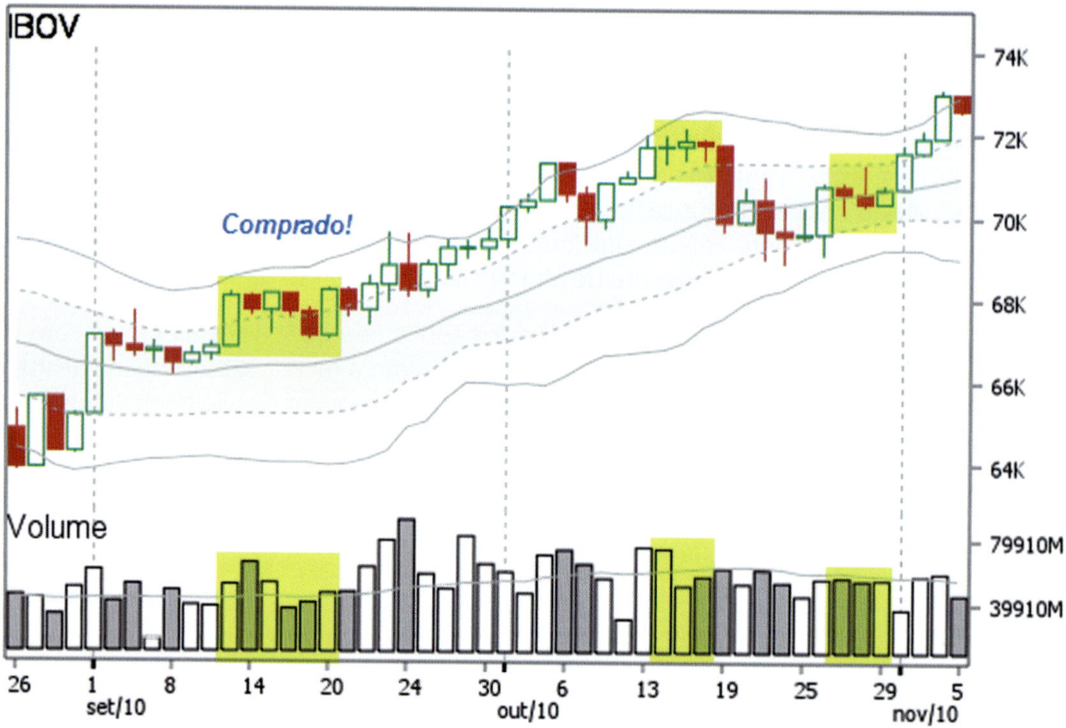
IBOV
Comprado!
Volume
74K
72K
70K
68K
66K
64K
79910M
39910M
26
1
set/10
8
14
20
24
30
out/10
6
13
19
25
29
nov/10
5

# Método de alta em 3 (ou 4!)

O pregão seguinte foi de baixa, mas limitada. No próximo pregão, o movimento de alta "engrenou" e atingiu o topo em meados de outubro. O padrão que deu início a uma posição "comprada" no índice é um padrão de continuidade da tendência. Após um forte *candle* de alta, ocorre uma correção de 3 ou mais *candles*. Um novo *candle* de alta com fechamento acima do anterior sinaliza a retomada da tendência de alta. Os *candles* de correção geralmente são 3, mas também podem ser 2 ou 4.

| Código | Ação | Part. (%) | Código | Ação | Part. (%) |
|---|---|---|---|---|---|
| VALE5 | VALE PNA N1 | 10,346 | VALE3 | VALE ON N1 | 2,733 |
| PETR4 | PETROBRAS PN ED | 10,201 | PDGR3 | PDG REALT ON ED NM | 2,491 |
| OGXP3 | OGX PETROLEO ON NM | 4,878 | ITSA4 | ITAUSA PN ES N1 | 2,015 |
| ITUB4 | ITAUUNIBANCO PN ED N1 | 4,127 | CSNA3 | SID NACIONAL ON EDJ | 1,921 |
| BVMF3 | BMFBOVESPA ON NM | 3,693 | CYRE3 | CYRELA REALT ON ED NM | 1,899 |
| BBAS3 | BRASIL ON NM | 3,105 | GFSA3 | GAFISA ON ED NM | 1,653 |
| GGBR4 | GERDAU PN N1 | 3,081 | MRVE3 | MRV ON NM | 1,496 |
| BBDC4 | BRADESCO PN N1 | 3,06 | CIEL3 | CIELO ON EB NM | 1,359 |
| PETR3 | PETROBRAS ON ED | 2,978 | MMXM3 | MMX MINER ON NM | 1,316 |
| USIM5 | USIMINAS PNA N1 | 2,841 | BRFS3 | BRF FOODS ON NM | 1,24 |

**Tabela 3.1** *Composição do Ibovespa (as 20 ações com maior participação – veja a lista completa no Apêndice I).*

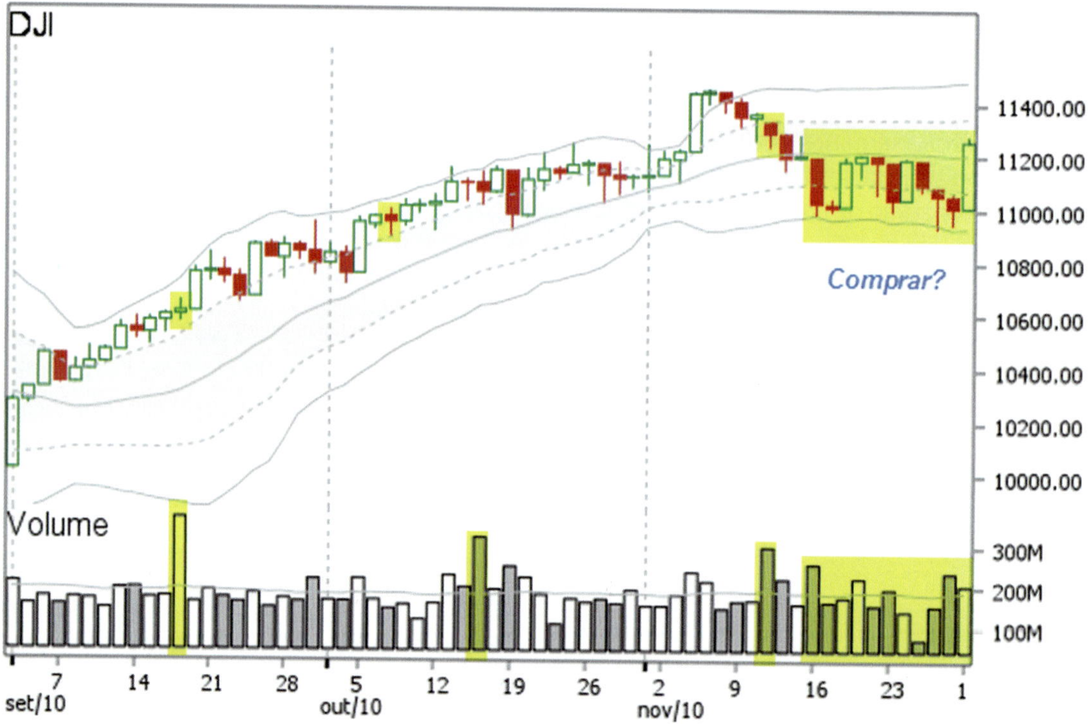
DJI
Volume
Comprar?
11400.00
11200.00
11000.00
10800.00
10600.00
10400.00
10200.00
10000.00
300M
200M
100M
7
14
21
28
5
12
19
26
2
9
16
23
1
set/10
out/10
nov/10

# Padrão de continuidade ou reversão?

O **Índice Dow Jones** fez um longo e consistente movimento de alta nos meses de setembro e outubro. Os eventuais movimentos corretivos foram contidos pelo suporte representado pela curva do desvio padrão e, algumas vezes, pela média de 20 dias. Mas nunca houve ameaça real de rompimento da média móvel. No início de novembro, depois de testar várias vezes a média, o índice fez um forte *candle* de alta e "ameaçou" retomar a alta. Na verdade, porém, o movimento precedeu uma correção mais intensa.

Depois de romper abaixo da média, o índice oscilou entre a banda inferior e a própria média. E ameaçou romper a média várias vezes, o que efetivamente só ocorreu no primeiro pregão de dezembro. Os dois últimos *candles* de alta "cercam" três *candles* de correção, e isso lembra o padrão discutido no *trade* anterior. O contexto atual, porém, é de baixa. Ainda assim, seria um padrão altista?

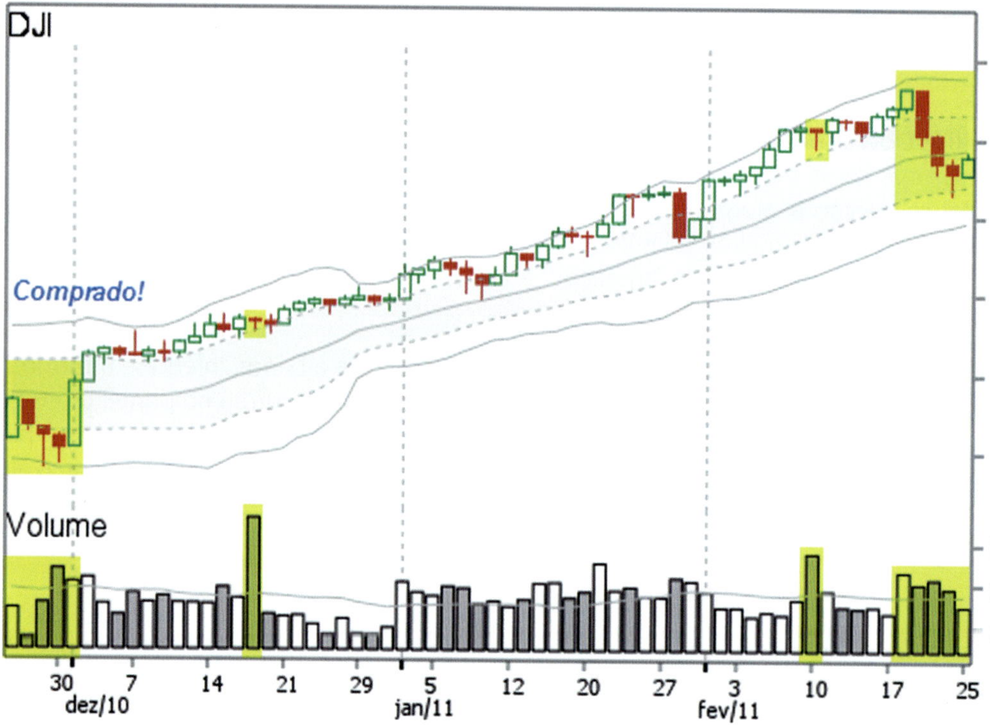
DJI
Comprado!
Volume
12500,00
12200,00
11900,00
11600,00
11300,00
11000,00
300M
200M
100M
30
7
14
21
29
5
12
20
27
3
10
17
25
dez/10
jan/11
fev/11

# O volume do Dow Jones

O **"método de 3"** mostrou que pode ser um padrão altista independente da tendência. O pregão seguinte foi de alta, e iniciou outra longa tendência – muito semelhante àquela que ocorreu nos meses de setembro e outubro. Houve novamente situações de correção, mas a média serviu como suporte e retomada da tendência. Já deu para notar a importância da barra de volume como o principal indicador para validar o movimento do preço. Porém, muitas vezes, o volume é excepcional devido a eventos específicos – como dias de vencimento de derivativos ou, no caso de uma ação, um importante leilão de compra e venda. Quando o volume for excepcional, é importante verificar se é decorrente de um fato já programado, e se já foi "precificado" pelo mercado.



| Código | Ação | Código | Ação | Código | Ação |
|---|---|---|---|---|---|
| AA | ALCOA | HD | HOME DEPOT | MRK | MERCK |
| AXP | AMERICAN EXPRESS | HPQ | HEWLETT-PACKARD | MSFT | MICROSOFT |
| BA | BOEING | IBM | IBM | PFE | PFIZER |
| BAC | BANK OF AMERICA | INTC | INTEL | PG | PROCTER & GAMBLE |
| CAT | CATERPILLAR | JNJ | JOHNSON & JOHNSON | T | AT&T |
| CSCO | CISCO SYSTEMS | JPM | JP MORGAN CHASE | TRV | THE TRAVELERS |
| CVX | CHEVRON | KFT | KRAFT FOODS | UTX | UNITED TECHNOLOGIES |
| DD | DU PONT | KO | COCA-COLA | VZ | VERIZON |
| DIS | WALT DISNEY | MCD | MCDONALD'S | WMT | WAL-MART STORES |
| GE | GENERAL ELECTRIC | MMM | 3M | XOM | EXXON MOBIL |

**Tabela 3.2** *Composição do Dow Jones.*

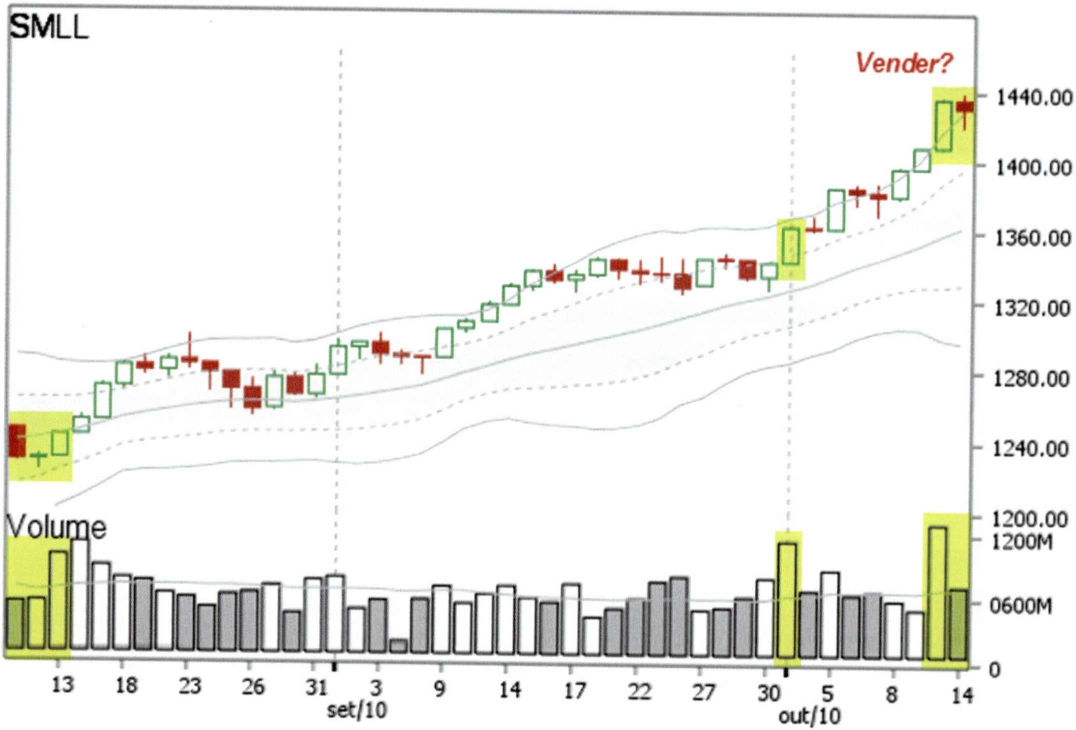
SMLL
Vender?
1440.00
1400.00
1360.00
1320.00
1280.00
1240.00
1200.00
Volume
1200M
0600M
0
13
18
23
26
31
3
9
14
17
22
27
30
5
8
14
set/10
out/10

# "Grávida de baixa" sem confirmação

Em agosto, o **Índice SMLL** (setor *small caps* – pequenas empresas) rompeu a sua média e iniciou um longo movimento altista. Atingiu por diversas vezes a banda superior, mas a corrigiu em vez de "cavalgá-la". O índice apresentou volumes destacados logo no início da tendência, e, ainda, no início de outubro, quando parece que renovou as suas forças e voltou a subir com vigor.

A última empreitada dos compradores "cavalgou" a banda superior, e, logo ao ameaçar uma correção, voltou a subir com mais força ainda. O último *candle* de alta extrapolou a banda superior com volume excepcional, mas, depois, os vendedores impediram a continuidade da "estocada" compradora. Formou uma **"grávida de baixa"**, figura de "reversão da alta", que "exige" uma confirmação. Porém, em função do contexto (a alta está muito esticada), vale antecipar uma venda?

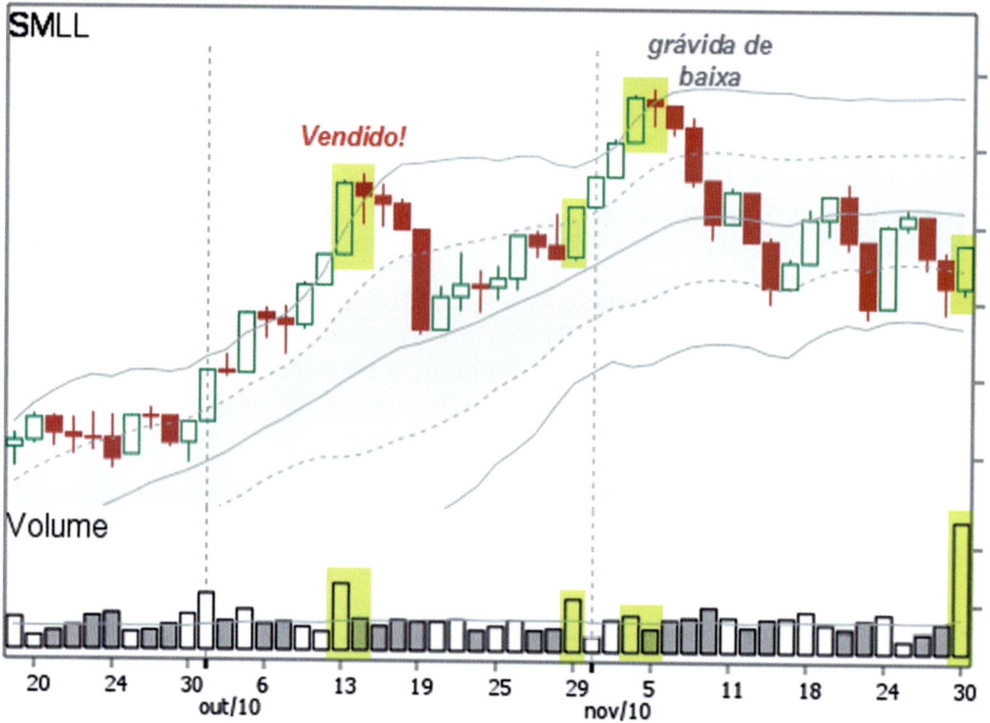
SMLL
grávida de baixa
Vendido!
1480.00
1450.00
1420.00
1390.00
1360.00
1330.00
Volume
19910M
9910M
20 24 30 6 13 19 25 29 5 11 18 24 30
out/10
nov/10

# Apenas uma correção

O índice SMLL recuou até a média, quando os compradores reagiram e levaram o índice a uma nova alta. Depois ocorreu um padrão muito semelhante ao topo anterior (**"grávida de baixa"**), e, novamente, reverteu em uma tendência de baixa – desta vez com maior ímpeto, chegando na proximidade da banda inferior.

| Código | Ação | Part. (%) |
|---|---|---|
| HGTX3 | CIA HERING ON ED NM | 4,421 |
| AEDU3 | ANHANGUERA ON ED NM | 4,329 |
| GFSA3 | GAFISA ON ED NM | 4,166 |
| RENT3 | LOCALIZA ON ED NM | 3,592 |
| MRFG3 | MARFRIG ON NM | 3,299 |
| TOTS3 | TOTVS ON NM | 3,199 |
| KLBN4 | KLABIN S/A PN N1 | 2,89 |
| LIGT3 | LIGHT S/A ON ED NM | 2,694 |
| BRPR3 | BR PROPERT ON ED NM | 2,556 |
| TAMM4 | TAM S/A PN N2 | 2,522 |
| RSID3 | ROSSI RESID ON ED NM | 2,501 |
| MULT3 | MULTIPLAN ON ED N2 | 2,32 |
| SULA11 | SUL AMERICA UNT N2 | 2,241 |
| ODPV3 | ODONTOPREV ON NM | 2,228 |
| GOLL4 | GOL PN N2 | 2,155 |
| OHLB3 | OHL BRASIL ON ED NM | 1,917 |
| BISA3 | BROOKFIELD ON ED NM | 1,836 |
| POMO4 | MARCOPOLO PN N2 | 1,825 |
| LPSB3 | LOPES BRASIL ON ED NM | 1,798 |
| PMAM3 | PARANAPANEMA ON ED N1 | 1,66 |

Tabela 3.3 *Composição do SMLL (20 ações com maior participação).*

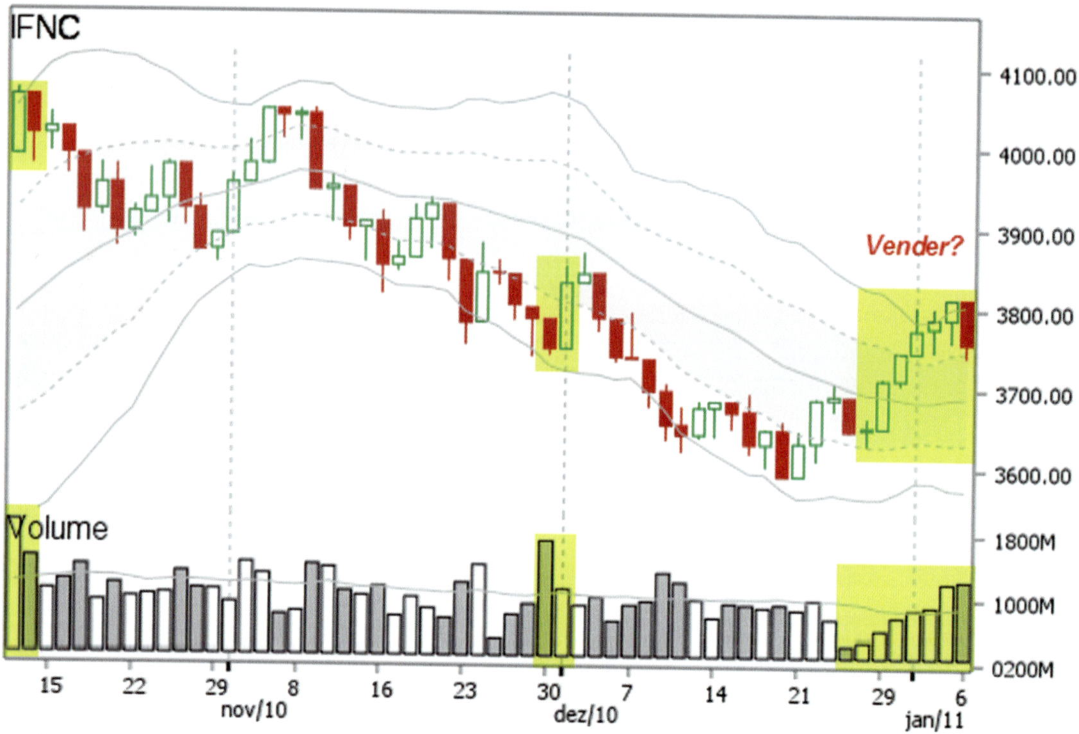
IFNC
Vender?
4100.00
4000.00
3900.00
3800.00
3700.00
3600.00
Volume
1800M
1000M
0200M
15
22
29
8
16
23
30
7
14
21
29
6
nov/10
dez/10
jan/11

# Tendência de baixa

O **Índice IFNC** (setor financeiro) apresenta um viés baixista, e uma evidência é o grande número de *candles* e barras (volume) de baixa. Podemos observar também um ponto inicial de máximo, com uma formação tipo "grávida de baixa". O segundo topo abaixo do primeiro é uma sinalização de maior presença vendedora. Finalmente, o movimento de baixa é caracterizado pela presença dos *candles* abaixo da média, oscilando entre essa e a banda inferior.

Recentemente, após uma recuperação, o índice chegou até a banda superior. O volume acompanhou a reação compradora, mas sem ser nada de excepcional. O último *candle* reflete um forte movimento de baixa e com bom volume. Com isso, formou a figura de reversão "**envolvente de baixa**". Os três pregões anteriores também demonstram uma presença vendedora.

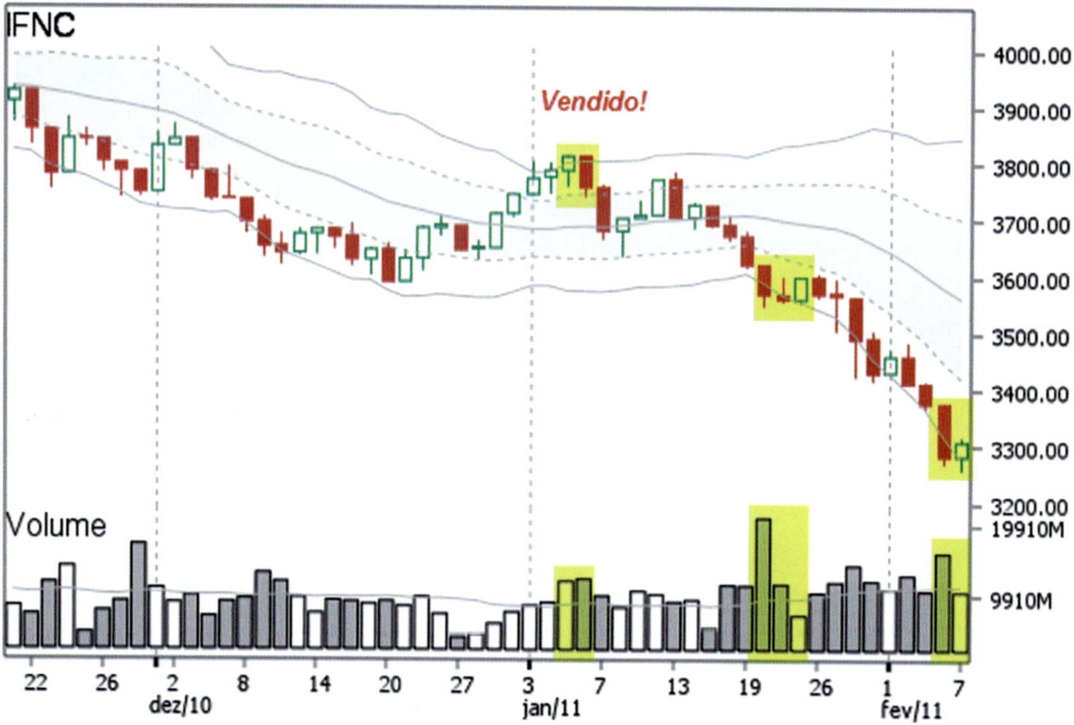
IFNC
Vendido!
Volume
4000.00
3900.00
3800.00
3700.00
3600.00
3500.00
3400.00
3300.00
3200.00
19910M
9910M
22
26
2
dez/10
8
14
20
27
3
jan/11
7
13
19
26
1
fev/11
7

# Correção menor

O índice voltou a cair com força no pregão seguinte, recuperou-se (ou corrigiu?) até o primeiro desvio, mas um novo *candle* de baixa (método de baixa em 3?) empurrou o índice para uma forte tendência de baixa. A reação compradora que antecipou o ponto de entrada no *trade* de venda não passou de uma pequena e rápida correção da tendência principal, que é de baixa.

| Código | Ação | Part. (%) |
|---|---|---|
| ITUB4 | ITAUUNIBANCO PN ED N1 | 18,491 |
| BBDC4 | BRADESCO PN N1 | 15,42 |
| ITSA4 | ITAUSA PN ES N1 | 13,516 |
| BBAS3 | BRASIL ON NM | 12,592 |
| BVMF3 | BMFBOVESPA ON NM | 11,536 |
| SANB11 | SANTANDER BR UNT N2 | 6,258 |
| BBDC3 | BRADESCO ON N1 | 4,58 |
| CIEL3 | CIELO ON EB NM | 4,197 |
| RDCD3 | REDECARD ON ED NM | 3,815 |

| Código | Ação | Part. (%) |
|---|---|---|
| CTIP3 | CETIP ON NM | 3,216 |
| BRSR6 | BANRISUL PNB ED N1 | 1,637 |
| ITUB3 | ITAUUNIBANCO ON ED N1 | 1,509 |
| PSSA3 | PORTO SEGURO ON NM | 1,296 |
| SULA11 | SUL AMERICA UNT N2 | 1,073 |
| BICB4 | BICBANCO PN N1 | 0,388 |
| ABCB4 | ABC BRASIL PN N2 | 0,299 |
| BPNM4 | PANAMERICANO PN N1 | 0,176 |

Tabela 3.4 *Composição do IFNC.*

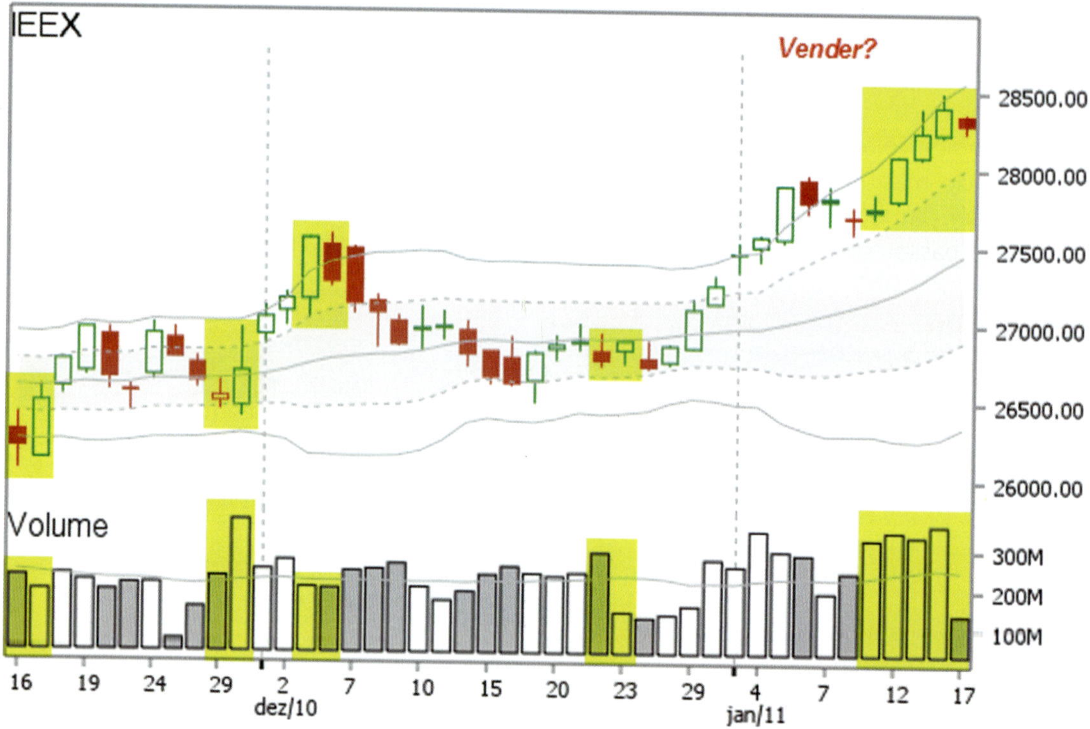
IEEX
Vender?
28500.00
28000.00
27500.00
27000.00
26500.00
26000.00
Volume
300M
200M
100M
16
19
24
29
2
dez/10
7
10
15
20
23
29
4
jan/11
7
12
17

# *Gap* no índice

O **Índice IEEX** (setor elétrico) saiu da banda inferior ("envolvente de alta") em meados de novembro, para desenvolver uma tendência de alta cheia de "percalços" pelo caminho. Esse índice difere dos demais por apresentar *gaps* entre os seus *candles*, e, por isso, os padrões ficam muito mais semelhantes aos padrões das ações. Foi depois de um *gap* no início de janeiro que o índice voltou a subir e a "ultrapassar" o topo anterior no início de dezembro.

Após quatro pregões de muito volume e uma sequência de *candles* de alta, surge um *candle* de baixa (mas o volume é bem reduzido). Com o *candle* de alta anterior, ele formou o padrão **"grávida de baixa"**, que é um alerta de reversão da alta. Talvez o movimento do preço não tenha correspondido ao volume expressivo. Sinal de falta de compradores?

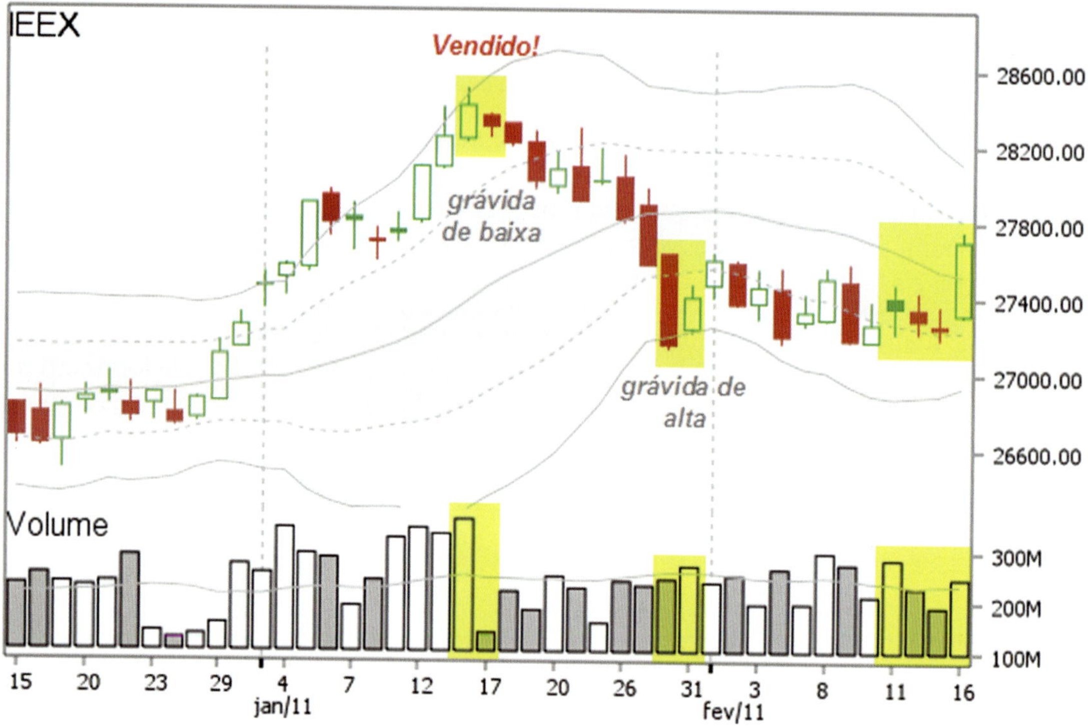
IEEX
Vendido!
grávida
de baixa
grávida de
alta
Volume
28600.00
28200.00
27800.00
27400.00
27000.00
26600.00
300M
200M
100M
15 20 23 29 4 7 12 17 20 26 31 3 8 11 16
jan/11
fev/11

# Reversão da tendência

A **"mulher grávida"** foi confirmada com a reversão da tendência. O movimento de baixa "passou batido" pela média e pisou fundo até a banda inferior. Então surgiu uma nova **"grávida"** – dessa vez **de alta**, porém, sem surtir o efeito desejado. As "grávidas" são figuras "frágeis", que não dependem de si mesmas; elas precisam da ajuda dos "outros" para produzir o efeito desejado, ou seja, a reversão de uma tendência.

| Código | Ação | Part. (%) |
|---|---|---|
| TRPL4 | TRAN PAULIST PN EDS N1 | 6,891 |
| CLSC6 | CELESC PNB N2 | 6,875 |
| MPXE3 | MPX ENERGIA ON NM | 6,715 |
| LIGT3 | LIGHT S/A ON ED NM | 6,701 |
| ENBR3 | ENERGIAS BR ON NM | 6,692 |
| GETI4 | AES TIETE PN ED | 6,688 |
| TBLE3 | TRACTEBEL ON ED NM | 6,661 |
| ELET3 | ELETROBRAS ON N1 | 6,618 |
| CPLE6 | COPEL PNB EDJ N1 | 6,602 |
| CMIG4 | CEMIG PN ED N1 | 6,6 |
| CESP6 | CESP PNB N1 | 6,598 |
| CPFE3 | CPFL ENERGIA ON NM | 6,577 |
| ELPL4 | ELETROPAULO PN ED N2 | 6,57 |
| COCE5 | COELCE PNA ED | 6,552 |
| EQTL3 | EQUATORIAL ON ED NM | 4,19 |
| RDTR3 | REDENTOR ON ED NM | 2,471 |

**Tabela 3.5** *Composição do IEEX.*

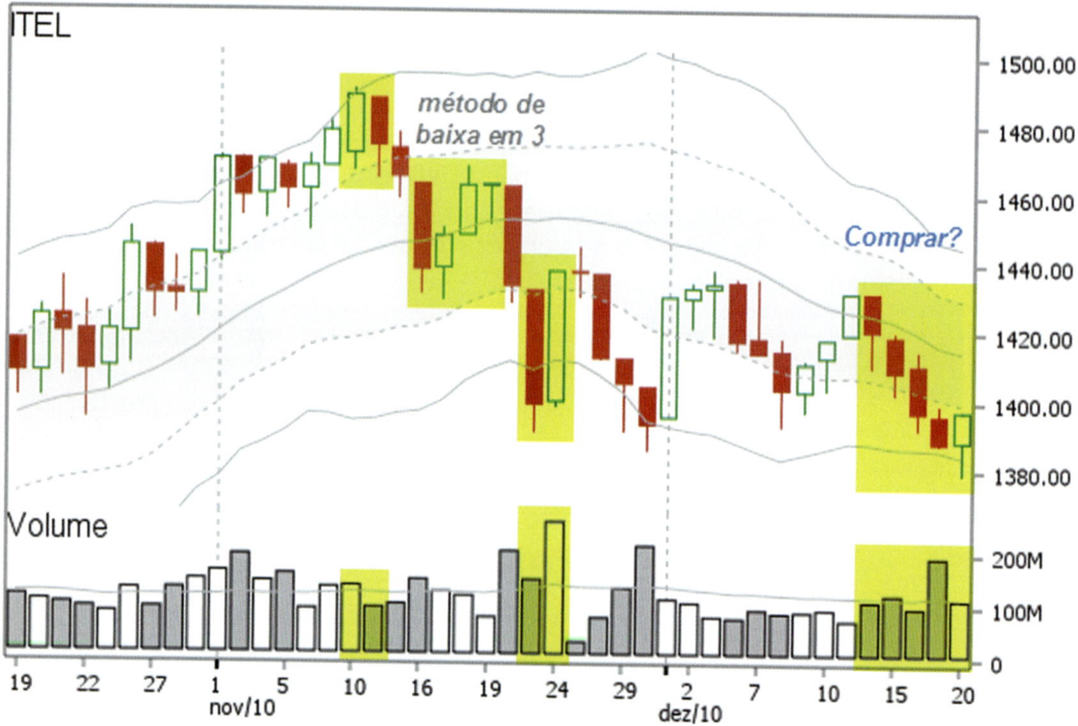
ITEL
método de
baixa em 3
Comprar?
1500.00
1480.00
1460.00
1440.00
1420.00
1400.00
1380.00
Volume
200M
100M
0
19
22
27
1
nov/10
5
10
16
19
24
29
2
dez/10
7
10
15
20

# Método de baixa em 3

Depois de um movimento de alta até meados de novembro, o **Índice ITEL** (setor de telecomunicações) reverteu a tendência para baixo. A "briga" na proximidade da média produziu o padrão *candlestick* de continuidade da tendência, **método de baixa em 3**. Um *candle* de baixa, três *candles* de correção e finalmente um novo *candle* de baixa, com fechamento abaixo do primeiro *candle* da figura. O padrão funcionou, mas de uma maneira um pouco limitada.

O índice vem "ziguezagueando" entre as bandas inferior e média (viés baixista), sem conseguir romper efetivamente acima da média. Por outro lado, a banda inferior tem funcionado muito bem como uma referência de suporte e reação compradora. É o que ocorre nesse momento. Depois de quatro pregões em queda, os compradores reagem novamente na proximidade da banda inferior.

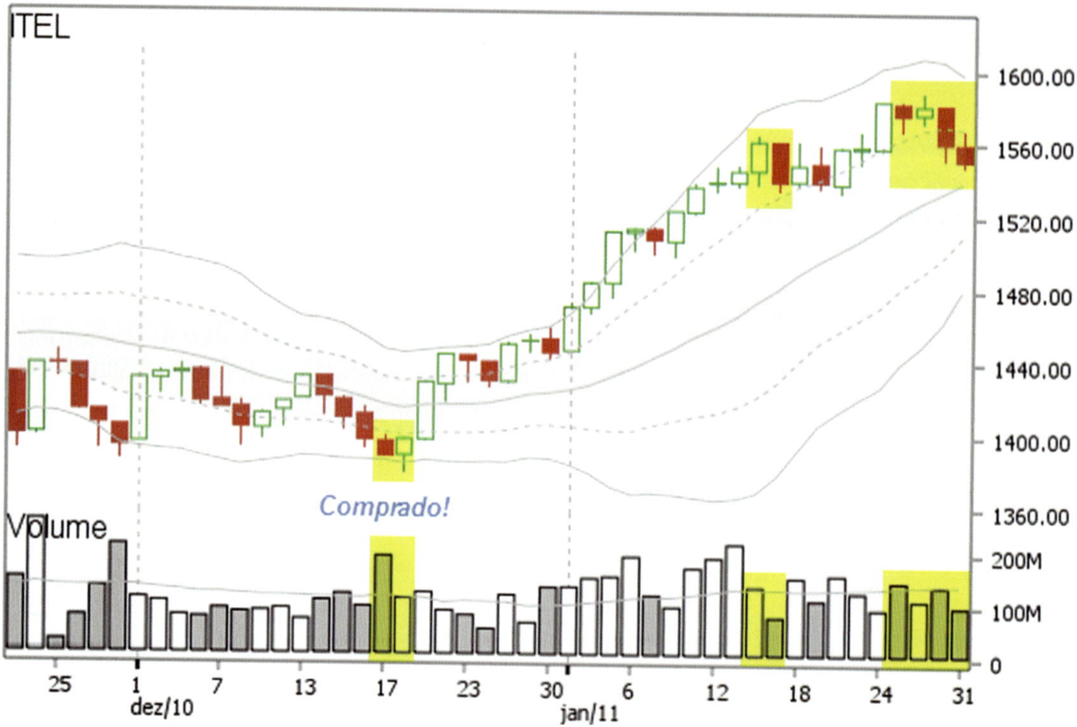
ITEL
Comprado!
Volume
1600.00
1560.00
1520.00
1480.00
1440.00
1400.00
1360.00
200M
100M
0
25
1
dez/10
7
13
17
23
30
jan/11
6
12
18
24
31

# Bingo 3!

O pregão seguinte fechou acima da média e iniciou uma forte tendência de alta "amparada" pelo primeiro suporte que é a curva do primeiro desvio padrão. Porém, mais adiante, ao se aproximar novamente da curva, acabou cedendo. Agora resta a defesa do suporte representada pela média de 20 dias.

| Código | Ação | Part. (%) |
|---|---|---|
| VIVO4 | VIVO PN | 20 |
| BRTO4 | BRASIL TELEC PN ED | 16,866 |
| TNLP4 | TELEMAR PN ED | 15,296 |
| TCSL4 | TIM PART S/A PN | 14,738 |
| TMAR5 | TELEMAR N L PNA ED | 7,36 |
| TLPP4 | TELESP PN | 7,225 |

| Código | Ação | Part. (%) |
|---|---|---|
| TCSL3 | TIM PART S/A ON | 5,262 |
| TNLP3 | TELEMAR ON ED | 4,704 |
| TLPP3 | TELESP ON | 4,428 |
| BRTO3 | BRASIL TELEC ON ED | 3,134 |
| MLFT4 | JEREISSATI PN | 0,881 |
| INET3 | INEPAR TEL ON | 0,106 |

**Tabela 3.6** *Composição do ITEL.*

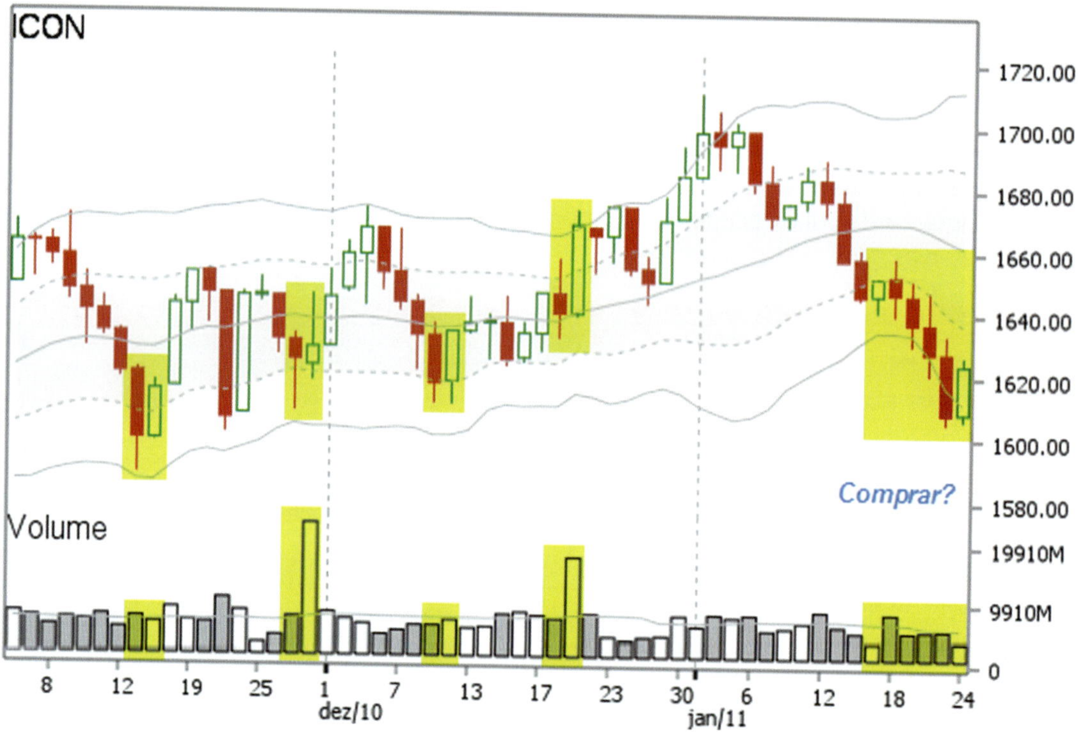
ICON
1720.00
1700.00
1680.00
1660.00
1640.00
1620.00
1600.00
1580.00
Comprar?
Volume
19910M
9910M
0
8
12
19
25
1
dez/10
7
13
17
23
30
jan/11
6
12
18
24

# Volume de feriado

Depois de se aproximar da banda inferior (referência de mínimos), o **Índice ICON** (setor de consumo) iniciou uma tendência de alta, com vários "ziguezagues", mas com "fundos" e topos ascendentes – uma característica importante de uma tendência de alta. Observe a presença de volumes expressivos nos movimentos mais importantes do preço.

O último *candle* ocorre em uma véspera de feriado (aniversário da cidade de São Paulo), mas os *traders* e investidores emendaram o feriado. O volume foi muito reduzido. É um *candle* de alta, após uma longa sequência de *candles* de baixa. Se você olhar só o preço e o contexto em que aparece (na banda inferior), vale uma aposta na compra. Mas e o volume, importa?

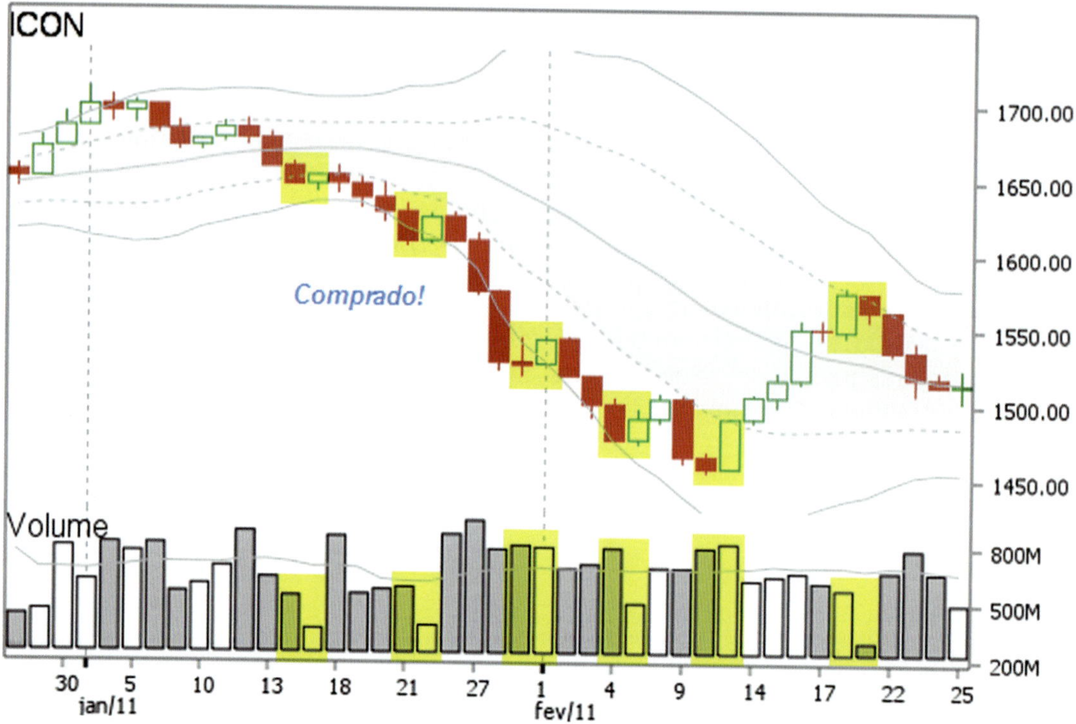
ICON
Comprado!
Volume
1700.00
1650.00
1600.00
1550.00
1500.00
1450.00
800M
500M
200M
30
5
10
13
18
21
27
1
4
9
14
17
22
25
jan/11
fev/11

# Desconfie do baixo volume

O volume importa, e muito! A ausência de liquidez favorece movimentos rápidos, mas inconsistentes. É claro que o preço precede qualquer outro indicador, inclusive o volume. Mas procure por operações nas quais a indicação do volume favoreça a compreensão do movimento do preço – seja a favor ou contra. Observe que mais adiante, mesmo com o volume compatível com o movimento do preço, a maior pressão vendedora prevaleceu. O volume deve sempre adicionar, caso subtraia, procure outras oportunidades.

| Código | Ação | Part. (%) |
|---|---|---|
| AMBV4 | AMBEV PN ES | 16,964 |
| BRFS3 | BRF FOODS ON NM | 12,931 |
| PCAR4 | P. ACUCAR-CBD PN N1 | 5,884 |
| HYPE3 | HYPERMARCAS ON ED NM | 5,697 |
| NATU3 | NATURA ON NM | 5,59 |
| LREN3 | LOJAS RENNER ON NM | 5,242 |
| CRUZ3 | SOUZA CRUZ ON | 4,948 |
| DASA3 | DASA ON NM | 4,729 |
| JBSS3 | JBS ON NM | 4,342 |
| HGTX3 | CIA HERING ON ED NM | 3,141 |

| Código | Ação | Part. (%) |
|---|---|---|
| AEDU3 | ANHANGUERA ON ED NM | 3,076 |
| AMBV3 | AMBEV ON ES | 3,036 |
| LAME4 | LOJAS AMERIC PN | 2,636 |
| RENT3 | LOCALIZA ON ED NM | 2,552 |
| MRFG3 | MARFRIG ON NM | 2,344 |
| CSAN3 | COSAN ON NM | 1,915 |
| ODPV3 | ODONTOPREV ON NM | 1,583 |
| AMIL3 | AMIL ON NM | 1,581 |
| ESTC3 | ESTACIO PART ON ED NM | 1,073 |
| ALPA4 | ALPARGATAS PN N1 | 1,062 |

**Tabela 3.7** *Composição do ICON (20 ações com maior participação).*

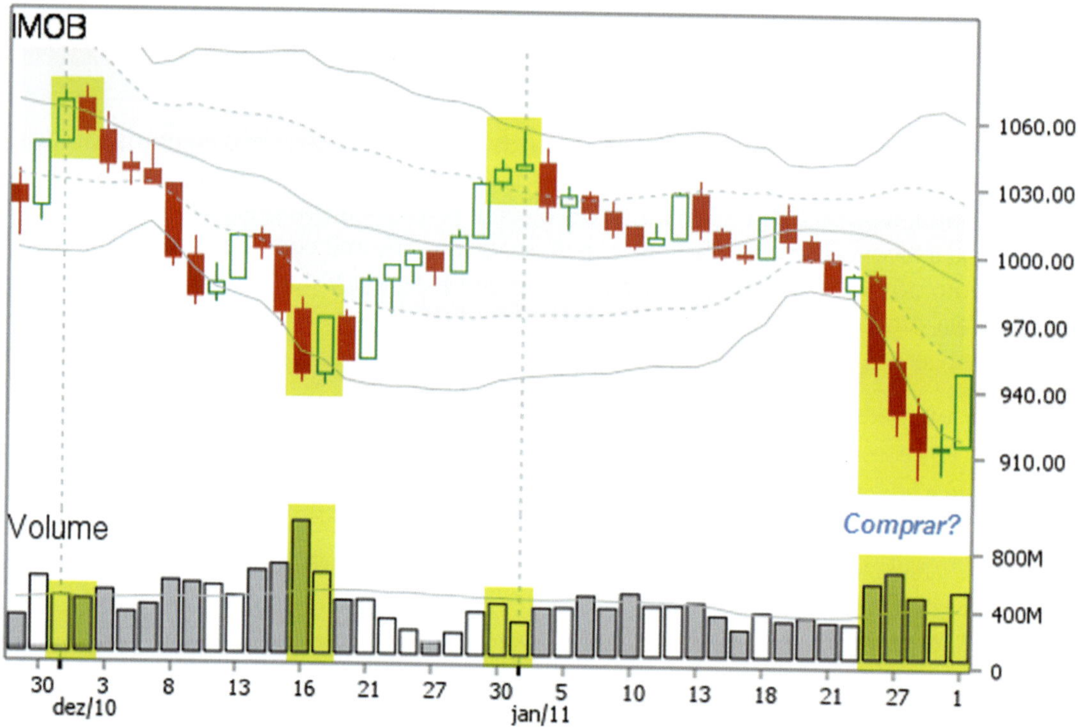
IMOB
1060.00
1030.00
1000.00
970.00
940.00
910.00
Volume
Comprar?
800M
400M
0
30
dez/10
3
8
13
16
21
27
30
jan/11
5
10
13
18
21
27
1

# Além da banda inferior

O **Índice IMOB** (setor imobiliário) iniciou o mês de dezembro com um padrão de reversão da alta ("envolvente de baixa"). O fato de ocorrer na média e não na banda superior, não é necessariamente uma indicação menor. Como podemos observar no gráfico, a tendência de baixa foi prolongada. Os compradores reagiram no segundo teste da banda inferior, e a nova "perna" de alta levou o índice até a banda superior, sem escalas na média. Fez um topo inferior ao anterior, e reforçou a presença vendedora.

Após uma "escala na média", o preço precipitou-se além da banda inferior. Literalmente, abriu as bandas com muita força vendedora e acompanhada de forte volume. Então apareceu um *doji* (com pouco volume) e depois um **marubozu de alta** (com maior volume). Somando os dois últimos *candles* (e um pouco do último de baixa), temos uma "estrela da manhã" (figura de reversão).

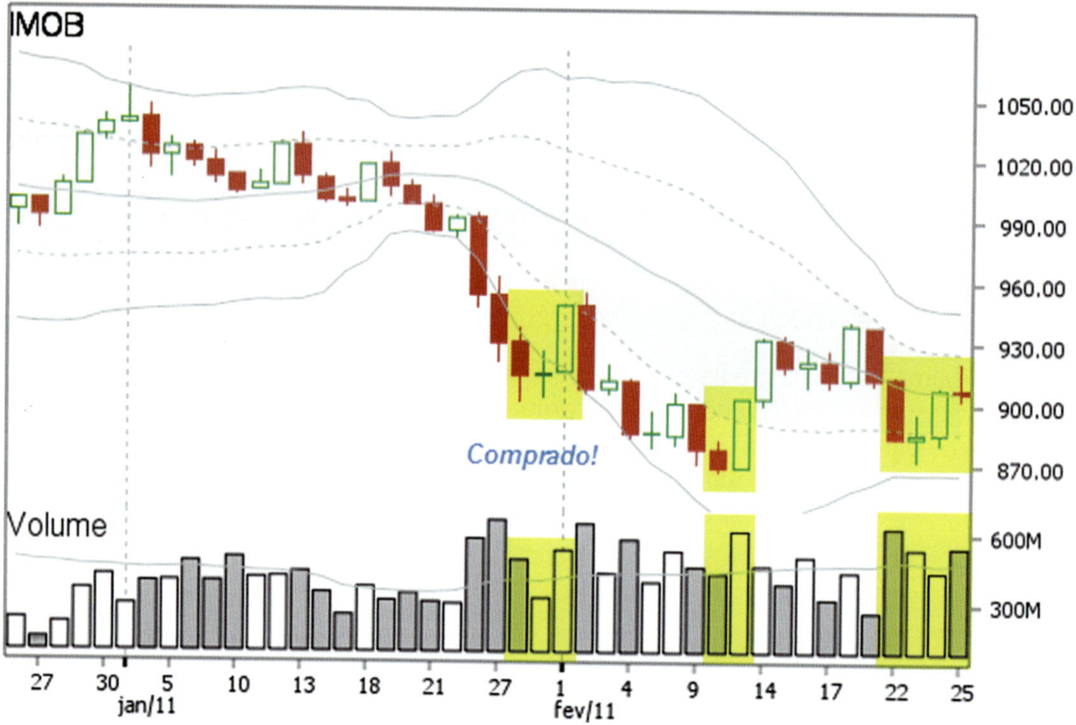
IMOB
1050.00
1020.00
990.00
960.00
930.00
900.00
870.00
Comprado!
Volume
600M
300M
27
30
jan/11
5
10
13
18
21
27
1
fev/11
4
9
14
17
22
25

# Surpresa desagradável

O *candle* seguinte já diz tudo. Os vendedores continuam bem vivos. Mas a aposta foi válida, apesar da perda. Ficou claro, já no dia seguinte (quanto antes, melhor), que foi uma aposta errada. Não dá para saber antes, então tem que tentar! O importante é não demorar demais para descobrir que foi uma aposta "furada"!

| Código | Ação | Part. (%) | Código | Ação | Part. (%) |
|---|---|---|---|---|---|
| PDGR3 | PDG REALT ON ED NM | 20 | LPSB3 | LOPES BRASIL ON ED NM | 3,718 |
| BRML3 | BR MALLS PAR ON ED NM | 13,412 | IGTA3 | IGUATEMI ON ED NM | 3,186 |
| CYRE3 | CYRELA REALT ON ED NM | 9,932 | EVEN3 | EVEN ON ED NM | 3,083 |
| MRVE3 | MRV ON NM | 8,983 | TCSA3 | TECNISA ON ED NM | 2,535 |
| GFSA3 | GAFISA ON ED NM | 8,614 | ALSC3 | ALIANSCE ON ED NM | 2,295 |
| BRPR3 | BR PROPERT ON ED NM | 5,285 | BBRK3 | BR BROKERS ON ED NM | 2,264 |
| RSID3 | ROSSI RESID ON ED NM | 5,172 | EZTC3 | EZTEC ON ED NM | 1,395 |
| MULT3 | MULTIPLAN ON ED N2 | 4,797 | INPR3 | INPAR S/A ON NM | 0,841 |
| BISA3 | BROOKFIELD ON ED NM | 3,796 | JHSF3 | JHSF PART ON ED NM | 0,692 |

**Tabela 3.8** *Composição do IMOB.*

# Capítulo 4

## Stop de Compra ou Venda, Stop Loss, Stop Gain

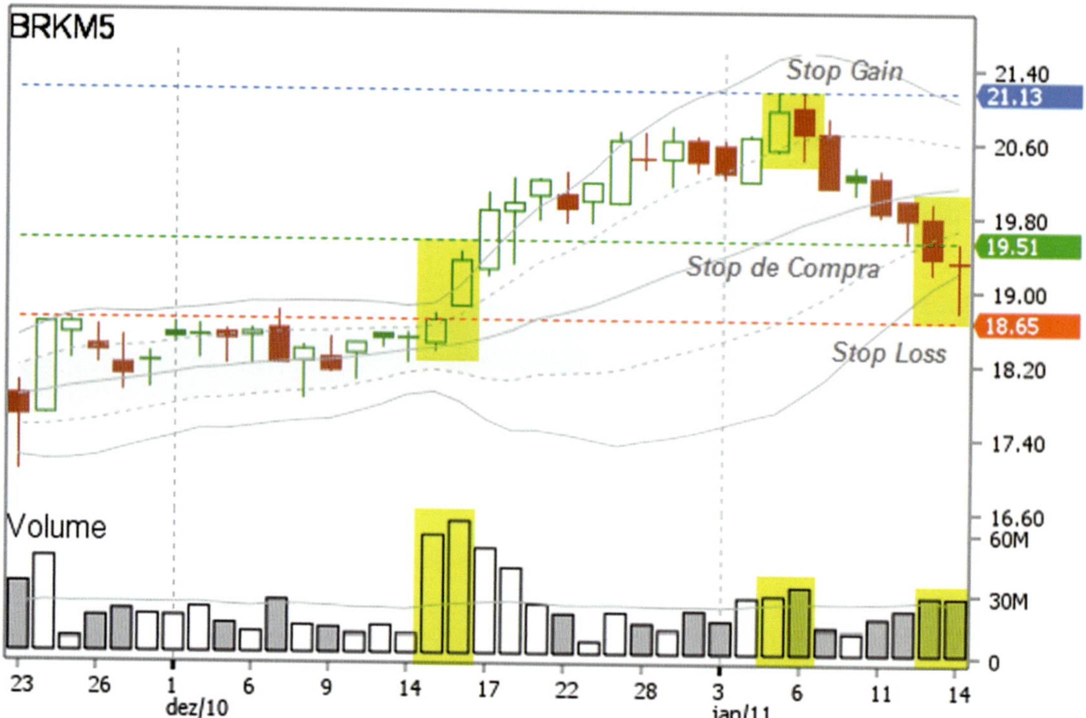
BRKM5
Stop Gain
Stop de Compra
Stop Loss
21.40
21.13
20.60
19.80
19.51
19.00
18.65
18.20
17.40
16.60
Volume
60M
30M
0
23
26
1
dez/10
6
9
14
17
22
28
3
jan/11
6
11
14

# Stop!

BRKM5 abriu as bandas em meados de dezembro (acompanhado de volume excepcional) e iniciou um forte movimento de alta. No início de janeiro, um padrão **"grávida de baixa"** iniciou um movimento de baixa que atingiu a banda inferior em poucos dias. A banda inferior foi perfurada no movimento "intradiário", mas os compradores reagiram. Então, formou a figura ***doji***, que, depois de uma sequência de *candles* de baixa, sugere uma forte reação compradora. Vale uma aposta na compra?

A partir de 2011, as minhas recomendações são acompanhadas de pontos específicos (preços) de entrada e saída. Não existe uma regra única para definir os valores de cada *stop*, pois dependem de contextos específicos e também do perfil de cada investidor. Entenda as definições a seguir e descubra as regras que utilizei para definir os meus *stops*.

***Stop* de compra** (ou "gatilho" de compra) é o nível de preço que "dispara" uma ordem de compra. ***Stop loss*** e ***stop gain*** são níveis de preço que "disparam" uma ordem de venda ("zeragem" da posição comprada).

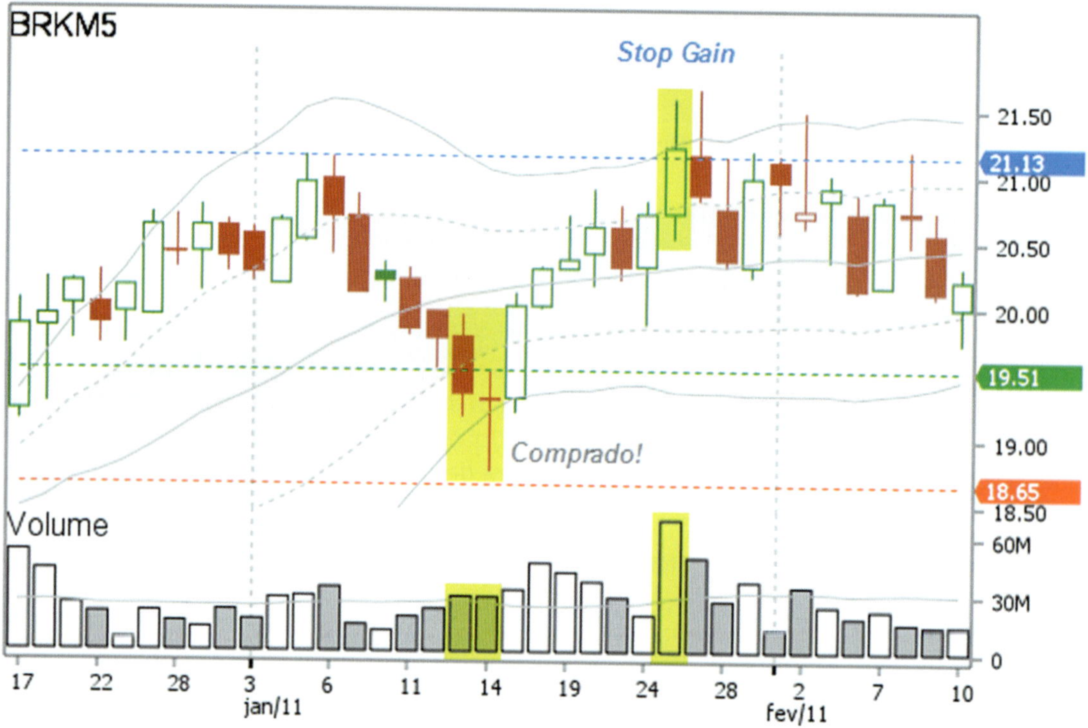
BRKM5
Stop Gain
Comprado!
Volume
21.50
21.13
21.00
20.50
20.00
19.51
19.00
18.65
18.50
60M
30M
0
17
22
28
3
jan/11
6
11
14
19
24
28
2
fev/11
7
10

# *Stop gain!*

O **gatilho de compra** (máxima anterior) foi disparado já no pregão seguinte. Depois de três pregões de alta, ocorre o primeiro fechamento em baixa, mas ainda acima da média. O próximo pregão mostrou reação compradora, apesar da forte queda no "intradiário" (como é bom olhar o gráfico estático só depois do fechamento!). A reação teve continuidade, e o *candle* seguinte atingiu o *stop gain*! Uma operação com um final (predeterminado) feliz.

## » Algumas regras

O ***stop* de compra** foi determinado pela "máxima" do dia anterior – essa "máxima" representa um nível de resistência. O rompimento desse nível significa maior força compradora. O ***stop loss*** foi definido pela mínima do dia anterior e também pela reta de suporte, que, rompida, significaria continuidade da queda. O ***stop gain*** é o nível do topo mais recente e também um nível de resistência em que é provável uma maior pressão vendedora. As regras fazem sentido para você?

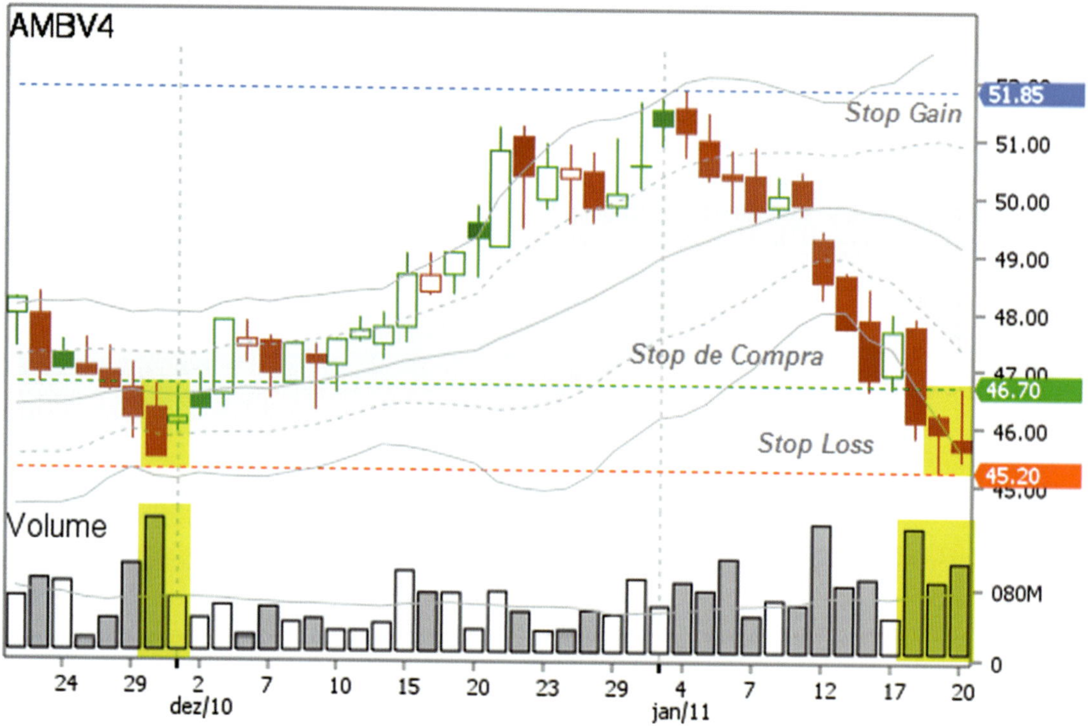
AMBV4
Stop Gain
51.85
Stop de Compra
46.70
Stop Loss
45.20
51.00
50.00
49.00
48.00
46.00
Volume
080M
0
24
29
2
dez/10
7
10
15
20
23
29
4
jan/11
7
12
17
20

# Construção e desconstrução

AMBV4 construiu um belo dezembro, porém, desconstruiu tudo em janeiro. Dá para ver que construir demora bastante, já a destruição é bem rápida. Agora temos uma referência de suporte, pois voltamos ao nível do fundo anterior. Mas isso é o suficiente para apostar em uma compra? Claro que não.

O papel rompeu abaixo da sua média, com muita força (*gap*) e volume. Recentemente, após uma reação compradora (chegou a formar uma "grávida de alta"), um forte *candle* de baixa com um volume bem acima da média tornou o viés mais negativo. Na proximidade do suporte, porém, surgiram dois *candles* (embora de baixa) que sinalizam a defesa do suporte. Vale uma aposta na compra?

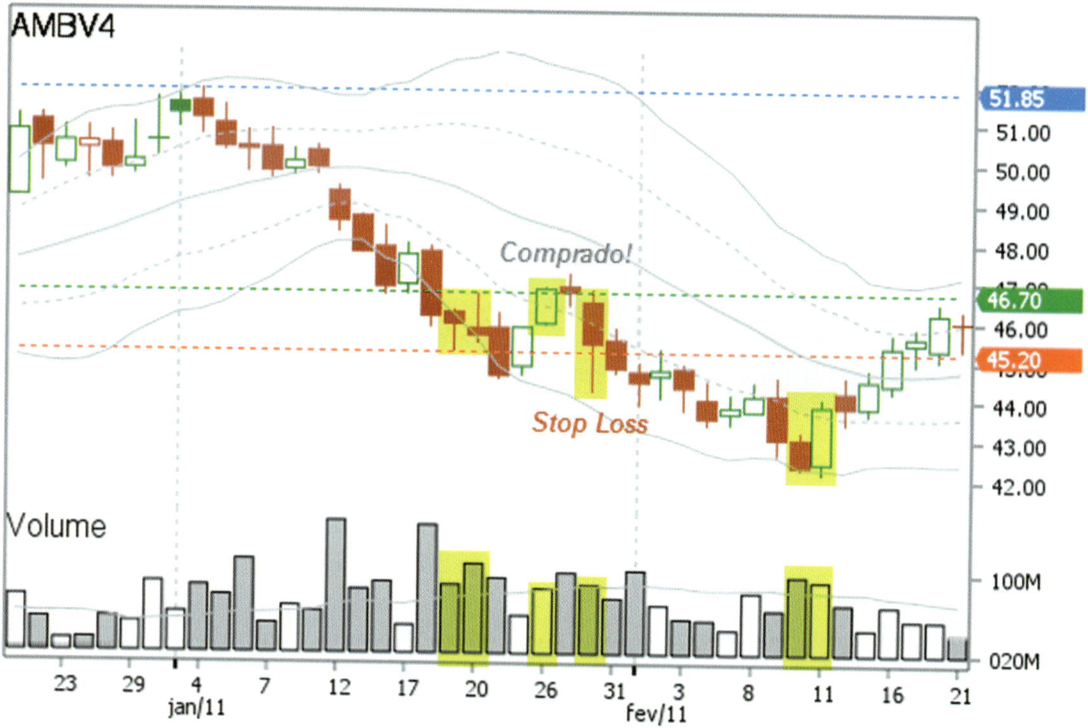
AMBV4
Comprado!
Stop Loss
Volume
51.85
51.00
50.00
49.00
48.00
46.70
46.00
45.20
44.00
43.00
42.00
100M
020M
23
29
4
jan/11
7
12
17
20
26
31
3
fev/11
8
11
16
21

# *Stop loss!*

O *candle* seguinte foi novamente de baixa, e, dessa vez, bastante diferente dos dois anteriores. Fechou na mínima, bem abaixo do nível de suporte. Teoricamente, o suporte foi rompido. Mas o pregão seguinte foi de reação compradora (embora com volume reduzido) e voltou a fechar acima do suporte. Na prática, podemos avaliar que a briga pela defesa do suporte continuou, assim, pareceu lógico manter a operação. No pregão seguinte, a ordem de compra foi disparada, mas, após um *doji*, seguiu um novo *candle* de baixa. Agora, já posicionado na compra, disparou a ordem de *stop loss*.



## » Mude de opinião

Este exemplo mostra que temos um viés natural para justificar uma posição assumida. A nossa percepção tende a ver os fatos de uma forma distorcida, que reforça o nosso ponto de vista. Isso impede de desistir ou mudar facilmente de opinião. Mas, se por algum motivo, mudamos de opinião (e nos sujeitamos a reconhecer que erramos), então é para "sempre" – fica muito difícil mudar de novo. Você vai ficar com a fama de volátil (não tem confiança em si mesmo). Só que no mercado isso não funciona. Neste exemplo, um pouco adiante, o papel voltou a sinalizar compra, mas eu não quis mudar de opinião. Perdi uma grande oportunidade...

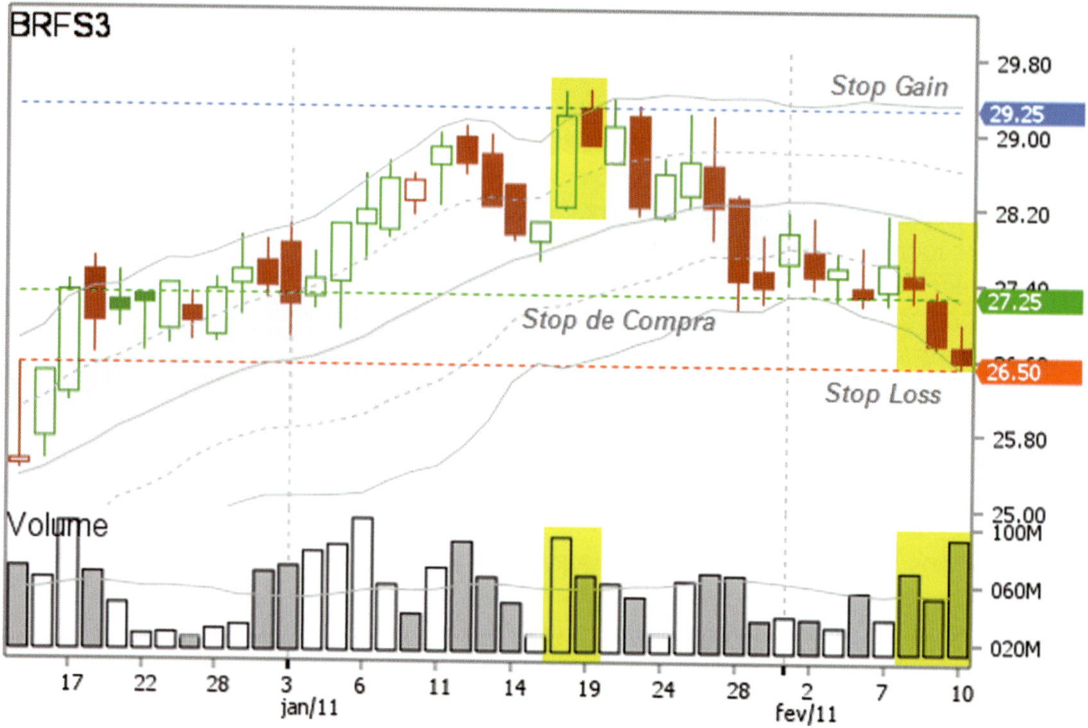
BRFS3
Stop Gain
29.25
Stop de Compra
27.25
Stop Loss
26.50
Volume
29.80
29.00
28.20
25.80
25.00
100M
060M
020M
17
22
28
3
jan/11
6
11
14
19
24
28
2
fev/11
7
10

# Três *candles* de baixa?

BRFS3 desenvolveu um movimento de alta até meados de janeiro. Um "repentino" e expressivo movimento de preço e volume antecipou a reversão do movimento. Movimentos "bruscos" frequentemente alertam para uma reversão da tendência, especialmente quando não há continuidade; é uma espécie de "fogo de palha", consome rapidamente. Depois do preço "tocar" na banda inferior, ficou "grudado" nela – não rompeu, mas também não reverteu.

Os últimos três *candles* são de baixa. O primeiro tem um corpo pequeno, volume acima da média e indica forte presença compradora. O segundo abriu com *gap* de baixa rompeu um suporte e fechou na mínima, com expressivo corpo de baixa. Mas o volume recuou. O terceiro tem novamente um corpo pequeno, mas o volume aumentou substancialmente. Também tem uma sombra superior destacada – que é uma indicação de maior presença compradora. Vale uma aposta na compra?

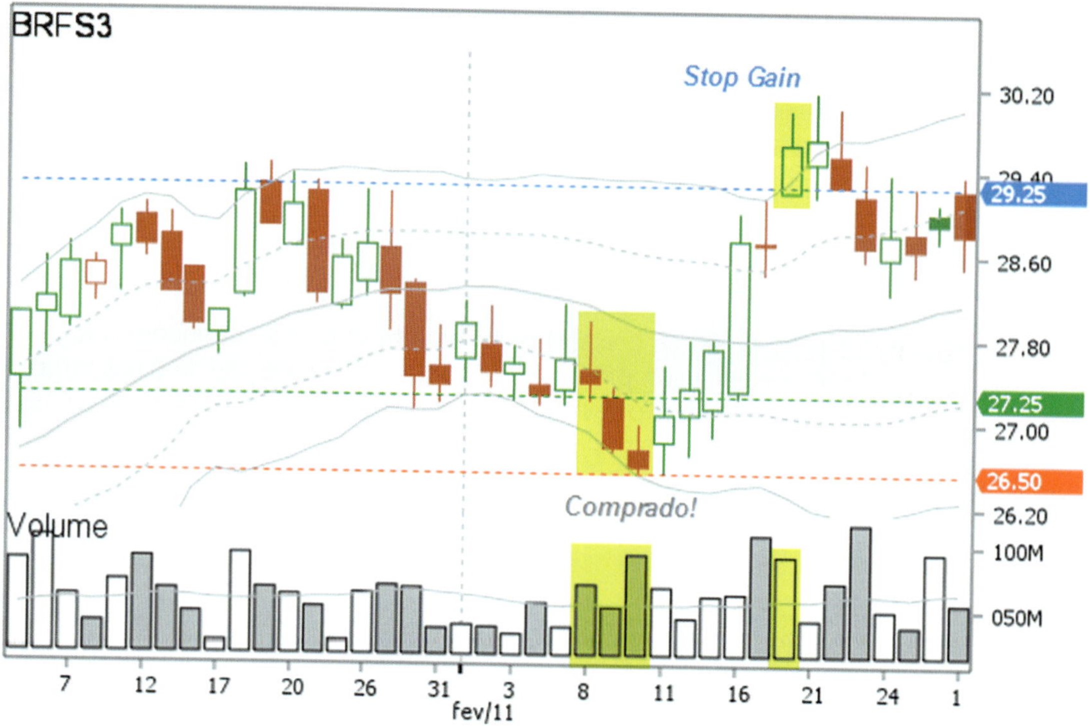
BRFS3
Stop Gain
Comprado!
Volume
30.20
29.40
29.25
28.60
27.80
27.25
27.00
26.50
26.20
100M
050M
7
12
17
20
26
31
3
fev/11
8
11
16
21
24
1

# *Stop gain!*

Os três *candles* seguintes são de alta, mas não houve "unanimidade". As sombras indicam resistência dos vendedores; as mínimas e as máximas, entretanto, avançaram. O quarto *candle* de alta foi surpreendentemente alto, mas o volume não acompanhou. Desconfie... O *candle* seguinte é um *doji*. Acendeu uma "luz amarela". A máxima do dia *quase* atinge o *stop gain*, mas "bater na trave não é gol". O que fazer?

## » "Zerar" no *after* ou na abertura?

Nesse caso, não fazer nada deu certo. Apesar das evidências em contrário, deu *stop gain* no pregão seguinte. Pode dar errado na próxima vez. Quando o preço fecha próximo do "objetivo", talvez seja oportuno tomar a iniciativa. Você pode "zerar" a posição no ***After Market*** (negociação exclusiva para pessoa física, após o fechamento do pregão regular) ou acompanhar em "tempo real" a abertura no próximo pregão. Os primeiros minutos de negociação podem ser uma grande oportunidade de "zerar" uma posição. Há muita volatilidade, e, se o mercado for na "sua direção", você vai ter uma grande chance de "zerar" com o máximo de eficiência.

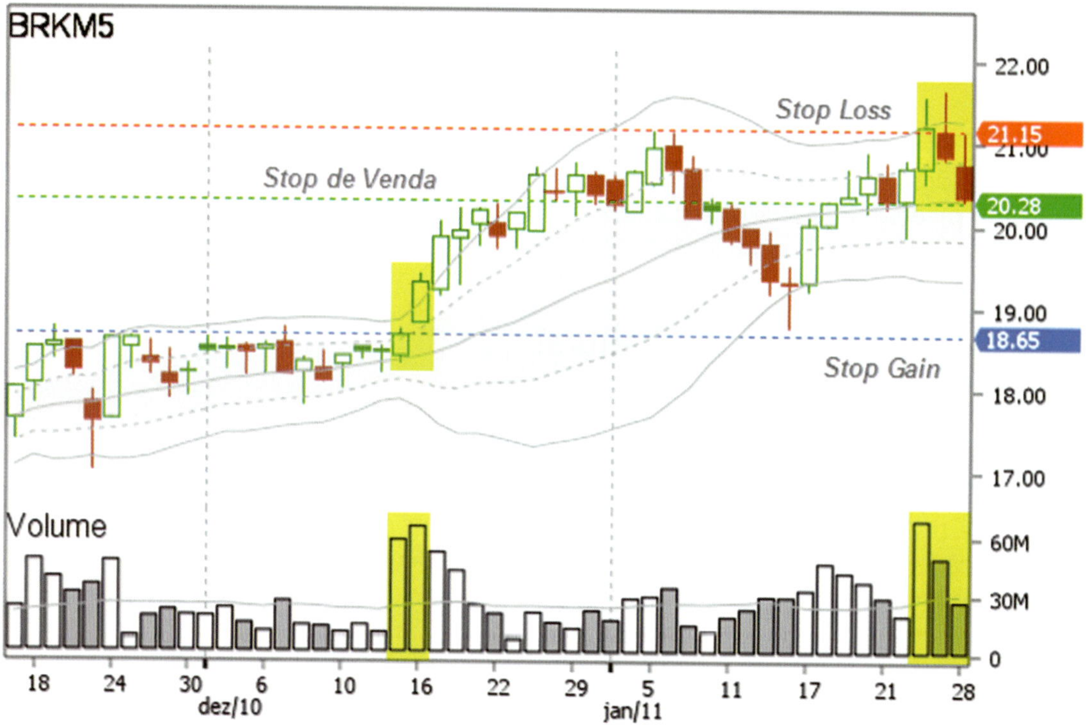
BRKM5
Stop Loss
Stop de Venda
Stop Gain
21.15
20.28
18.65
22.00
21.00
20.00
19.00
18.00
17.00
Volume
60M
30M
0
18
24
30
6
10
16
22
29
5
11
17
21
28
dez/10
jan/11

# Dois topos?

BRKM5 iniciou um forte movimento de alta com um *setup* de compressão e expansão da volatilidade. Em meados de dezembro, dois *candles* de alta, acompanhados de volumes expressivos, sinalizaram o início de um forte movimento de alta. Após fazer um topo, o preço corrigiu até a banda inferior. Então, um *doji* seguido de um *candle* de alta iniciou uma nova "**perna de alta**".

Os últimos três *candles* parecem formar um novo topo, mas o volume decrescente enfraquece a pressão vendedora. Por outro lado, a ação ocorre na proximidade do topo anterior – uma importante referência de resistência. Vale uma aposta na venda? O ***stop* de venda** é a mínima e o *stop loss*, a máxima (coincide com as máximas do topo anterior) do último *candle* de baixa. Você concorda com os *stops*?

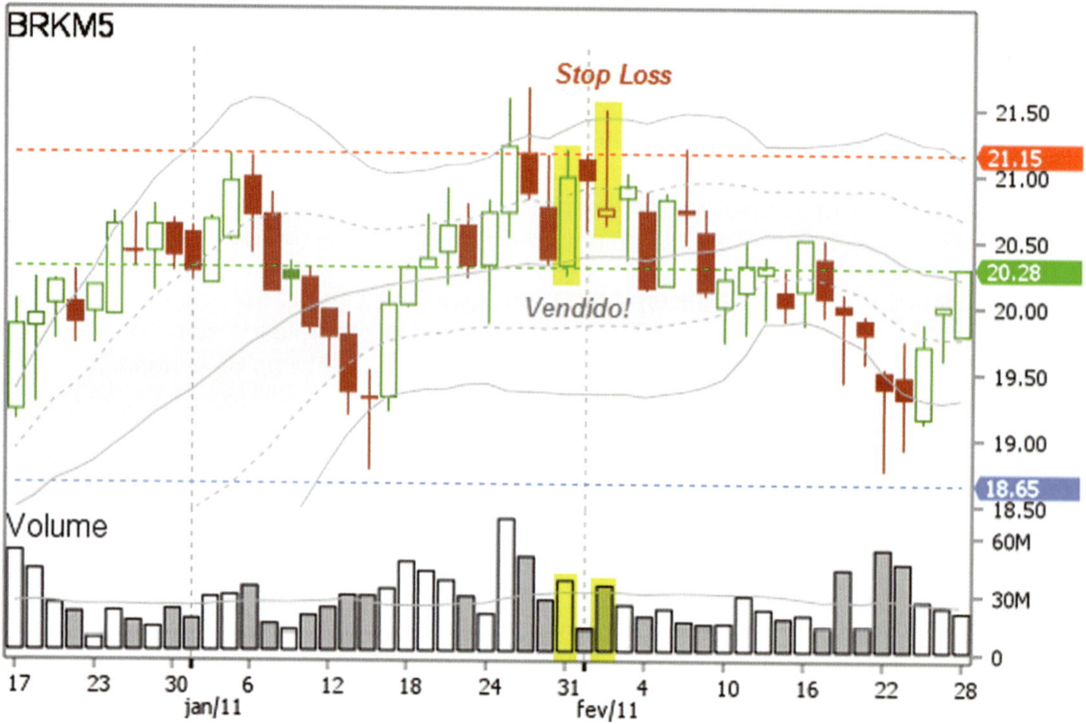
BRKM5
Stop Loss
Vendido!
Volume
21.50
21.15
21.00
20.50
20.28
20.00
19.50
19.00
18.65
18.50
60M
30M
0
17
23
30
6
12
18
24
31
4
10
16
22
28
jan/11
fev/11

# *Stop loss!*

No pregão seguinte, BRKM5 abriu em leve baixa apenas o suficiente para disparar o gatilho de venda. Depois, inverteu a direção e subiu com força; na máxima, chegou a "tocar" no preço de *stop loss*, mas sem disparar. Dois pregões depois, o preço voltou a subir com força e acabou disparando o *stop loss*, para então seguir na direção esperada!

## » Conservador no *loss*, agressivo no *gain*

A operação foi "stopada" logo no início em função de uma definição demasiado perfeccionista e de pouca praticidade. Parece mais natural definir o *stop loss* na máxima mais recente, pelo menos é o mais prudente. Se tivesse definido dessa forma, haveria a possibilidade de um ganho. Depois, o preço aproximou-se bastante do *stop gain*, mas "morreu na praia". Aqui valeria a pena ser mais agressivo, e exigir "menos" para sair da posição. O ganho já seria bastante atraente. Moral da história: nada de "preciosismo" em uma atividade na qual prevalecem o inexato e a incerteza.

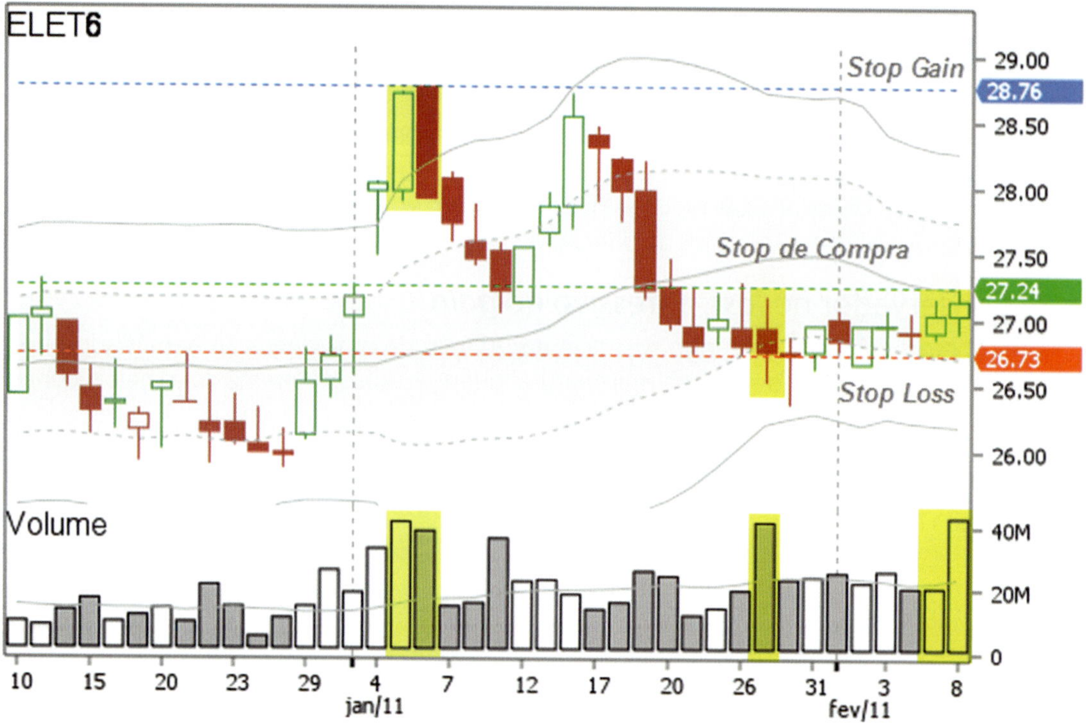
ELET6
Stop Gain
28.76
Stop de Compra
27.24
26.73
Stop Loss
29.00
28.50
28.00
27.50
27.00
26.50
26.00
Volume
40M
20M
0
10
15
20
23
29
4
jan/11
7
12
17
20
26
31
3
fev/11
8

# Duas torres não gêmeas

ELET6 subiu muito rápido e de forma exagerada no início do mês de janeiro. Embora amparado por volume bastante expressivo, a alta foi revertida também rapidamente. Um processo semelhante voltou a ocorrer (movimentos curtos de alta e baixa), mas, depois, a volatilidade ficou bastante reduzida, com o preço "andando" sobre uma reta horizontal.

Além do movimento horizontal com baixíssima volatilidade, também chamam a atenção as duas excepcionais barras de volume – parecem duas torres. A primeira ocorre logo no início e é de baixa. Está próxima ainda do recente movimento de baixa; é um *candle* de equilíbrio, e o alto volume é uma demonstração da força compradora que impediu a continuidade do movimento de baixa. A última barra de volume também está associada a um *candle* de equilíbrio, mas de alta. Dessa vez, são os vendedores que seguraram a pressão compradora. Mas... até quando? Vale uma aposta na compra?

ELET6
Stop Gain
Comprado!
Volume
30.00
29.20
28.76
28.40
27.60
27.24
26.73
26.00
100M
0
4
7
12
17
20
26
31
3
fev/11
8
11
16
21
24
1

# Stop gain!

Tudo é muito relativo. Cadê as duas torres? Sumiram? Olhe com atenção... Elas ficaram pequenas em relação à nova "torre" que surgiu no pregão que disparou o ***stop* de compra**. Dá para acreditar? E o preço praticamente não subiu! Possivelmente, o volume foi resultado de um leilão em que um grande lote é negociado de uma única vez, por um preço único. Nesse caso, não vale a lei da oferta e da demanda. – não há movimento do preço.

## » O "mapa da mina"

Alguma coisa, porém, aconteceu, pois o volume excepcional deu início a um forte movimento de alta. Coincidência? Pode até ser, mas fique sempre atento a grandes variações de volume. Às vezes, é o movimento de volume e não o de preço que esconde "a chave" do futuro. Se houver uma grande variação positiva do volume, sem a correspondente variação no preço, desconfie. Pode ser o "mapa da mina"!

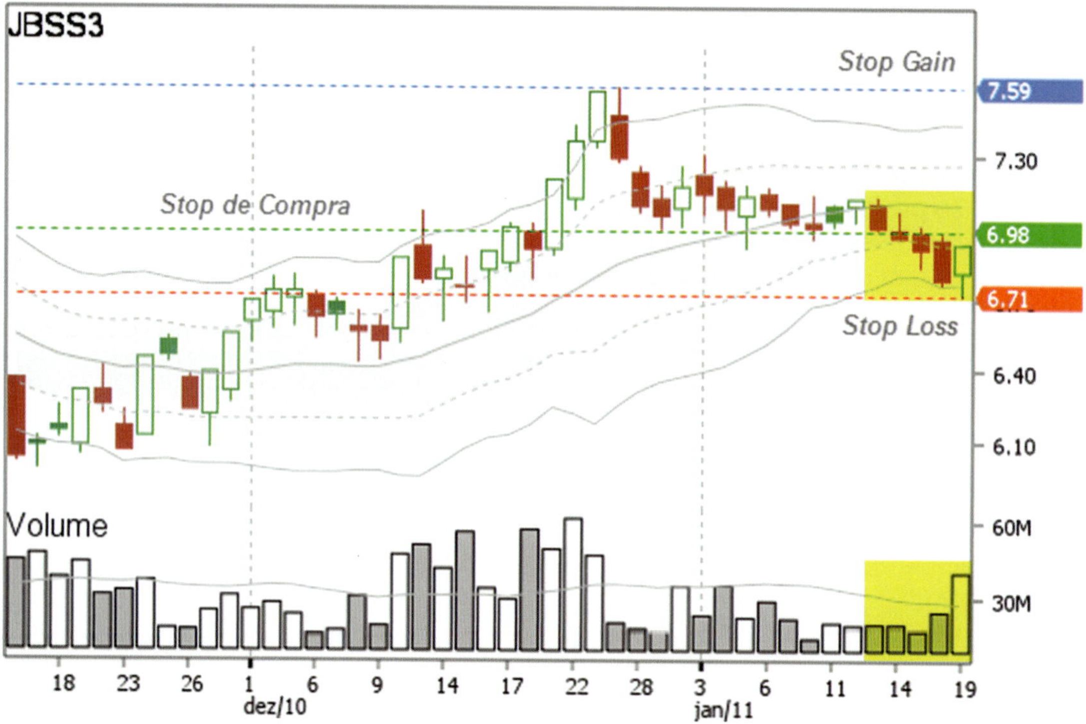
JBSS3
Stop Gain
7.59
7.30
Stop de Compra
6.98
6.71
Stop Loss
6.40
6.10
Volume
60M
30M
18
23
26
1
dez/10
6
9
14
17
22
28
3
jan/11
6
11
14
19

# Resistência que vira suporte 2

JBSS3 partiu da banda inferior, rompeu a média e seguiu na direção da banda superior – e foi além. Três fortes *candles* de alta (com volume) fecharam acima da banda superior. Esse exagero (?) propiciou um movimento corretivo até a banda inferior. O preço atual está no mesmo nível de uma resistência no início de dezembro. Agora, a resistência transformou-se em suporte.

O recente movimento de baixa parece bastante frágil. Depois que o preço cruzou abaixo do primeiro desvio (linha tracejada), ocorreu uma correção "no tempo". O preço variou pouco, e, com o tempo, aproximou-se da média e finalmente abaixo dela. Os últimos quatro *candles* de baixa foram mais incisivos, mas o volume permaneceu bastante inferior à média. O *candle* de alta, por sua vez, foi acompanhado de forte volume. Formou a figura de reversão "grávida de alta". Vale uma aposta na compra?

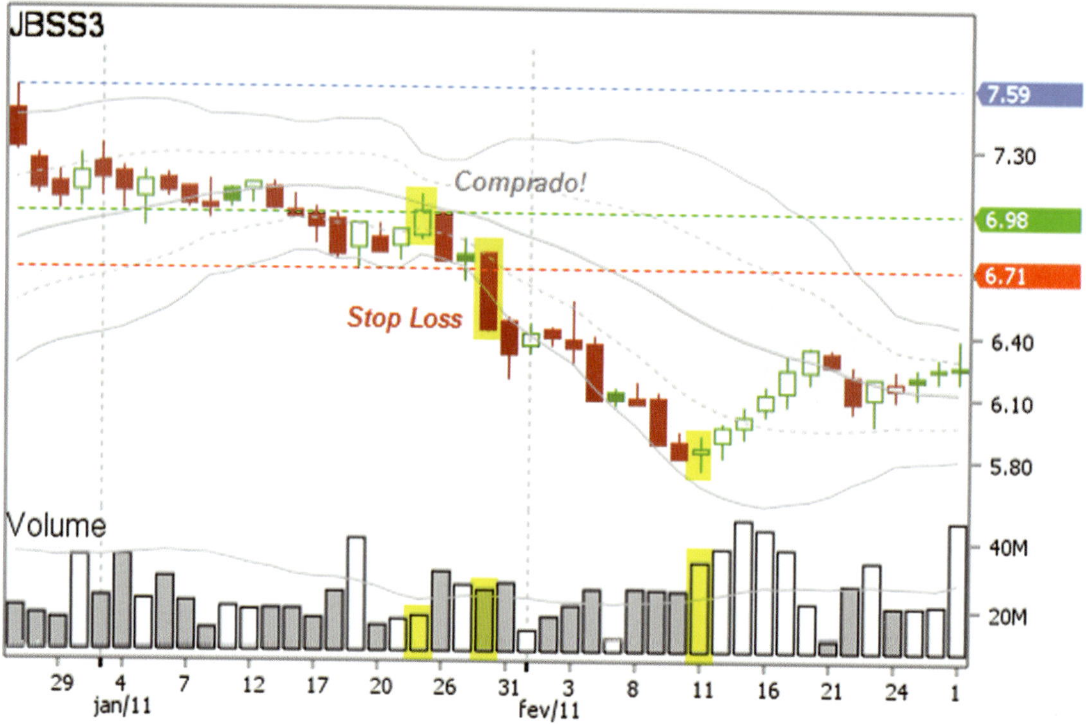
JBSS3
Comprado!
Stop Loss
7.59
7.30
6.98
6.71
6.40
6.10
5.80
Volume
40M
20M
29
4
jan/11
7
12
17
20
26
31
3
fev/11
8
11
16
21
24
1

# *Stop loss!*

O ***stop* de compra** foi disparado apenas no terceiro pregão. O volume dos três pregões foi bastante reduzido. No quarto dia, surgiu um *candle* de baixa (marubozu) com muito volume. Mau sinal, porém fechou ainda sem romper o suporte e disparar o *stop loss*. Depois veio um *candle* de equilíbrio (bom sinal?) que rompeu o suporte (e disparou a ordem para zerar a compra), mas fechou acima. Não fosse o *stop loss*, haveria motivos para manter a compra.

## » Bendito *stop loss*

O *stop loss* existe para ser cumprido. E nesse exemplo foi fundamental. Muitas vezes, porém, ocorre que, após o *stop loss*, a tendência reverte e toma a direção antes desejada. Não devemos lamentar. Haverá outras situações (como a atual) em que você vai agradecer ao *stop loss*. Bendito seja! O *stop loss* reduziu a perda potencial. Alguns dias depois, em uma situação muito similar (mas não igual!), um novo posicionamento na compra poderia recuperar a (pequena) perda anterior.

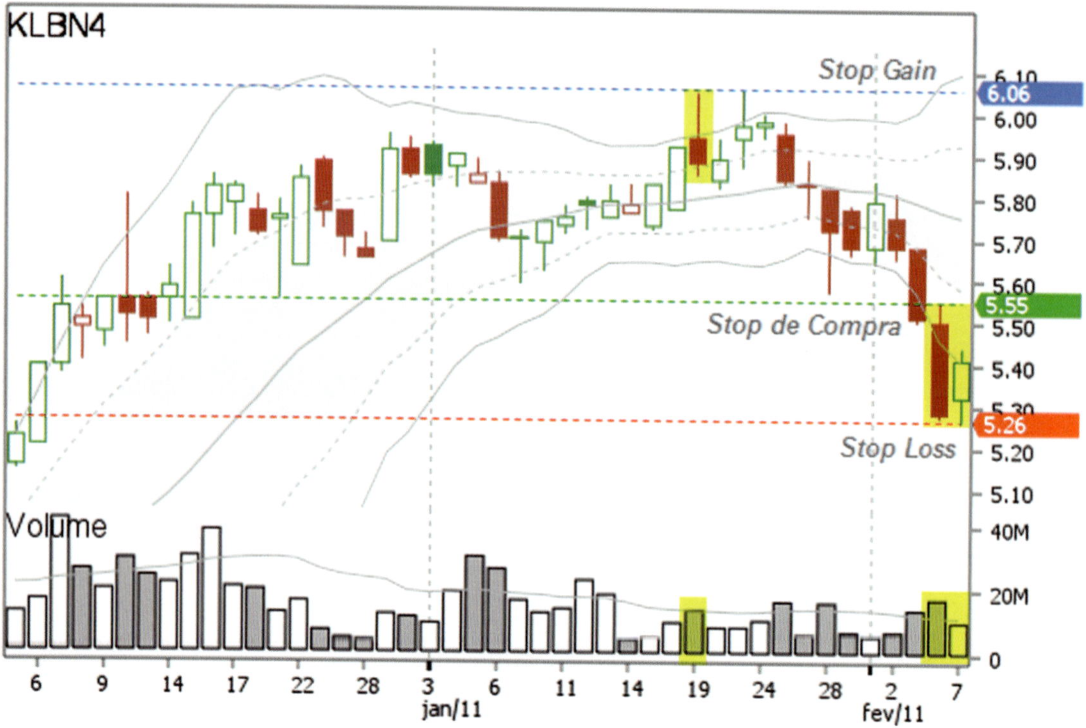

KLBN4
Stop Gain
6.06
Stop de Compra
5.55
5.26
Stop Loss
Volume
6.10
6.00
5.90
5.80
5.70
5.60
5.50
5.40
5.30
5.20
5.10
40M
20M
0
6
9
14
17
22
28
3
jan/11
6
11
14
19
24
28
2
fev/11
7

# "Grávida de alta"

KLBN4 subiu no mês de dezembro, inicialmente com muita força, mas, depois, foi "corrigindo no tempo". As bandas estreitaram-se, mas o papel "falhou" em iniciar uma nova expansão na parte superior da banda. Faltou volume. Os *candles* de equilíbrio, próximos à banda superior, indicaram um retorno à média, e, em seguida, um movimento de baixa.

A não ser por um breve pregão de alta (com volume insignificante), observa-se uma longa sequência de *candles* de baixa. Os dois últimos com quedas bem acentuadas, acelerando a baixa. O último *candle* de baixa fechou muito abaixo da banda inferior (exagero?). O volume, embora crescente, não correspondeu à dimensão do movimento do preço. Nesse contexto de forte baixa, surge um *candle* de alta e a formação de um padrão **"grávida de alta"**. Mas o volume é reduzido. Vale uma aposta na compra? Você concorda com a definição dos *stops*?

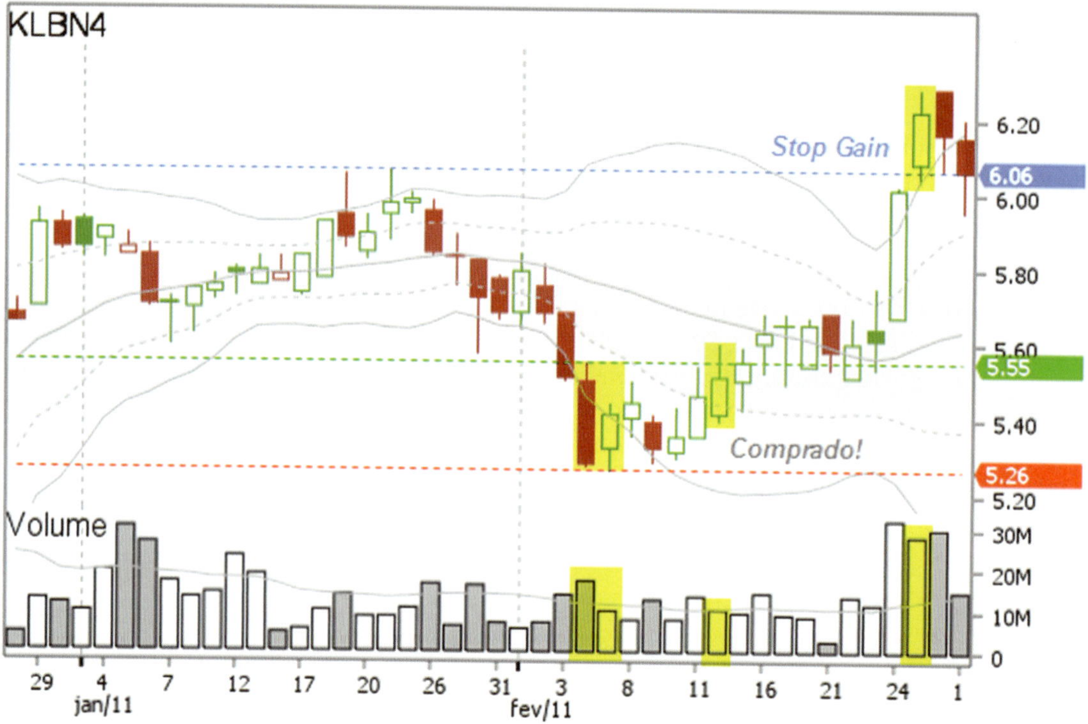
KLBN4
Stop Gain
Comprado!
Volume
6.20
6.06
6.00
5.80
5.60
5.55
5.40
5.26
5.20
30M
20M
10M
0
29
4
jan/11
7
12
17
20
26
31
3
fev/11
8
11
16
21
24
1

# *Stop gain!*

Apesar da alta no pregão seguinte, o ***stop* de compra** não foi atingido. Depois veio um pregão de baixa e um alívio pelo fato de não "ter comprado" no pregão anterior. Precisou de mais três pregões para o "gatilho" disparar. Houve, então, uma "escala" na região da média móvel – porém, o viés permaneceu altista. Finalmente, depois de "semear" com paciência, surgiu um forte *candle* de alta acompanhado de volume excepcional. Após o fechamento, ficou mais provável o *stop gain* no dia seguinte.



## » A importância do "gatilho"

O *gatilho* ou *stop de compra* é uma técnica muito utilizada e disponível na maioria dos sistemas *homebroker*. Ele permite que o investidor execute uma operação com um valor muito próximo do desejado. O comprador deve estabelecer como valor do gatilho um *tick* a menos do que a sua real oferta de compra. O gatilho deve ser de R$ 49,00 para uma oferta real de compra de R$ 50,00 e um *tick* médio de R$ 1,00 (o *tick* é a diferença mínima entre uma oferta de compra e uma oferta de venda). Quando o preço atingir R$ 49,00, a oferta de R$ 50,00 é "disparada" automaticamente.

Do ponto de vista da Análise Técnica, o valor do "gatilho" de compra deve ser de um nível de preço que seja uma evidência do movimento a favor do comprador.

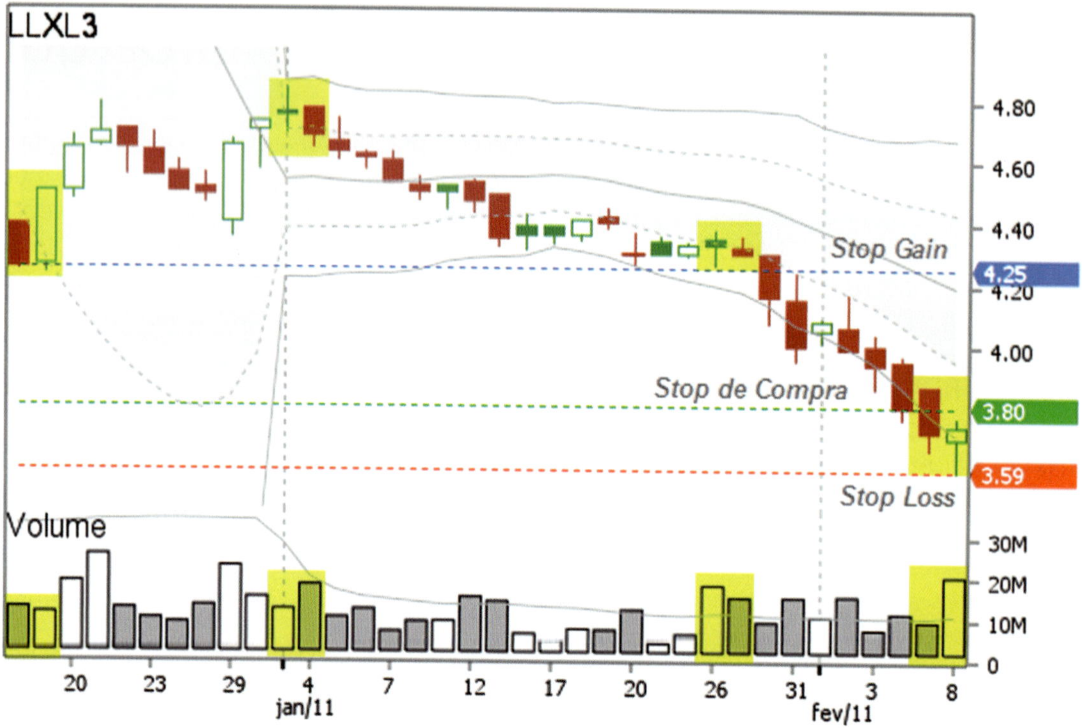
LLXL3
Stop Gain
4.25
Stop de Compra
3.80
3.59
Stop Loss
4.80
4.60
4.40
4.20
4.00
Volume
30M
20M
10M
0
20
23
29
4
jan/11
7
12
17
20
26
31
3
fev/11
8

# O contexto é fundamental

LLXL3 teve um forte "ajuste" no preço de suas ações no início de dezembro. Foi por conta de mudanças na participação acionária em outras empresas do grupo EBX. Aos poucos, porém, o preço ajustou-se a um novo patamar, e viabilizou uma análise do seu gráfico. Após uma reação compradora inicial, o preço "partiu em direção ao sul", e, depois de uma "grávida não confirmada", aprofundou a queda.

O último *candle* do gráfico é um "martelo". Não é a figura ideal, que pressupõe uma sombra inferior mais longa e nenhuma sombra superior, porém, tem o "espírito do martelo". Abriu em baixa e fez uma nova mínima. Os compradores reagiram com muita força. O preço fechou acima da abertura, próximo da máxima do dia. O volume fez a sua parte – foi bem acima da média. Mas o fundamental mesmo é o contexto em que o "martelo" aparece. Após uma sequência de *candles* de baixa, o "martelo" fica mais forte. Vale uma aposta na compra?

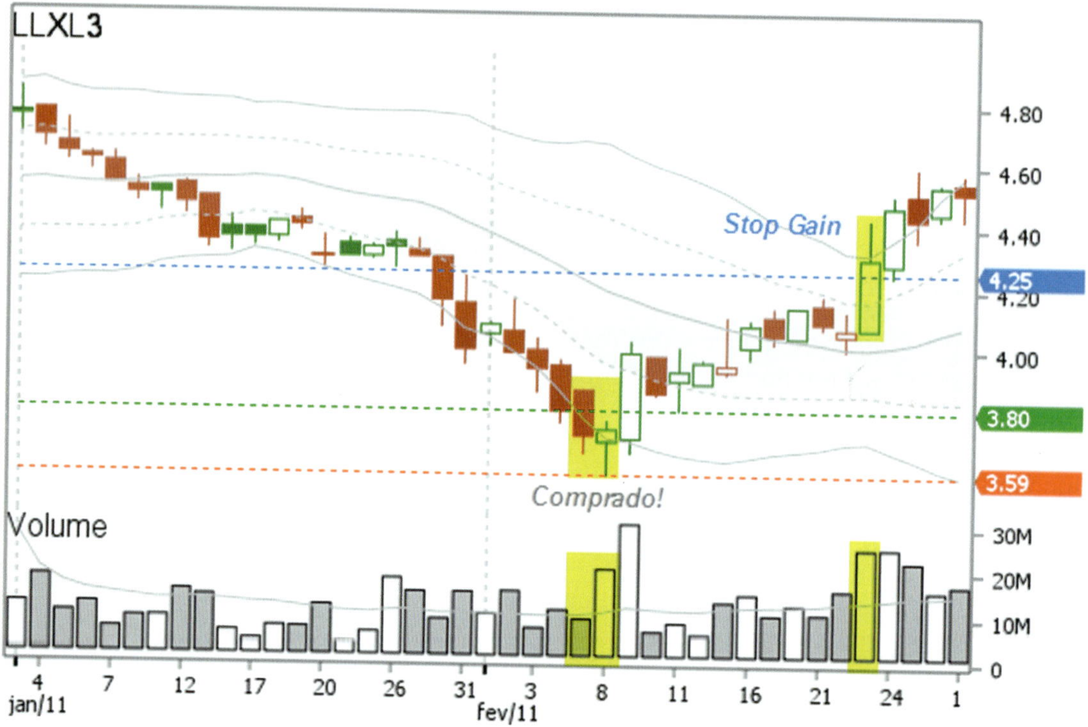
LLXL3
Stop Gain
4,25
3,80
3,59
Comprado!
Volume
4.80
4.60
4.40
4.20
4.00
30M
20M
10M
0
4
jan/11
7
12
17
20
26
31
3
fev/11
8
11
16
21
24
1

# *Stop gain!*

Os "manuais" reforçam a necessidade de esperar uma "confirmação" do "martelo" no pregão seguinte. Talvez estejam corretos – frequentemente, a tendência não é revertida. Por outro lado, a "antecipação" pode fazer a diferença nos lucros. **Existem regras, e existem exceções**. Este é um exemplo de que, às vezes, o risco de antecipar é bem justificado. As regras devem ser seguidas "religiosamente" pelos principiantes. Mais tarde, com a experiência, percebemos que elas existem para ser "quebradas" – especialmente no mercado financeiro.

## » Quero mais

Outra regra que às vezes vale a pena "quebrar" é o *stop gain*. Não há razão de zerar totalmente a sua posição se o gráfico sinalizar continuidade do movimento. Neste exemplo, ao atingir o *stop gain*, o preço rompeu uma resistência. É um sinal de continuidade da tendência.

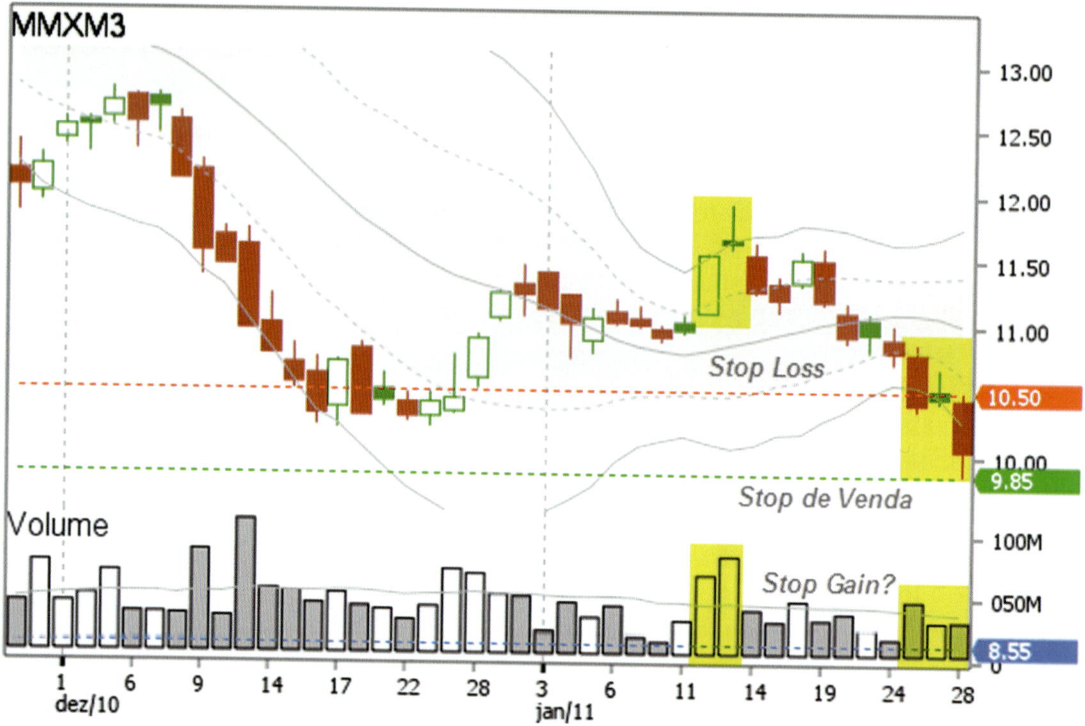
MMXM3
13.00
12.50
12.00
11.50
11.00
10.50
10.00
9.85
Stop Loss
Stop de Venda
Volume
100M
050M
8.55
0
Stop Gain?
1
dez/10
6
9
14
17
22
28
3
jan/11
6
11
14
19
24
28

# "Cavalgada" em direção ao sul?

MMXM3 protagonizou uma forte queda na primeira quinzena de dezembro. Operou na linha de um suporte e reagiu até a média, e aí permaneceu por algum tempo – sem forças para retomar a alta. Mas um **marubozu de alta** (com volume) deu novas esperanças para os compradores (mas em vão, pois uma "estrela *doji*" iniciou um novo movimento de baixa).

O estreitamento das bandas após a forte queda de dezembro é decorrente da redução de volatilidade. Agora, com um novo movimento de baixa, as bandas começam a abrir. A expansão das bandas sinaliza um novo movimento direcional, dessa vez para baixo. Desde o início de dezembro é predominante a presença dos vendedores. O viés é de baixa. Vale uma aposta na venda?

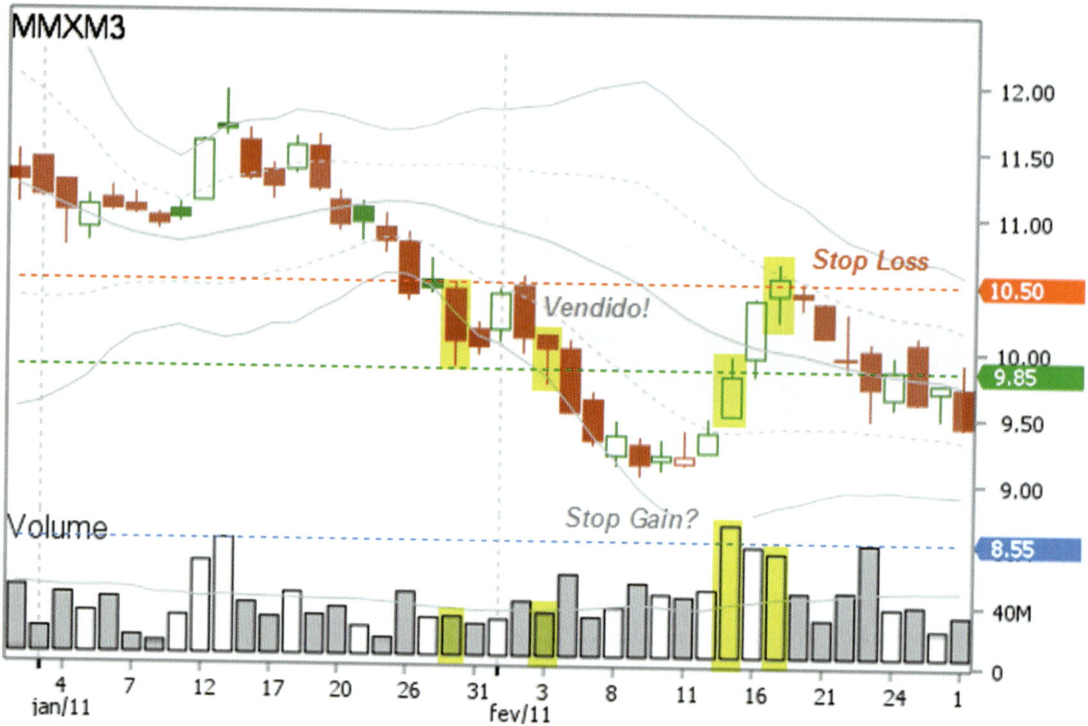
MMXM3
Stop Loss
Vendido!
Stop Gain?
Volume
12.00
11.50
11.00
10.50
10.00
9.85
9.50
9.00
8.55
40M
0
4
jan/11
7
12
17
20
26
31
3
fev/11
8
11
16
21
24
1

# *Stop loss!*

O dia seguinte foi de baixa, mas modesta, insuficiente para disparar a venda. Depois veio uma alta que se aproximou do nível do *stop loss* (mas tudo bem, não estou posicionado ainda). O terceiro dia quase deu venda; faltou pouco. Então, no próximo pregão, foi disparada a ordem de venda (retroativamente, parece que o *stop* foi bem colocado).

## » Senha para evitar o *stop loss*

E no meio do caminho tinha uma pedra. Ou melhor, várias. Os *candles* de equilíbrio podem ser uma pausa para posterior retomada da tendência ou podem sinalizar uma reversão da tendência. Retroativamente, as barras de volume parecem indicar maior presença compradora, e daí a posterior reversão. Mas o ***gap* de alta** com muito volume foi uma senha para zerar a posição vendida. Depois desse alerta, o viés passou para o lado comprador.

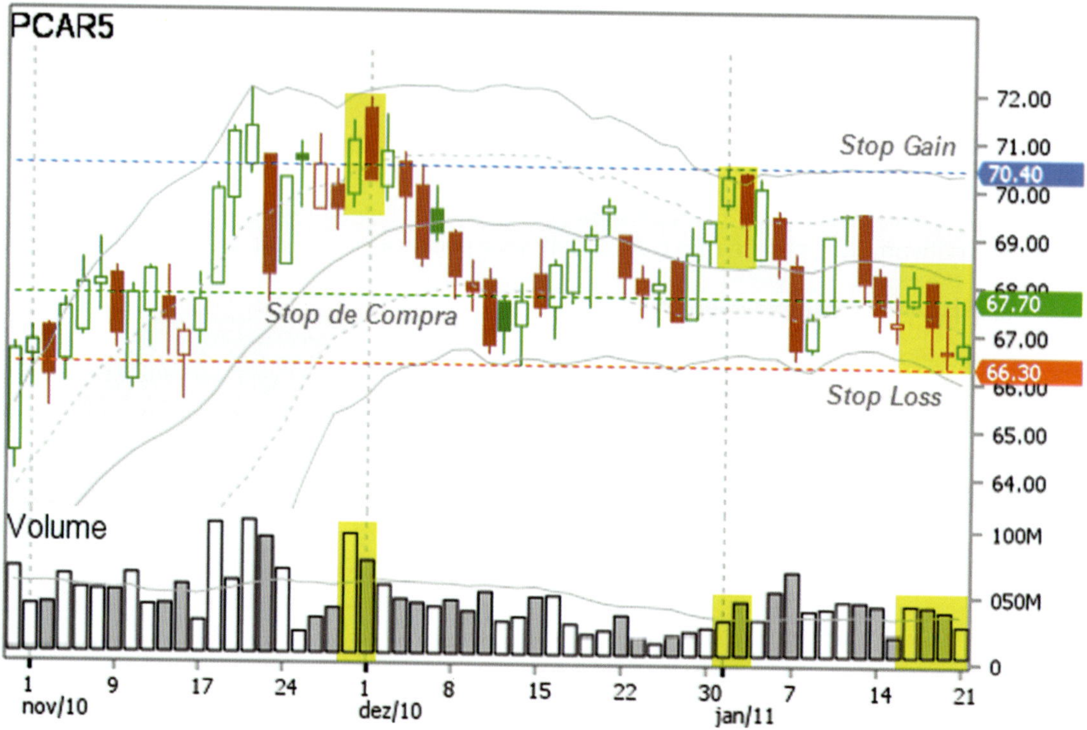
PCAR5
Stop Gain
70.40
Stop de Compra
67.70
66.30
Stop Loss
Volume
72.00
71.00
70.00
69.00
67.00
65.00
64.00
100M
050M
0
1
nov/10
9
17
24
1
dez/10
8
15
22
30
jan/11
7
14
21

# A defesa do suporte 3

PCAR5 tem um viés de baixa, e chegou novamente a um nível de suporte. É uma oportunidade para apostar em sua defesa. Esse suporte já foi defendido várias vezes. Os dois últimos "fundos" ocorreram no mesmo nível de preço. No início do gráfico, durante a primeira quinzena de novembro, também podemos observar reações compradoras na proximidade desse suporte.

Quanto mais o suporte é defendido, mais forte ele fica? Ou vale o ditado: "Água mole em pedra dura, tanto bate até que fura"? Não há uma resposta definitiva. Vale mais o **contexto** em que ocorre. No exemplo atual, há um viés negativo devido aos topos descendentes. Nesse sentido, assemelha-se a um triângulo de baixa. Mas os quatro últimos *candles* mostram uma presença compradora. Será suficiente para a defesa do suporte? *Vale uma aposta na compra?*

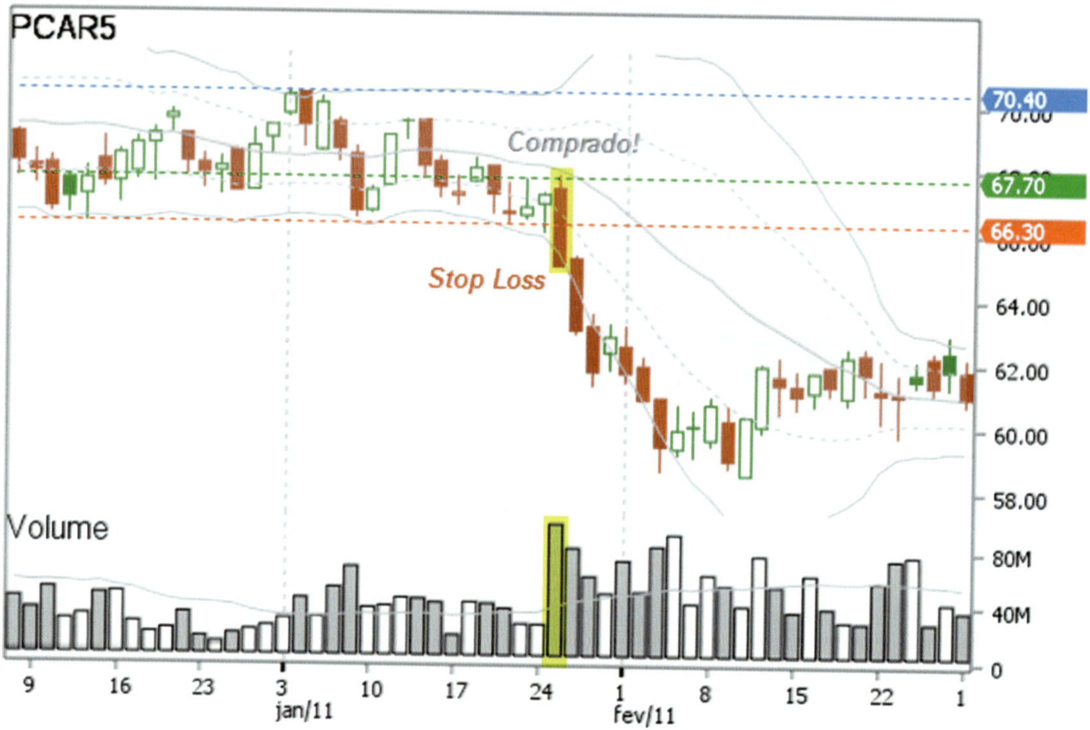
PCAR5
Comprado!
Stop Loss
70.40
67.70
66.30
64.00
62.00
60.00
58.00
Volume
80M
40M
0
9
16
23
3
jan/11
10
17
24
1
fev/11
8
15
22
1

# *Stop loss!*

O pregão seguinte abriu em alta e logo disparou a ordem de compra. Em seguida, o papel desabou! Rompeu o suporte, e, portanto, disparou a ordem de *stop loss*. O volume foi surpreendente. O fechamento na mínima sinalizou a continuidade da baixa nos próximos pregões. Este é um exemplo de um *trade* muito rápido (na verdade um *daytrade*). Talvez as definições do *stop de compra* e do *stop loss* tenham sido "curtas" demais.

## » Curto ou longo?

**Definir *stops* é uma arte**. Existem algumas regras, mas com muitas exceções. É importante avaliar a recente volatilidade do papel. No caso de grande volatilidade, os *stops* devem ser mais longos. É comum a utilização de um preço máximo mais recente para definir um ***stop* de compra** (e o mínimo mais recente para um ***stop* de venda**). Muitas vezes, esse preço está próximo demais (qualquer oscilação normal dispara o *stop*), então é preciso buscar outras referências.

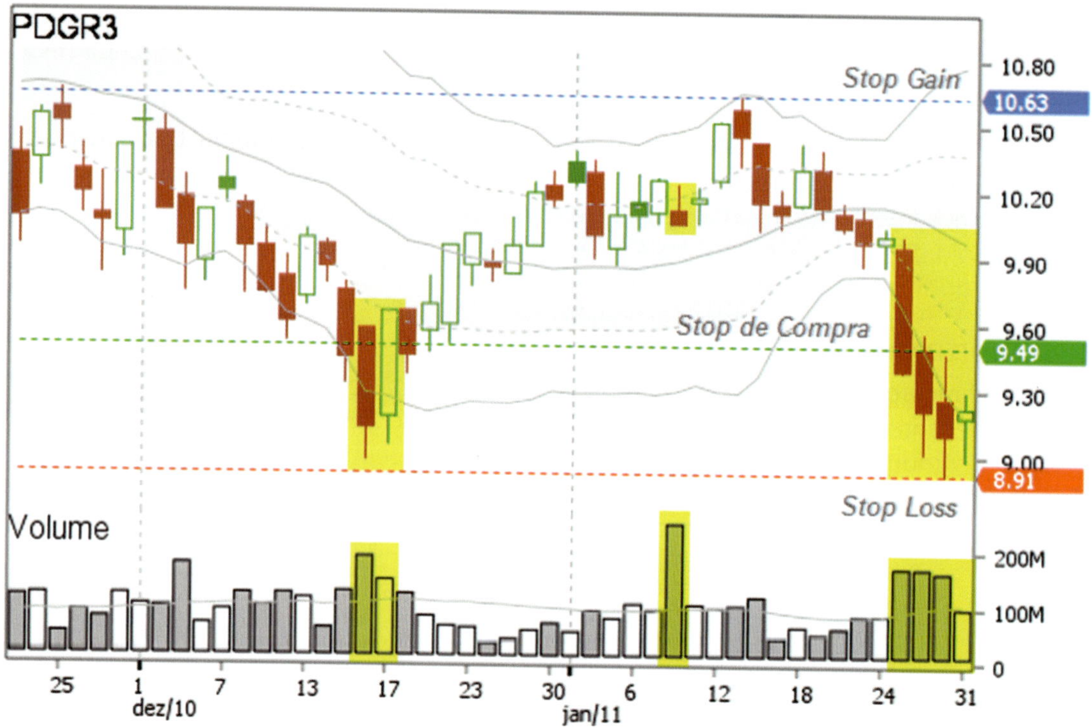
PDGR3
Stop Gain
10.63
Stop de Compra
9.49
8.91
Stop Loss
Volume
10.80
10.50
10.20
9.90
9.60
9.30
9.00
200M
100M
0
25
1
dez/10
7
13
17
23
30
jan/11
6
12
18
24
31

# Personalidades diferentes

Em dois meses, PDGR3 caiu, subiu e caiu de novo. Vai subir novamente? Existem diferenças entre as duas quedas. A primeira foi mais uniforme. Teve limites bem definidos, entre a média e a banda inferior. Foi intercalada por *candles* de alta. A segunda saiu direto da banda superior para a inferior. Os *candles* de alta foram raros e tímidos.

A reversão da primeira tendência de baixa começou com um forte *candle* de alta e volume acima da média. Agora o *candle* também é de alta, mas representa muito mais uma situação de equilíbrio (o volume está na média). Os últimos três *candles* de baixa indicam enfraquecimento dos vendedores. Os volumes foram uniformes e acima da média; estamos no mesmo nível do fundo anterior (referência de suporte). Vale uma aposta na compra?

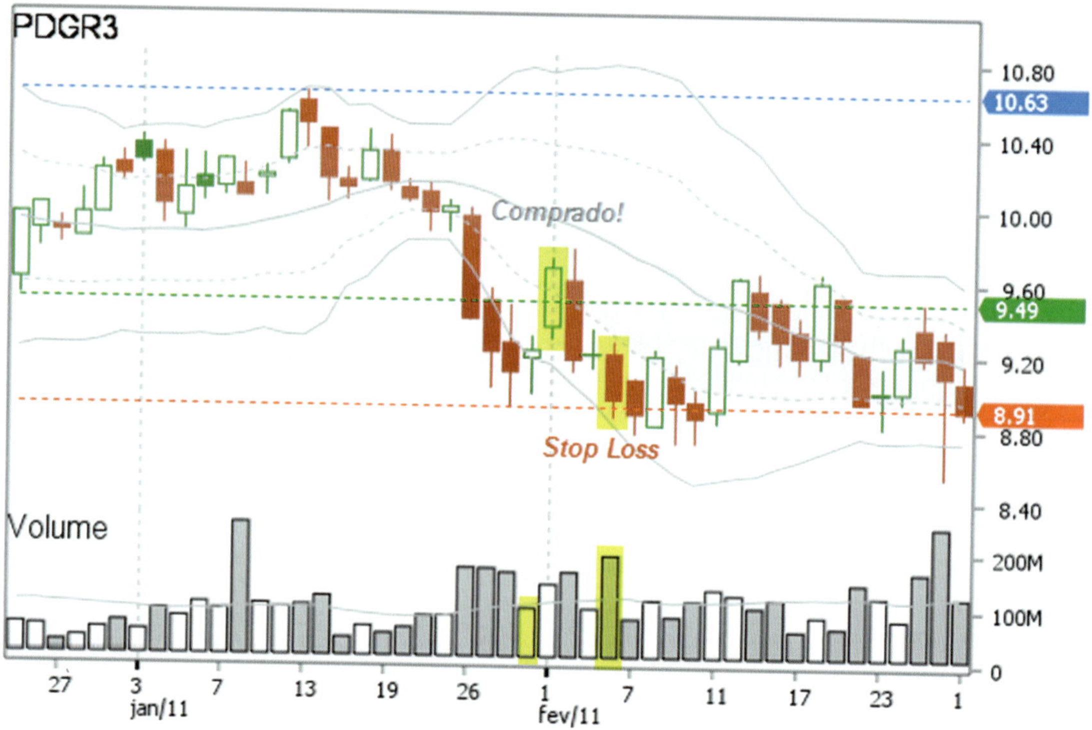
PDGR3
Comprado!
Stop Loss
Volume
10.80
10.63
10.40
10.00
9.60
9.49
9.20
8.91
8.80
8.40
200M
100M
0
27
3
jan/11
7
13
19
26
1
fev/11
7
11
17
23
1

# *Stop loss!*

O início da operação não poderia ter sido melhor: abertura com ***gap* de alta**, fechamento próximo da máxima e volume acima da média. Então, no pregão seguinte, veio um "banho de água fria". O *gap* foi "preenchido", e fechou próximo da mínima com volume maior que o dia anterior. Um *doji* no dia seguinte deu uma falsa esperança de recuperação (o volume voltou a cair). No pregão seguinte, a realidade voltou na forma de um *stop loss*.



## » Contra-ataque fatal

Este é um exemplo em que é difícil se "safar" de um *stop loss*. Após a forte alta, o igualmente forte *candle* de baixa foi surpreendente. Parece a história do time de futebol que domina a partida, mas toma um gol no contra-ataque. Você fica paralisado, tentando entender o que aconteceu. Aí vem um *candle* que sinaliza uma reação compradora. Você vai sair? Claro que não. Você "empatou" o jogo, e, agora, tem alguma chance de ganhar

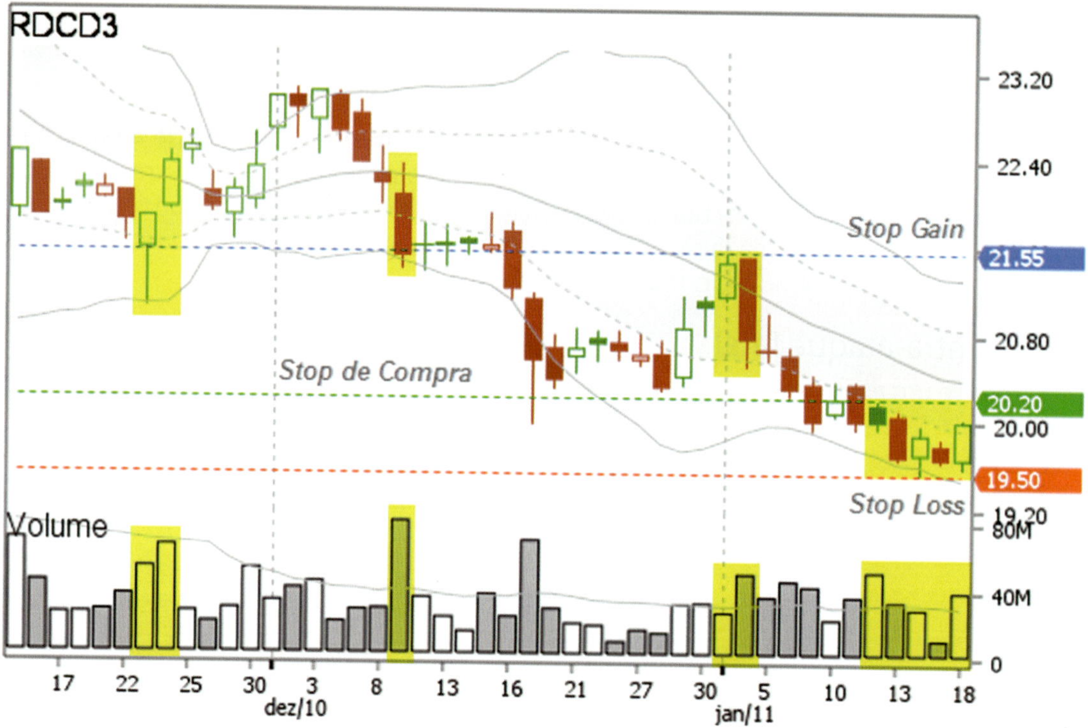
RDCD3
Stop Gain
21.55
Stop de Compra
20.20
19.50
Stop Loss
Volume
23.20
22.40
20.80
20.00
19.20
80M
40M
0
17
22
25
30
3
dez/10
8
13
16
21
27
30
5
jan/11
10
13
18

# Desafiando a maré

Depois de um **"martelo"** (com volume), RDCD3 subiu e fez um topo no início de dezembro. Os compradores sumiram – exceto, talvez, no final de dezembro. Mas um "envolvente de baixa" (incomum na região da média) "devolveu a bola" para os vendedores. O papel seguiu "ladeira abaixo", porém, aparentemente, com menos força.

Os últimos cinco *candles* mostram uma maior presença compradora (3x2) no preço e no volume. É um placar apertado para enfrentar a forte tendência de baixa (compare a "onipresença" dos *candles* de baixa em relação aos minguados *candles* de alta). O período mais recente reflete mais o enfraquecimento dos vendedores do que uma reação compradora. Vale uma aposta na compra?

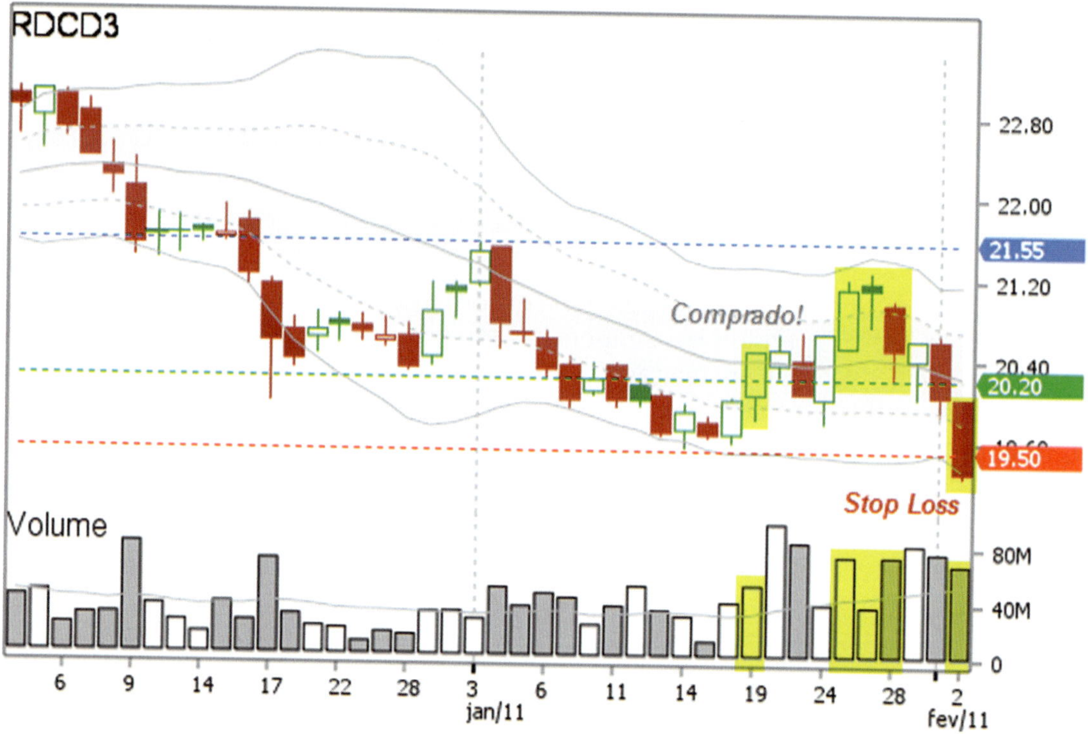
RDCD3
Comprado!
Stop Loss
Volume
22.80
22.00
21.55
21.20
20.40
20.20
19.50
80M
40M
0
6
9
14
17
22
28
3
jan/11
6
11
14
19
24
28
2
fev/11

# *Stop loss!*

O ***stop* de compra** foi disparado já no pregão seguinte. O volume aumentou e fortaleceu o viés comprador. Mas o "pequeno" *candle* de alta não correspondeu ao volume excepcional – tem vendedor segurando a alta, e isso ficou evidente no próximo *candle*, que foi de baixa (e muito volume). Mas também teve presença compradora; do contrário, a baixa teria sido bem maior. Talvez ainda seja cedo para sair. Os dois pregões seguintes devolveram a confiança aos compradores. O preço aproximou-se do *stop gain*, e, então, surgiu um *doji*, e com uma longa sombra – quase um "enforcado". O forte *candle* de baixa (com *gap* e volume) foi uma senha para sair da posição comprada (praticamente no "zero a zero").

## » Não espere pelo *stop loss*

O *stop loss* é um limite de perda máxima. Significa que você pode perder menos. Claro que também pode ser uma saída precipitada, mas é preferível errar tentando acertar – muito melhor que esperar passivamente a provável "degola". Com muito "treino" (no espírito da arte zen do arco e flecha – veja minhas recomendações em Referências, posteriormente), você chega lá.

SUZB5
Stop Gain
16.20
15.95
15.80
15.40
15.00
14.75
14.60
Stop de Compra
14.20
14.05
Stop Loss
Volume
20M
10M
29
5
nov/10
11
18
24
30
6
dez/10
10
16
22
29
5
jan/11
11
17

# Contra a tendência

SUZB5 fez topos e fundos descendentes. É uma das "definições" de uma tendência de baixa. Mas a tendência não é eterna; uma hora ela reverte. Para que isso aconteça, a "suzy" tem que romper acima dos topos anteriores. São basicamente três: a primeira sempre é a mais difícil; se rompida, vai ganhar força para romper as demais.

Mas por que pensar em um rompimento do recente topo? Observe os últimos três *candles*. O primeiro é de forte baixa e expressivo volume. O segundo, apesar de um bom volume, mostra equilíbrio. O terceiro já é de alta (embora com volume insignificante). Os vendedores desapareceram? Vale uma aposta na compra?

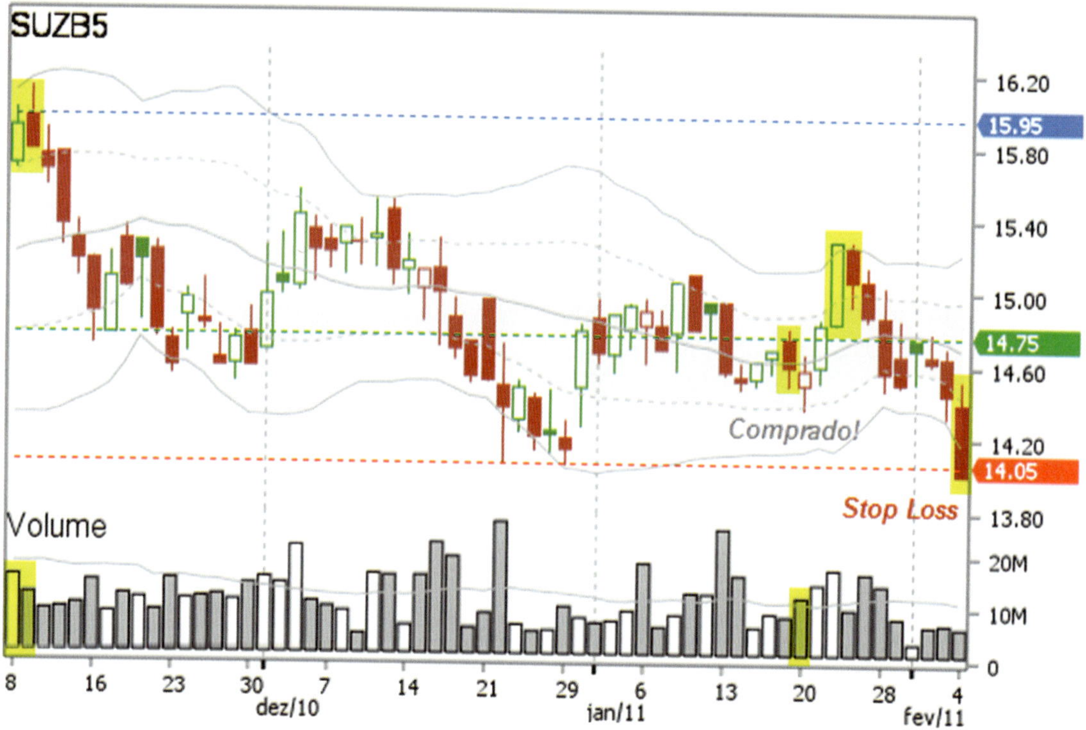
SUZB5
16.20
15.95
15.80
15.40
15.00
14.75
14.60
Comprado!
14.20
14.05
Stop Loss
13.80
Volume
20M
10M
0
8
16
23
30
dez/10
7
14
21
29
6
jan/11
13
20
28
4
fev/11

# *Stop loss!*

O primeiro pregão foi de alta – modesta demais para disparar o ***stop* de compra**. O próximo *candle* foi de baixa, mas com a máxima suficiente para disparar a ordem de compra. Esse não foi um bom começo... Mais um susto no pregão seguinte, e, depois, dois pregões de muita alegria. Porém, não durou muito; apareceu uma "grávida" no caminho.

## » Oh! Suzana, não chores por mim

A figura **"grávida de baixa"** costuma ser mais eficaz que a **"grávida de alta"**, especialmente quando ocorre na banda superior. Infelizmente, este é um dos exemplos. A "confirmação" no pregão seguinte (com muito volume) foi uma primeira senha para zerar a posição comprada. O próximo *candle* rompeu abaixo da média, já no prejuízo. Depois dessas "advertências", tomar o *stop loss* é para chorar e não voltar para o Alabama...

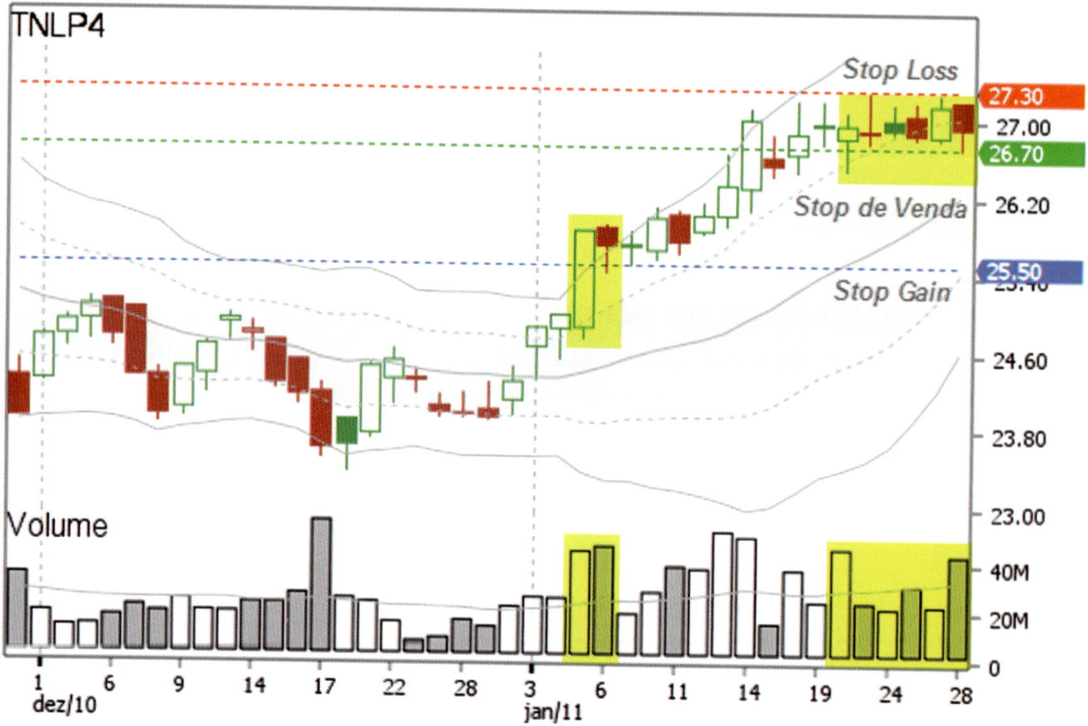
TNLP4
Stop Loss
27.30
27.00
26.70
Stop de Venda
26.20
25.50
Stop Gain
24.60
23.80
23.00
Volume
40M
20M
0
1
dez/10
6
9
14
17
22
28
3
jan/11
6
11
14
19
24
28

# Área de descanso ou o final da viagem?

TNLP4 operou abaixo da sua média móvel durante todo o mês de dezembro. As bandas estreitaram-se e, no início de janeiro, um forte *candle* de alta (acompanhado por volume expressivo) iniciou o processo de expansão da volatilidade (que normalmente está associado a um novo movimento direcional). O movimento de alta esteve acima da curva do primeiro desvio, primeira referência de suporte. Mas uma sequência de *candles* de equilíbrio sinalizou o final da tendência.

O movimento lateral de uma sequência de *candles* de equilíbrio gera dúvidas. É uma consolidação da tendência ("um descanso para recuperar as forças") para, em seguida, retomar o movimento de alta? Ou é uma demonstração de fraqueza e exaustão do movimento comprador, e a antessala para uma reversão da tendência de alta? Neste exemplo, chama a atenção os volumes expressivos no início e no final do padrão, sinalizando mais uma disputa do que uma acomodação. O último *candle* (com volume em destaque) é de baixa. Vale uma aposta na venda?

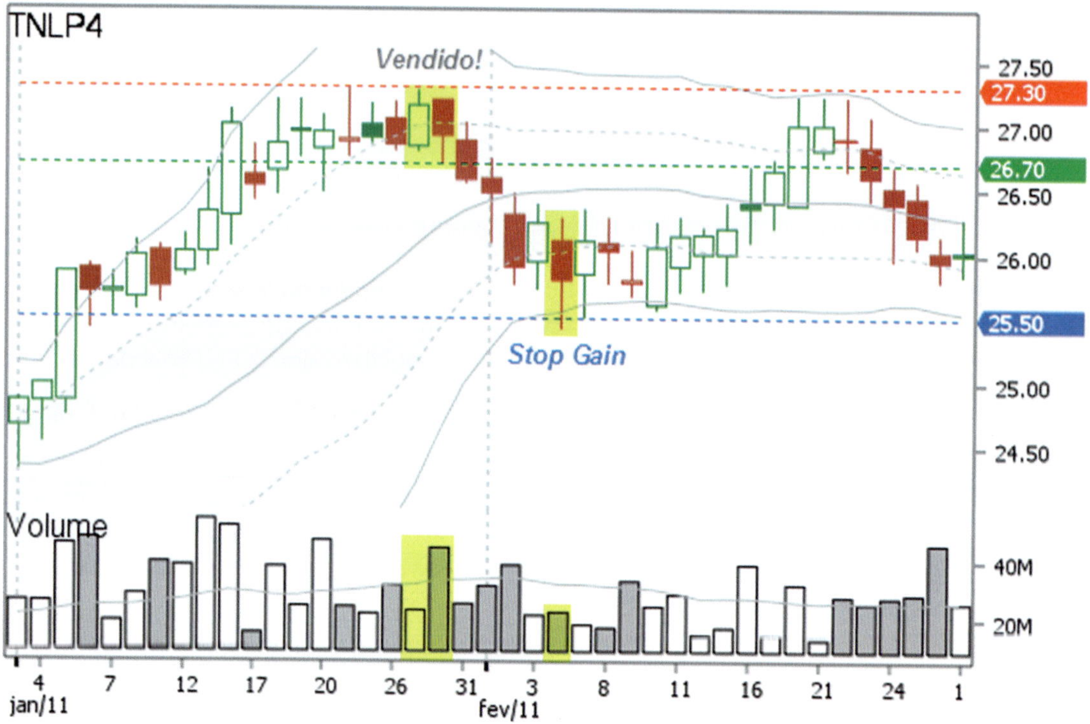
TNLP4
Vendido!
Stop Gain
27.50
27.30
27.00
26.70
26.50
26.00
25.50
25.00
24.50
Volume
40M
20M
4
jan/11
7
12
17
20
26
31
3
fev/11
8
11
16
21
24
1

# *Stop gain!*

A proximidade do ***stop* de venda** precipitou o "disparo" já no pregão seguinte. Deve-se impor uma distância menor quanto maior for a confiança na operação (e vice-versa). Em poucos pregões, o preço atingiu a banda inferior e o objetivo de lucro, ou *stop gain*. Observe que o objetivo foi atingido durante o pregão, e representou a mínima por muitas semanas seguidas. Dessa vez, o objetivo foi atingido milimetricamente, e, no pregão seguinte, ficou muito próximo. No pregão anterior ao *stop gain*, ocorreu uma reação compradora, mas com volume reduzido. Um investidor com receio de uma reversão poderia nao resistir à tentação de "zerar" precipitadamente a posição.



## » O medo é mais rápido do que a ganância

Em uma situação de perigo, vale o instinto da sobrevivência que nos faz agir rapidamente, sem pensar. Esse talvez seja um dos motivos para o movimento de baixa ser geralmente mais rápido que o movimento de alta. A ganância não tem pressa; ela é mais paciente. A maior rapidez do movimento é uma justificativa para fazer mais operações de venda (a descoberto, com aluguel de ações).

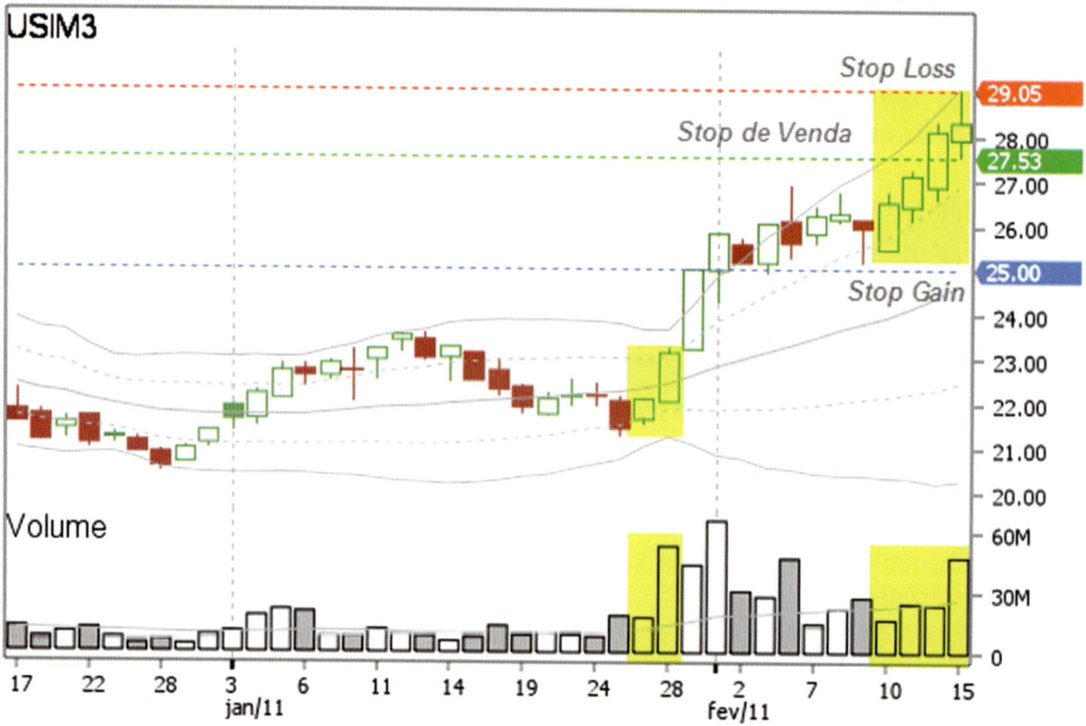
USIM3
Stop Loss
29.05
Stop de Venda
28.00
27.53
27.00
26.00
25.00
Stop Gain
24.00
23.00
22.00
21.00
20.00
Volume
60M
30M
0
17
22
28
3
jan/11
6
11
14
19
24
28
2
fev/11
7
10
15

# *Rally* sem volume

USIM3 saiu da banda inferior em dezembro e não voltou mais. Após fazer um topo em janeiro, retornou até pouco abaixo da média, mas reagiu com força (e volume) para iniciar um novo movimento de alta. A banda abriu ancorada em forte volume de alta. Após o *rally* inicial, o preço voltou e testou o suporte definido pela curva do primeiro desvio. Recentemente, dessa vez com pouco volume, um novo *rally* levou o preço de volta para a banda superior.

O volume "compareceu" no último *candle* de alta. Mas este *candle* é diferente dos três anteriores. As sombras em destaque – e o pequeno corpo de alta – são uma demonstraçao de presença vendedora. Nesse caso, o volume expressivo (o dobro da média) favorece os vendedores. Não fosse a pressão vendedora, esse volume resultaria em um forte *candle* de alta. Vale uma aposta na venda?

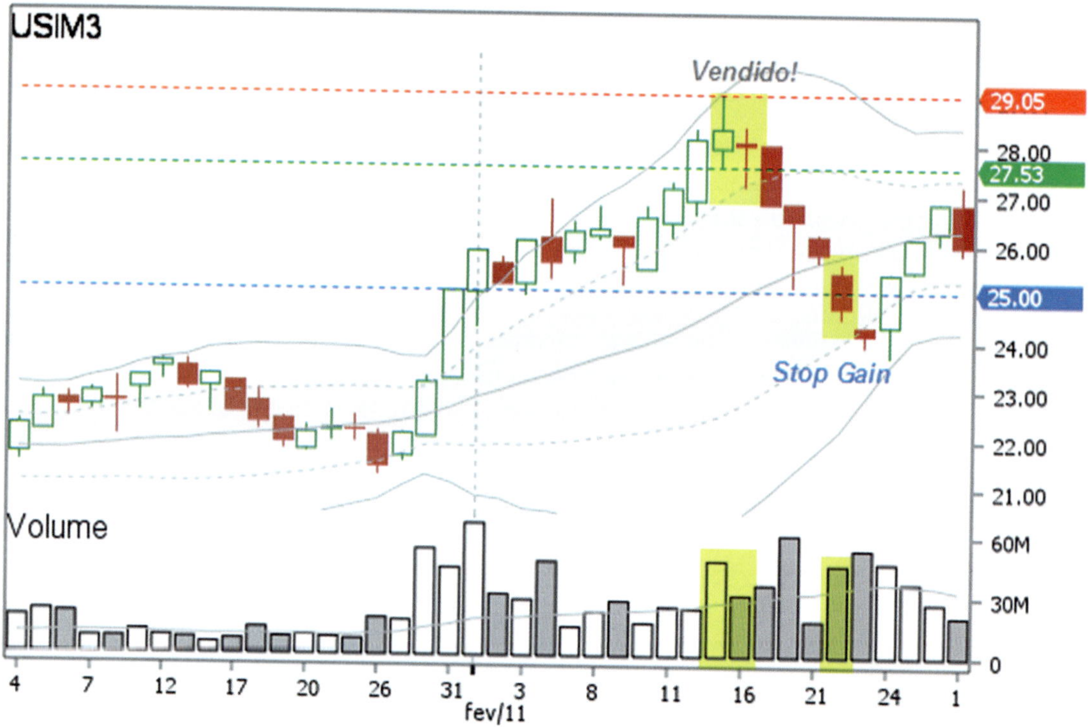
USIM3
Vendido!
29.05
28.00
27.53
27.00
26.00
25.00
24.00
Stop Gain
23.00
22.00
21.00
Volume
60M
30M
0
4
7
12
17
20
26
31
3
fev/11
8
11
16
21
24
1

*Stop gain!*

O *candle* seguinte gerou dúvidas, afinal foi um *doji*, um *candle* de equilíbrio (embora no contexto em que aparece, a longa sombra signifique um viés negativo). Mas o *candle* seguinte tirou todas as dúvidas; o destino está abaixo do Equador! Um novo *candle* com longa sombra inferior "quase" atingiu o nível de *stop gain*. A reação compradora preocupou, mas, novamente, a longa sombra inferior sinalizou maior força vendedora. Os dois *candles* seguintes foram de baixa e atingiram o objetivo.



## » Aluguel de ações

Para operar na ponta de venda, ou seja, apostar na baixa, é necessário fazer uma operação de aluguel de ações. O "proprietário" do papel aluga (por um tempo determinado) em troca de uma remuneração (taxa de juros). O investidor vende o papel (como se fosse seu). Se a expectativa de queda se realizar, o investidor compra o papel de volta (mais barato) e devolve ao proprietário. Cada papel tem uma taxa de aluguel diferente (depende da oferta e procura), mas, em geral, é um valor bem menor do que a taxa SELIC. Quase todas as corretoras disponibilizam esse serviço.

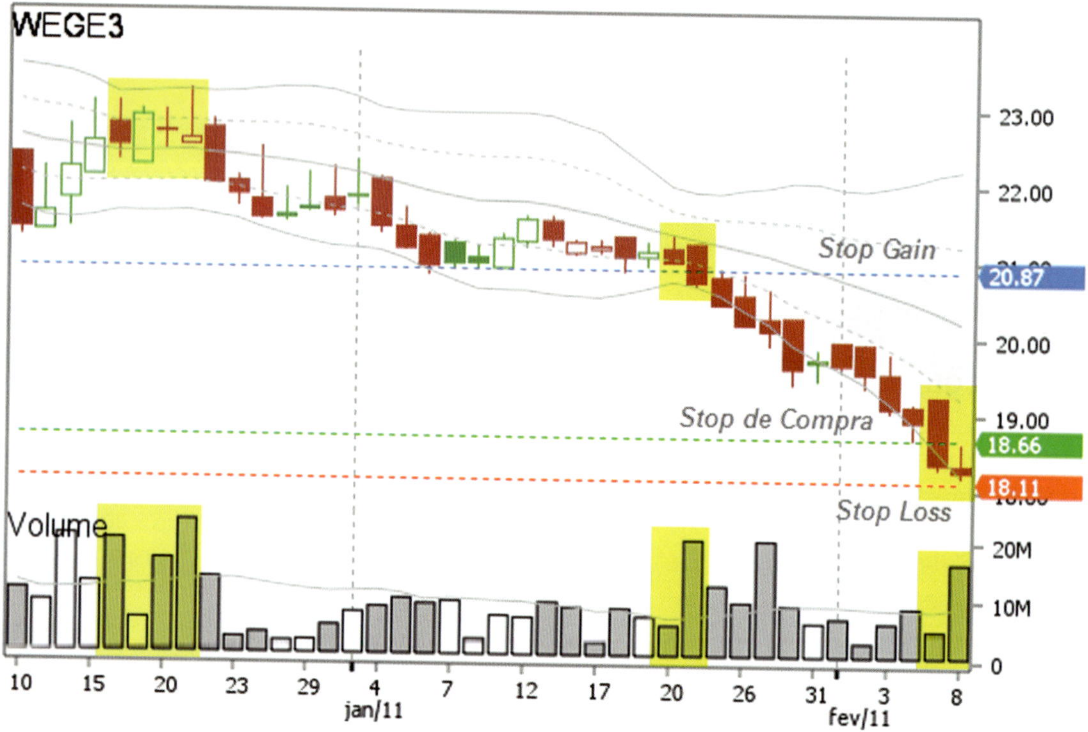

WEGE3
23.00
22.00
Stop Gain
20.87
20.00
Stop de Compra
19.00
18.66
18.11
Stop Loss
Volume
20M
10M
0
10
15
20
23
29
4
jan/11
7
12
17
20
26
31
3
fev/11
8

# Tumba ou martelo invertido? Não importa

WEGE3 fez um "topo" em meados de dezembro. Observe os *candles* de equilíbrio e indecisão (*dojis* e *spinning tops*) acompanhados de volumes expressivos. É uma demonstração de presença vendedora. Resultou no rompimento abaixo da média e um movimento com viés baixista. Após uma "correção no tempo", rompeu o suporte (com volume) e iniciou um novo e vigoroso movimento de queda.

Os *candles* de baixa "cavalgaram" a banda inferior, e, após um forte *candle* de baixa (mas com pouco volume), surgiu um *candle* tipo ***doji*** **tumba** (**lápide** ou ***gravestone***) ou seria um padrão **"martelo invertido"**? Não importa. O interessante foi o volume, que indica forte presença compradora (longa sombra superior e corpo reduzido pelo equilíbrio das forças). Vale uma aposta na compra?

WEGE3
Stop Gain
20.87
18.66
18.11
Comprado!
Volume
21.80
20.20
19.40
17.80
40M
20M
0
4
7
12
17
20
26
31
3
8
11
16
21
24
1
fev/11

# *Stop gain!*

Nada melhor do que um **marubozu de alta** com muito volume para disparar o gatilho de compra. É quase uma promessa de proteção (em primeiro lugar!) do nível de *stop loss*, e, ao mesmo tempo, um bom começo para uma reação compradora. O *candle* do dia seguinte foi melhor ainda, mas, depois, seguiram três dias de dúvida. Observe que o primeiro *candle* de baixa (reduzida) teve um volume excepcional, o que demonstra forte presença compradora. Depois de fechar novamente acima da média, os compradores se animaram e um forte movimento de alta atingiu o nível do *stop gain*.



## » Realização parcial de lucros

A média móvel costuma ser uma referência de suporte ou resistência. Frequentemente, o preço parte de uma banda em direção à outra, e, ao "enfrentar" a média, volta ao ponto de origem. É preciso respeitar a média. Muitas vezes é aconselhável "zerar" toda a operação, mas um *approach* alternativo, e talvez mais eficaz, é realizar parcialmente os lucros (quando houver, é claro!). Você garante algum lucro e mantém a chance de ganhar um pouco mais. No caso de uma reversão, o prejuízo vai ser bem menor.

Menu
Play
Opening: B22
Sicilian/Alapin Variation
21.Rf1-d1 f6-f5
22.Qe2-e3 Qe7-f6
Depth: 14
Value: +1.00
Analyzing 23.d4-d5 (1/41)
23.d4-d5 Rd8xd5 24.Rd1xd5 e6xd5
25.b2-b4 Kg8-g7 26.Qe3xb6 Nc6-e7
27.Qb6xf6+ Kg7xf6 28.Rc1xc8 Ne7xc...

# Conclusão

**Operar ações é uma arte.** Não existe um método único e verdadeiro. Apesar da variedade, nenhum método garante o sucesso. No início, porém, é importante ter um tutor (uma referência) para ajudar nos primeiros passos, para alertar sobre as primeiras pedras no caminho. Você pode começar com uma "receita", mas, com o decorrer do tempo, e depois de muita "repetição", vai descobrir o seu próprio caminho. A receita do sucesso existe, entretanto, ela está dentro de cada um de nós; não é algo que pode ser transmitido pelos outros.

**Operar ações é um "jogo"**, mas não um jogo de azar. É um jogo que exige conhecimento e habilidade; como o xadrez. É preciso utilizar a estratégia e a tática. Ter paciência, esperar o momento adequado para atacar. Reconhecer quando a posição é desfavorável e se conformar em jogar na defesa. Entender que a avaliação de uma posição é mais importante do que o cálculo, e, acima de tudo, valorizar a intuição. É o conhecimento adquirido com muita prática que faz a diferença.

A figura ao lado retrata o ocorrido na primeira partida entre Deep Blue e Garry Kasparov (Filadélfia, 1996). Foi a primeira vitória de um computador contra o campeão mundial. Kasparov comenta: "Se eu tivesse as peças brancas, também ofereceria o peão em sacrifício. Embora para mim seja impossível calcular todas as consequências, meu instinto diz que é a melhor jogada".

Nos 58 exemplos deste livro, a decisão é sempre tomada com base em considerações gerais, sem nenhuma certeza sobre as consequências futuras. No "jogo" da Bolsa, bem mais complexo que o xadrez, o computador não consegue calcular "os próximos lances" com exatidão. Neste contexto ainda prevalece um "dom" que é privilégio dos humanos: **a intuição!**

# Referências

*Para principiantes em Análise Técnica, recomendo (modestamente):*

MATSURA, Eduardo. *Comprar ou Vender?* Como investir na Bolsa utilizando análise gráfica. 6. ed. São Paulo: Saraiva, 2007.

*Sobre* candlesticks, *vale a pena a leitura:*

LOGAN, Tina. *Getting started in candlestick charting*. São Francisco: Wiley, 2008.

MORRIS, Gregory. *Candlestick charting explained*. 3. ed. Nova York: McGraw-Hill, 2006.

NISON, Steve. *Beyond candlesticks*. São Francisco: Wiley, 1994.

_______, Steve. Japanese candlestick charting techniques. *New York Insitute of Finance*, 1991.

*Sobre Volatilidade (Bandas de Bollinger), procure ler:*

BOLLINGER, John. *Bollinger on Bollinger Bands*. Nova York: McGraw-Hill, 2001.

***Para aprender mais sobre o processo de decisão em situações de incerteza:***

GLADWELL, Malcolm. *What the dog saw and other adventures*. Boston: Back Bay, 2009.

_______, Malcolm. *Blink – The power of thinking without thinking*. Boston: Back Bay, 2005.

HERRIGEL, Eugen. *A arte cavalheiresca do arqueiro zen*. São Paulo: Pensamento, 1975.

KASPAROV, Garry. *Xeque-mate, a vida é um jogo de xadrez*. Rio de Janeiro: Campus, 2007.

PANDOLFINI, Bruce. *Every move must have a purpose*. Nova York: Hyperion, 2003.

TALEB, Nassim. *The Black Swan*. 2. ed. Toronto: Penguin, 2010.

# Apêndices

# Apêndice I

## Composição do Índice Bovespa (Ibovespa)



| Código | Ação | Part. (%) |
|---|---|---|
| VALE5 | VALE PNA N1 | 10,346 |
| PETR4 | PETROBRAS PN ED | 10,201 |
| OGXP3 | OGX PETROLEO ON NM | 4,878 |
| ITUB4 | ITAUUNIBANCO PN ED N1 | 4,127 |
| BVMF3 | BMFBOVESPA ON NM | 3,693 |
| BBAS3 | BRASIL ON NM | 3,105 |
| GGBR4 | GERDAU PN N1 | 3,081 |
| BBDC4 | BRADESCO PN N1 | 3,060 |
| PETR3 | PETROBRAS ON ED | 2,978 |
| USIM5 | USIMINAS PNA N1 | 2,841 |
| VALE3 | VALE ON N1 | 2,733 |
| PDGR3 | PDG REALT ON ED NM | 2,491 |
| ITSA4 | ITAUSA PN ES N1 | 2,015 |
| CSNA3 | SID NACIONAL ON EDJ | 1,921 |
| CYRE3 | CYRELA REALT ON ED NM | 1,899 |
| GFSA3 | GAFISA ON ED NM | 1,653 |
| MRVE3 | MRV ON NM | 1,496 |
| CIEL3 | CIELO ON EB NM | 1,359 |
| MMXM3 | MMX MINER ON NM | 1,316 |
| BRFS3 | BRF FOODS ON NM | 1,240 |

Tabela *A.I.1*

*Continua*

*Continuação*

| Código | Ação | Part. (%) |
|---|---|---|
| HYPE3 | HYPERMARCAS ON ED NM | 1,195 |
| RDCD3 | REDECARD ON ED NM | 1,181 |
| LREN3 | LOJAS RENNER ON NM | 1,152 |
| FIBR3 | FIBRIA ON ED NM | 1,142 |
| RSID3 | ROSSI RESID ON ED NM | 1,107 |
| LAME4 | LOJAS AMERIC PN | 1,070 |
| AMBV4 | AMBEV PN ES | 1,069 |
| SANB11 | SANTANDER BR UNT N2 | 1,066 |
| CMIG4 | CEMIG PN ED N1 | 1,032 |
| JBSS3 | JBS ON NM | 1,017 |
| PCAR4 | P.ACUCAR-CBD PN N1 | 0,943 |
| ALLL3 | ALL AMER LAT ON NM | 0,939 |
| NATU3 | NATURA ON NM | 0,903 |
| BRAP4 | BRADESPAR PN EDJ N1 | 0,865 |
| TNLP4 | TELEMAR PN ED | 0,823 |
| GOAU4 | GERDAU MET PN N1 | 0,818 |
| TCSL4 | TIM PART S/A PN | 0,803 |

| Código | Ação | Part. (%) |
|---|---|---|
| CCRO3 | CCR SA ON ED NM | 0,763 |
| VIVO4 | VIVO PN | 0,763 |
| CSAN3 | COSAN ON NM | 0,742 |
| GOLL4 | GOL PN N2 | 0,742 |
| MRFG3 | MARFRIG ON NM | 0,731 |
| BISA3 | BROOKFIELD ON ED NM | 0,722 |
| TAMM4 | TAM S/A PN N2 | 0,673 |
| ELET3 | ELETROBRAS ON N1 | 0,645 |
| CPLE6 | COPEL PNB EDJ N1 | 0,629 |
| ECOD3 | ECODIESEL ON NM | 0,621 |
| ELPL4 | ELETROPAULO PN ED N2 | 0,616 |
| BRKM5 | BRASKEM PNA ED N1 | 0,609 |
| ELET6 | ELETROBRAS PNB N1 | 0,598 |
| CESP6 | CESP PNB N1 | 0,563 |
| BTOW3 | B2W VAREJO ON NM | 0,562 |
| DTEX3 | DURATEX ON EB NM | 0,561 |
| EMBR3 | EMBRAER ON NM | 0,559 |

*Continua*

*Continuação*

| Código | Ação | Part. (%) |
|---|---|---|
| LIGT3 | LIGHT S/A ON ED NM | 0,544 |
| USIM3 | USIMINAS ON N1 | 0,536 |
| LLXL3 | LLX LOG ON NM | 0,516 |
| KLBN4 | KLABIN S/A PN N1 | 0,514 |
| UGPA4 | ULTRAPAR PN N1 | 0,463 |
| CRUZ3 | SOUZA CRUZ ON | 0,437 |
| CPFE3 | CPFL ENERGIA ON NM | 0,412 |
| PRTX3 | PORTX ON NM | 0,360 |
| BRTO4 | BRASIL TELEC PN ED | 0,343 |
| SBSP3 | SABESP ON NM | 0,298 |
| TNLP3 | TELEMAR ON ED | 0,238 |
| TRPL4 | TRAN PAULIST PN EDS N1 | 0,191 |
| TCSL3 | TIM PART S/A ON | 0,169 |
| TLPP4 | TELESP PN | 0,161 |
| TMAR5 | TELEMAR N L PNA ED | 0,160 |

# Apêndice II

## Composição do Índice IBrX-100



| Código | Ação | Part.(%) |
|---|---|---|
| PETR4 | PETROBRAS PN ED | 9,999 |
| VALE5 | VALE PNA N1 | 8,212 |
| ITUB4 | ITAUUNIBANCO PN ED N1 | 8,037 |
| PETR3 | PETROBRAS ON ED | 7,603 |
| VALE3 | VALE ON N1 | 5,834 |
| BBDC4 | BRADESCO PN N1 | 5,697 |
| AMBV4 | AMBEV PN ES | 3,516 |
| ITSA4 | ITAUSA PN ES N1 | 2,624 |
| BBAS3 | BRASIL ON NM | 2,445 |
| BVMF3 | BMFBOVESPA ON NM | 2,239 |

| Código | Ação | Part. (%) |
|---|---|---|
| OGXP3 | OGX PETROLEO ON NM | 2,020 |
| BBDC3 | BRADESCO ON N1 | 1,692 |
| BRFS3 | BRF FOODS ON NM | 1,692 |
| CSNA3 | SID NACIONAL ON EDJ | 1,576 |
| GGBR4 | GERDAU PN N1 | 1,441 |
| SANB11 | SANTANDER BR UNT N2 | 1,215 |
| CMIG4 | CEMIG PN ED N1 | 1,111 |
| CCRO3 | CCR SA ON ED NM | 1,021 |
| PDGR3 | PDG REALT ON ED NM | 0,984 |
| VIVO4 | VIVO PN | 0,901 |

Tabela A II 1

*Continua*

*Continuação*

| Código | Ação | Part. (%) |
|---|---|---|
| UGPA4 | ULTRAPAR PN N1 | 0,893 |
| BRAP4 | BRADESPAR PN EDJ N1 | 0,877 |
| EMBR3 | EMBRAER ON NM | 0,864 |
| CIEL3 | CIELO ON EB NM | 0,815 |
| PCAR4 | P.ACUCAR-CBD PN N1 | 0,770 |
| USIM5 | USIMINAS PNA N1 | 0,752 |
| HYPE3 | HYPERMARCAS ON ED NM | 0,746 |
| RDCD3 | REDECARD ON ED NM | 0,741 |
| NATU3 | NATURA ON NM | 0,731 |
| LREN3 | LOJAS RENNER ON NM | 0,686 |
| CPFE3 | CPFL ENERGIA ON NM | 0,651 |
| CRUZ3 | SOUZA CRUZ ON | 0,648 |
| CTIP3 | CETIP ON NM | 0,624 |
| DASA3 | DASA ON NM | 0,619 |
| ELET6 | ELETROBRAS PNB N1 | 0,606 |
| BRML3 | BR MALLS PAR ON ED NM | 0,603 |
| GOAU4 | GERDAU MET PN N1 | 0,586 |

| Código | Ação | Part. (%) |
|---|---|---|
| JBSS3 | JBS ON NM | 0,568 |
| BRKM5 | BRASKEM PNA ED N1 | 0,565 |
| ALLL3 | ALL AMER LAT ON NM | 0,547 |
| TNLP4 | TELEMAR PN ED | 0,541 |
| TBLE3 | TRACTEBEL ON ED NM | 0,540 |
| CESP6 | CESP PNB N1 | 0,534 |
| SBSP3 | SABESP ON NM | 0,500 |
| ELET3 | ELETROBRAS ON N1 | 0,481 |
| FIBR3 | FIBRIA ON ED NM | 0,449 |
| TCSL4 | TIM PART S/A PN | 0,449 |
| CYRE3 | CYRELA REALT ON ED NM | 0,447 |
| USIM3 | USIMINAS ON N1 | 0,433 |
| CPLE6 | COPEL PNB EDJ N1 | 0,420 |
| HGTX3 | CIA HERING ON ED NM | 0,411 |
| MRVE3 | MRV ON NM | 0,404 |
| AEDU3 | ANHANGUERA ON ED NM | 0,402 |
| WEGE3 | WEG ON NM | 0,400 |

*Continua*

*Continuação*

| Código | Ação | Part. (%) |
|---|---|---|
| GFSA3 | GAFISA ON ED NM | 0,387 |
| TRPL4 | TRAN PAULIST PN EDS N1 | 0,387 |
| BRTO4 | BRASIL TELEC PN ED | 0,364 |
| MMXM3 | MMX MINER ON NM | 0,352 |
| LAME4 | LOJAS AMERIC PN | 0,345 |
| RENT3 | LOCALIZA ON ED NM | 0,334 |
| BRSR6 | BANRISUL PNB ED N1 | 0,318 |
| MRFG3 | MARFRIG ON NM | 0,307 |
| DTEX3 | DURATEX ON EB NM | 0,301 |
| TOTS3 | TOTVS ON NM | 0,297 |
| ELPL4 | ELETROPAULO PN ED N2 | 0,289 |
| SUZB5 | SUZANO PAPEL PNA ED N1 | 0,276 |
| KLBN4 | KLABIN S/A PN N1 | 0,269 |
| PSSA3 | PORTO SEGURO ON NM | 0,252 |
| CSAN3 | COSAN ON NM | 0,251 |
| LIGT3 | LIGHT S/A ON ED NM | 0,250 |
| GGBR3 | GERDAU ON N1 | 0,245 |

| Código | Ação | Part. (%) |
|---|---|---|
| TAMM4 | TAM S/A PN N2 | 0,234 |
| GETI4 | AES TIETE PN ED | 0,233 |
| RSID3 | ROSSI RESID ON ED NM | 0,233 |
| MULT3 | MULTIPLAN ON ED N2 | 0,216 |
| ENBR3 | ENERGIAS BR ON NM | 0,210 |
| SULA11 | SUL AMERICA UNT N2 | 0,208 |
| AMIL3 | AMIL ON NM | 0,207 |
| ODPV3 | ODONTOPREV ON NM | 0,207 |
| GOLL4 | GOL PN N2 | 0,200 |
| ECOR3 | ECORODOVIAS ON ED NM | 0,193 |
| BISA3 | BROOKFIELD ON ED NM | 0,171 |
| POMO4 | MARCOPOLO PN N2 | 0,170 |
| TNLP3 | TELEMAR ON ED | 0,167 |
| TCSL3 | TIM PART S/A ON | 0,160 |
| PMAM3 | PARANAPANEMA ON ED N1 | 0,154 |
| CSMG3 | COPASA ON NM | 0,149 |
| TMAR5 | TELEMAR N L PNA ED | 0,149 |

*Continua*

*Continuação*

| Código | Ação | Part. (%) |
|---|---|---|
| TLPP4 | TELESP PN | 0,146 |
| FFTL4 | VALEFERT PN | 0,140 |
| EVEN3 | EVEN ON ED NM | 0,139 |
| RAPT4 | RANDON PART PN ED N1 | 0,137 |
| LLXL3 | LLX LOG ON NM | 0,136 |
| MPXE3 | MPX ENERGIA ON NM | 0,124 |
| PRTX3 | PORTX ON NM | 0,108 |

| Código | Ação | Part. (%) |
|---|---|---|
| BBRK3 | BR BROKERS ON ED NM | 0,102 |
| BTOW3 | B2W VAREJO ON NM | 0,100 |
| CNFB4 | CONFAB PN EB N1 | 0,091 |
| ECOD3 | ECODIESEL ON NM | 0,080 |
| BPNM4 | PANAMERICANO PN N1 | 0,034 |
| POSI3 | POSITIVO INF ON ED NM | 0,016 |

# Índice Remissivo